米国の金融規制変革

若園智明

日本経済評論社

目　次

略語および用語一覧　ix

序　章　本書の目的と構成　1

Ⅰ．本書の目的　1
Ⅱ．本書の背景と問題意識　2
Ⅲ．本書の構成　3

第1章　金融危機の発生と規制改革議論の変化　9

Ⅰ．はじめに　9
Ⅱ．米国における規制改革議論の変化　10
　1．金融危機以前の議論　10
　　（1）米国資本市場の国際競争力強化　10
　　（2）ブループリントが示した改革の構想　13
　2．金融危機後の議論と方向性：G20の論点と米財務省の改革案　15
Ⅲ．2009年に下院で審議された主要法案とその内容　18
　1．下院委員会で審議された改革関連法案　18
　　（1）店頭（OTC）デリバティブ規制　19
　　（2）プライベート・ファンド規制　21
　　（3）消費者・投資者保護の推進　23
　　（4）破綻処理制度の整備とシステミック・リスクの監視　25
　2．下院法案の整理と問題の所在　26
Ⅳ．米国証券規制に見る監督能力の問題　28
　1．SECが導入したCSEプログラム　29
Ⅴ．第1章のまとめ：市場の失敗と政府の失敗　31

第2章　ドッド・フランク法の成立過程と構成　35

Ⅰ．はじめに　35

Ⅱ．公的な機関による危機の要因分析　36
　Ⅲ．オバマ政権より提示された改革の原案　39
　Ⅳ．ドッド・フランク法が成立するまでの3つの過程　40
　Ⅴ．ドッド・フランク法の構成　42
　Ⅵ．第2章のまとめ　45

第3章　ドッド・フランク法が刷新する規制システムの全体像　49

　Ⅰ．はじめに　49
　Ⅱ．マクロ・プルーデンス政策を担う体制の整備　49
　　1．マクロ・プルーデンス政策体制の整備　50
　　　（1）TitleⅠが規定するマクロ・プルーデンス政策体制　50
　　　（2）金融調査局（OFR）の新設　52
　　　（3）FRBの権限見直し　53
　　2．消費者等の保護体制の強化　54
　　　（1）消費者金融保護局（CFPB）の設立　54
　　　（2）投資者保護体制の見直し　57
　　3．貯蓄金融機関監督庁（OTS）の廃止と連邦レベルでの保険監督　58
　Ⅲ．新たな整然清算制度の導入　60
　　1．整然清算の対象となる金融会社の決定　61
　　2．FDICに付与される権限　62
　　3．新たな整然清算制度の特徴　64
　　　（1）経営者や株主等の責任の明確化　64
　　　（2）整然清算に用いる資金　65
　Ⅳ．店頭デリバティブ市場への規制導入　65
　　1．DF法が導入した新たな規制　66
　　2．CFTCとSECが新たに導入した主な規則　68
　Ⅴ．ヘッジファンドに関連する規制　69
　　1．アドバイザーの登録と情報収集権限の確立　70
　Ⅵ．ボルカー・ルールの要点　71
　　1．銀行持株会社法の修正　72

2．5つの連邦監督機関による共同規則　73
　Ⅶ．その他（Title Ⅸ）　74
　　1．信用格付会社の監督強化　74
　　2．証券化プロセスの改善　75
　Ⅷ．第3章のまとめ　76

第4章　マクロ・プルーデンス監督体制の構築　85

　Ⅰ．はじめに　85
　Ⅱ．マクロ・プルーデンス政策の展開　86
　　1．マクロ・プルーデンス政策の理論的検討　86
　　2．マクロ・プルーデンス体制を巡る政策議論　88
　　　（1）ジョージ・W・ブッシュ政権時代の提言　88
　　　（2）金融危機への対応とDF法の成立　89
　Ⅲ．ドッド・フランク法が構築する新たな体制　92
　　1．金融安定監督協議会（FSOC）の設置　93
　　　（1）FSOCの組織と目的　93
　　　（2）FSOCの機能と活動　94
　　2．金融調査局（OFR）の役割　96
　　3．FRBの権限の見直し　98
　　　（1）新たな権限の付与　98
　　　（2）最後の貸手機能の制約と議会による監視の強化　100
　Ⅳ．第4章のまとめ：新体制の評価と懸念　101

第5章　ボルカー・ルールの本質と評価　107

　Ⅰ．はじめに　107
　Ⅱ．ドッド・フランク法が定めるボルカー・ルール　108
　　1．ボルカー・ルールの成立過程　108
　　2．DF法 Sec.619の構造と内容　110
　　　（1）(a)総則　110
　　　（2）(d)許容される業務　111

（3）(f)ヘッジファンド等との関係の制限　113
　　　（4）(h)定義　113
　　3．Sec.619の評価軸　114
　Ⅲ．先行研究を用いた評価の補塡　116
　　1．ボルカー・ルールの問題意識　117
　　2．規則適用の困難性　118
　　3．市場機能への影響　119
　Ⅳ．ファイナル・ルールの解析　120
　　1．銀行事業体による自己勘定取引の禁止　121
　　2．銀行事業体に許容される業務について　122
　　　（1）許容される引受け業務について　122
　　　（2）許容されるマーケット・メイキング関連業務について　123
　　　（3）許容されるリスクを軽減するヘッジ行為について　124
　　3．銀行事業体に要求されるプログラムと報告　126
　　　（1）ファイナル・ルールによる厳格化　126
　　　（2）Appendix Bの要点　127
　Ⅴ．ボルカー・ルールの影響　131
　Ⅵ．第5章のまとめ　133

第6章　ヘッジファンド関連規制の導入　141

　Ⅰ．はじめに　141
　Ⅱ．ヘッジファンドの現状と米国の規制アプローチ　142
　　1．ヘッジファンドの推移　142
　　2．米国の規制アプローチ　146
　Ⅲ．ドッド・フランク法以前のヘッジファンド　148
　　1．ファンド本体の規制　148
　　　（1）ファンドの設立規定：米国内とオフショア地域　148
　　　（2）連邦証券諸法における規制　150
　　　（3）登録ミューチュアル・ファンドとの比較　151
　　2．ヘッジファンド・アドバイザーの規制　153

3．SECとヘッジファンド規制：LTCM破綻を契機とした行動　155
　Ⅳ．ドッド・フランク法の成立とヘッジファンド規制の見直し　158
　　1．アドバイザーの登録と情報収集権限の確立（Title Ⅳ）　158
　　2．DF法下で提示されたSEC規則　161
　　3．ボルカー・ルールによって予想される変化　162
　　　（1）ボルカー・ルールとヘッジファンド　162
　　　（2）ヘッジファンド・ビジネスは変化するのか？　163
　Ⅴ．第6章のまとめ：新たに懸念される問題　165

第7章　店頭デリバティブ規制の変遷　169

　Ⅰ．はじめに　169
　Ⅱ．金融危機発生以前の規制アプローチ　170
　　1．店頭デリバティブに対する初期の規制アプローチ　170
　　2．LTCM問題と商品先物現代化法の成立　172
　　3．エンロン・ループホールへの対応と米財務省ブループリント　176
　Ⅲ．金融危機の発生と規制アプローチの転換　177
　　1．危機における店頭デリバティブの分析　177
　　2．米財務省ホワイト・ペーパー　180
　Ⅳ．ドッド・フランク法と新たな規則　181
　　1．DF法が導入する新たな規制　181
　　2．CFTCとSECが新たに導入した主な規則　184
　Ⅴ．第7章のまとめ　187

第8章　政府支援企業（GSEs）を通じて考える規制の問題点　193

　Ⅰ．はじめに　193
　Ⅱ．GSEsの構造　194
　　1．GSEsとは　194
　　2．GSEsの変遷　197
　Ⅲ．ドッド・フランク法とGSEs分析　200
　　1．DF法における扱い　200

2．金融危機調査委員会（FCIC）の分析　202
　　3．GSEs を対象とする分析　204
　Ⅳ．GSEs 改革の現状　207
　　1．金融危機以前の GSEs 改革法案　208
　　2．バラク・オバマ政権のアプローチ　210
　　3．第113回連邦議会の改革法案　211
　　　（1）上院提出法案　211
　　　（2）下院提出法案　212
　　　（3）上院・下院法案の批判的検討　213
　Ⅴ．第8章のまとめ　214

第9章　メイドフ事件と SEC の改革　219

　Ⅰ．はじめに　219
　Ⅱ．メイドフ事件における SEC の対応：OIG による調査報告　220
　Ⅲ．SEC に求められた改革　222
　　1．メアリー・シャピロ体制下での組織改革　222
　　2．連邦法によるフォローアップ　224
　　　（1）2009年の下院法案　225
　　　（2）DF 法が記す主な SEC 改革　228
　Ⅳ．第9章のまとめ　231

参考文献　233
あとがき　241

略語一覧

ABS	Asset-Backed Security	資産担保証券
AIG	American International Group, Inc.	アメリカン・インターナショナル・グループ
BCBS	Basel Committee on Banking Supervision	バーゼル銀行監督委員会
BHC Act	Bank Holding Company Act	銀行持株会社法
BIS	Bank for International Settlements	国際決済銀行
BLMIS	Bernard L. Madoff Investment Securities LLC	バーナード・メイドフ証券投資会社
CBO	Congressional Budget Office	議会予算局
CBOT	Chicago Board of Trade	シカゴ商品取引所
CCP	Central Counterparty	中央清算機関
CDO	Collateralized Debt Obligation	債務担保証券
CDS	Credit Default Swap	クレジット・デフォルト・スワップ
CEA	Commodity Exchange Act of 1936	商品取引所法
CFMA	Commodity Futures Modernization Act of 2000	商品先物現代化法
CFPB	Consumer Financial Protection Bureau	消費者金融保護局
CFTC	U.S. Commodity Futures Trading Commission	商品先物取引委員会
CIMA	Cayman Islands Monetary Authority	ケイマン諸島通貨庁
CLO	Collateralized Loan Obligations	ローン担保証券
CME	Chicago Mercantile Exchange	シカゴ・マーカンタイル取引所
CPOs	Commodity Pool Operators	コモディティ・プール・オペレーター
CRA	Community Reinvestment Act of 1977	地域再投資法
CSEプログラム	Consolidated Supervised Entities Program	連結監督事業体プログラム
CTAs	Commodity Trading Advisors	コモディティ・トレーディング・アドバイザー
DCM	Designated Contract Market	指定された取引所
DF法	Dodd-Frank Wall Street Reform and Consumer Protection Act of 2010	ドッド・フランク法

ERISA	Employee Retirement Income Security Act	エリサ法
FAS	Financial Accounting Standards	米財務会計基準
FBI	Federal Bureau of Investigation	連邦捜査局
FCIC	Financial Crisis Inquiry Commission	金融危機調査委員会
FDIC	Federal Deposit Insurance Corp	連邦預金保険公社
FFIEC	Federal Financial Institutions Examination Council	連邦金融機関検査協議会
FHEFSS Act	Federal Housing Enterprises Financial Safety and Soundness Act of 1992	連邦住宅会社財政安定及び健全法
FHFA	Federal Housing Finance Agency	連邦住宅金融庁
FINRA	Financial Industry Regulatory Authority	金融取引業規制機構
FIO	Federal Insurance Office	連邦保険局
FMU	Financial Market Utility	システム上重要な金融市場ユーティリティ
FRB	Board of Governors of the Federal Reserve System	連邦準備制度理事会
FSB	Financial Stability Board	金融安定理事会
FSOC	Financial Stability Oversight Council	金融安定監督協議会
FTC	Federal Trade Commission	連邦取引委員会
GAO	Government Accountability Office	政府説明責任局
GSEs	Government Sponsored Enterprises	政府支援企業
IMF	International Monetary Fund	国際通貨基金
HER Act	Housing and Economic Recovery Act of 2008	住宅及び経済回復法
HUD	U.S. Department of Housing and Urban Development	住宅都市開発省
LTCM	Long-Term Capital Management L.P.	ロングターム・キャピタル・マネジメント
MBS	Mortgage Backed Securities	不動産担保証券
NASDAQ	National Association of Securities Dealers Automated Quotations	ナスダック
NASAA	North American Securities Administrators Association	北米証券監督者協会
NFA	National Futures Association	全米先物協会
NRSRO	National Recognized Statistical Rating Organization	SECが認定した格付社

OCC	Office of Comptroller of the Currency	通貨監督庁
OFHEO	Office of Federal Housing Enterprise Oversight	連邦住宅会社監督局
OFR	Office of Financial Research	金融調査局
OIG	Office of Inspector General	監査総監室
OTC	Over the Counter	店頭
OTS	Office of Thrift Supervision	貯蓄金融機関監督庁
PWG	President's Working Group on Financial Markets	金融市場に関する大統領ワーキング・グループ
RMBS	Residential Mortgage-Backed Securities	住宅ローン担保証券
SEC	U.S. Securities and Exchange Commission	証券取引委員会
SIFIs	Systemically Important Financial Institutions	システム上重要な金融機関
SIPC	Securities Investor Protection Corporation	米証券投資者保護公社
SMME Act	Secondary Mortgage Market Enhancement Act of 1984	セカンダリー・モーゲージ市場促進法
SOX法	Public Company Accounting Reform and Investor Protection Act	サーベンス・オクスリー法
SRO	Self-Regulatory Organization	自主規制機関
TARP	Troubled Asset Relief Program	不良資産救済プログラム
UCITs指令	Undertakings for Collective Investment in Transferable Securities	ユーシット指令

用語一覧

ブループリント	Blueprint for a Modernized Financial Regulatory Structure	金融規制構造の現代化のための青写真
ホワイト・ペーパー	Financial Regulatory Reform, A New Foundation: Rebuilding Financial Supervision and Regulation	金融規制改革、新たな基盤：金融監督および規制の再構築
下院金融サービス委員会	U.S. House Committee on Financial Services	
金融サービス現代化法	Financial Services Modernization Act of 1999（Gramm-Leach-Bliley Act）	
上院銀行・住宅・都市問題委員会	U.S. Senate Committee on Banking, Housing and Urban Affairs	
1933年証券法	Securities Act of 1933	
1934年証券取引所法	Securities Exchange Act of 1934	
1940年投資会社法	Investment Company Act of 1940	
1940年投資顧問法	Investment Advisers Act of 1940	
billion	十億	
million	百万	
trillion	兆	

序章

本書の目的と構成

I．本書の目的

　本書は、2010年7月21日の大統領署名により米国で成立したドッド・フランク法（DF法）を中心に取り上げ、DF法および同法が新たに構築する米国金融規制の体系を主な分析対象とする。

　DF法は本則が16のTitle（編）から構成される膨大な連邦法であり、同法が各連邦監督機関に作成を命じる新たな規則も400近くにおよぶ。さらにこれら新規則には、例えば第5章で扱うボルカー・ルールのように、前文を含めると1,000頁近くになる規則もある。DF法は、まさしく米国の金融規制を包括的に改革する法律であると言えよう。

　米国の資本市場の機能に多大な影響を与えることが予想され、DF法を根拠として新設・修正される規則を含めて、同法の分析は米国のみならず日本も含めた諸資本市場の学究にとって不可欠となる。ただし、本書の出版時でDF法の成立から約5年間が経過しているものの、同法が命じる新たな規則や規則の修正は約4割が未達のままである。本書では、すでに稼働している規制分野を扱うこととする。

　本書の目的を以下で大きく3つ挙げる。

　第1に、DF法の成立過程およびその全体像を把握し、同法の特徴および内在する問題点を考えることを目的とする。また、金融危機が深刻化する以前に米国内で議論されていた金融規制改革を踏まえながら、DF法と同法が導入した規制体系について考察を行う。

　第2の目的は、DF法に含まれた個別規制についてより詳細な分析を行うことである。特に本書では、①ボルカー・ルール（銀行などの自己勘定取引等）、②ヘッジファンド関連規制、③店頭デリバティブ規制を個々の章で取り上げた。

これら3つは、DF法によって新たに連邦監督機関の規制・監督対象とされた分野である。しかしながら、これまでも米国内で規制に関する議論が蓄積されてきた分野でもある。対応する各章では、学術的な先行研究を引用しながら問題点の整理をするとともに、過去の行政や連邦議会の理念および対応を踏まえて分析を行っている。

　第3に、米国の金融規制と政治の関連性を考察する。これは主にDF法がほとんど触れていない政府支援企業（GSEs）を対象にして行う。政治との関連性は第2の目的で挙げた章でも扱っているが、なぜDF法がGSEsへの対応を避けているのかという疑問を通じて、米国の金融規制の根本的な問題を考えてみたい。

Ⅱ．本書の背景と問題意識

　米国で2007年夏頃から露呈した、いわゆるサブプライム層向けの住宅ローン問題を端緒とする住宅バブルの崩壊は米国内の大手金融機関の経営問題に留まらず、その負の影響は証券化スキーム等を通じて拡散し、2008年末にかけて世界的に資本市場を不安定とした。この問題は世界恐慌になぞらえられ、喫緊での政策的対応が求められた。特に、米ドル資金を中心とした短期金融市場における流動性の枯渇と信用の収縮がもたらしたパニックを金融危機と呼ぶのであれば、米国の大手投資銀行であったリーマン・ブラザーズが連邦倒産法（U. S. Bankruptcy Code）の適用を申請（2008年9月15日）したことが金融危機の引き金になったとも言われている。

　2008年11月にワシントンD. C.で緊急招致されたG20（20ヶ国の地域首脳および財務大臣・中央銀行総裁会議）は金融サミットとして開催され、以降G20は日本や欧米の先進国のみならず、中国、ブラジルやインドなどの新興国も加えて、国際的な金融問題への対処および意見調整等の中心的な会議体に位置づけられている。バーゼル銀行監督委員会（BCBS）における銀行資本基準等の再検討と同様に、クロスボーダーでの金融規制や規制の国際協調がG20および金融安定理事会（FSB）などで議論されており、この議論を踏まえた規制的対処が日本でも進められている。

金融危機以降、このような規制の国際的な同質化が検討される一方で、米国に目を向けると、危機を境目として国内での規制改革の議論が大きく変化したことがわかる。米国内では、2006年頃より特に証券市場などの制度および規制を見直す必要性が認識され、具体的な改革ビジョンも示されていた。当時のブッシュ政権が主導した議論の本筋は、米国市場の国際競争力の強化と国内の規制体系の効率化にあったと言える。しかしながら、危機の発生後に発足したオバマ政権の下では、規制の国際的協調とともに、金融危機の再発防止を最優先とする国内規制の見直しが進められた。同政権が誕生してから僅か1年半で、膨大かつ包括的な金融規制改革法が成立した。

このような背景の下で、米国の金融規制に関する複数の問題意識を持って本書を執筆した。第1に、上述した米国内の金融規制改革の流れを、どのように評価するべきであろうか。この規制議論の転換は、金融危機が契機となったことに疑いはない。しかしながら、ブッシュ政権時代に指摘されていた問題が解消されたわけではなく、資本市場やマクロ経済が安定化した後には、同様な議論が米国内で再燃する可能性が高い。DF法がもたらす新たな規制体系は、米国の国際競争力強化や市場の効率性と整合的となり得るのか。

第2に、例えば英国を含めたEUにおける金融規制改革の議論と比較して、米国の連邦議会がDF法案の審議に費やした時間は短い。なぜ米国の法案審議は比較的速やかに終了したのか。すでに個別分野規制における規制議論が十分に蓄積していた可能性もあるが、その一方で、連邦議会での審議が十分に行われていたのだろうかと疑問が生じた。

第3に、DF法および同法が命じる諸規則は、資本市場の機能や市場参加者の行動にどのような影響を与えるのか。そもそもDF法の審議において、このような影響は考慮されているのであろうか。

Ⅲ. 本書の構成

本書は9つの章から構成されるが、DF法の成立と全体像および同法が導入した新たな規制体系を扱う章（第1章から第3章）と、特に証券市場に関連する個別の規制を分析対象とする章（第4章から第9章）に大きく分類されてい

る。以下で、各章の概要を述べる。

　第1章「金融危機の発生と規制改革議論の変化」は、金融危機の前後での金融規制改革の議論を比較し、それぞれの議論の特徴および内在する問題点を分析している。特に、金融危機を踏まえた立法府による対応の初動を見るため、連邦議会の下院が2009年末まで審議した複数の法案を整理している。また、米国の証券市場を担当する連邦監督機関である証券取引委員会（SEC）をケースとして取り上げ、DF法下での規制体系では規制当局の監督能力をより考慮する必要があることを指摘している。

　第2章「ドッド・フランク法の成立過程と構成」は、DF法の成立過程の整理およびその構成を概観するとともに、DF法の初期的な問題点について指摘している。2009年1月に発足したオバマ政権の下で、第111回連邦議会は包括的な金融規制改革法案の審議を行った。本章では、主に米財務省の原案を基礎とした法案審議について、連邦議会の下院および上院における一連の審議をみるとともに、DF法の全体像を整理している。

　第3章「ドッド・フランク法が刷新する規制システムの全体像」は、DF法がもたらす新たな規制システムの中から、①規制・監督体制の強化（マクロ・プルーデンス政策の導入、消費者・投資者保護の強化）、②大きすぎて潰せない（Too Big To Fail）金融会社の問題への対応（新たな整然清算制度）、③新たな規制対象（店頭デリバティブ、ヘッジファンド・アドバイザー）、④銀行等の新たな行為規制（ボルカー・ルール）、⑤その他（信用格付会社の監督強化、証券化プロセスの改善）を抜き出し、それぞれの同法の関連規定の概要および政策的対応をまとめている。

　第4章「マクロ・プルーデンス監督体制の構築」は、マクロ・プルーデンス政策に関する学術的先行研究および米国内での政策議論を踏まえて、DF法のTitle Iによって新たに構築されたマクロ・プルーデンス政策体制について分析している。DF法が新たに設置した金融安定監督協議会（FSOC）や金融調査局（OFR）の機能等を整理している。また、マクロ・プルーデンス政策の実質的な執行機関となったFRBに関して、DF法が新たに与えた権限等について論述している。

　第5章「ボルカー・ルールの本質と評価」は、DF法のSec.619が記すいわ

ゆるボルカー・ルールおよび、FRB 等の5つの連邦監督機関が作成したファイナル・ルールの評価を行っている。特に、銀行事業体（Banking Entity）の自己勘定取引に関する規定を中心に記述している。本章では、ファイナル・ルールは DF 法の法文に基づいているものの、その本質は銀行事業体のガバナンス体制の整備を促す、いわばガバナンス・ルールであることを指摘している。

第6章「ヘッジファンド関連規制の導入」は、ヘッジファンドに焦点を当て、これまでの米国における規制の状況および、DF 法が導入したヘッジファンドに関連する規制について考察している。ヘッジファンド自体は、金融危機を直接的に引き起こした要因とは捉えられてはいないが、近年は投資者保護の観点から、なんらかの規制を求める声も強まっていた。本章ではヘッジファンドの現状を把握し、DF 法が導入した規制および SEC 規則を整理している。また、DF 法施行の前後を比較しながら、米国を中心としたヘッジファンドの業および行為の変化について考察している。

第7章「店頭デリバティブ規制の変遷」は、米国の店頭（OTC）デリバティブ規制に焦点をあて、連邦レベルでの規制アプローチの変遷を概観している。これまでの米国の店頭デリバティブの規制アプローチについて、その転換点を複数挙げ、それぞれの時点で連邦監督機関や連邦議会がとった対応を整理するとともに、DF 法が新たに導入した規制および、SEC ならびに商品先物取引委員会（CFTC）の規則的対応をまとめている。

第8章「政府支援企業（GSEs）を通じて考える規制の問題点」では主に金融規制と政治の関係性を扱う。DF 法の契機となった金融危機を考えると、その震源地となった米国住宅金融市場の主要プレイヤーであるファニーメイおよびフレディーマックに対して、同法が積極的な改革を提示していないことには疑問がある。これら2社の GSEs の組織的特質や金融危機以前の改革議論を踏まえて、米金融規制における GSEs の特徴を検討している。さらに、第113回連邦議会で提示された主要な GSEs 改革法案を鑑みて、DF 法を基盤とする規制が抱える問題点を合わせて考察している。

第9章「メイドフ事件と SEC の改革」は、米国の証券規制を担う SEC の改革について論じている。特に、金融危機が深刻化していた時期に発覚したメイドフ事件を取り上げ、同事件への SEC の対応を調査した各種報告書等を基に、

連邦監督機関の組織や能力の問題について論じている。また、当時の連邦議会の対応ならびに、DF 法が定める SEC の組織的改革を整理している。DF 法が導入した新たな規制体系は連邦監督機関の権限強化を基本としており、政府機能への過度な依存をもたらす危険性を内在する。これら規制当局の能力は、新たな規制体系の正否を左右する。

　各章の文末で、個々のテーマについての結論を記述している。

　金融危機の再発防止を第 1 の目的とする DF 法の下、米国の金融規制と規制体系の変革が進んでいる。このような包括的かつ膨大な連邦法を比較的短期間で成立させるシステムは、米国の強みの 1 つであろう。これは、第 5 章や第 6 章などで述べるように、それぞれの問題についての議論の蓄積があったことや、第 2 章や第 3 章で紹介するように、個別の問題に対する政策提言が速やかに行われたことも要因に挙げられる。つまりは、米国資本市場の優位性を考えるにあたり、学術分析を中心とした論理的分析を提供する能力の高さが同市場の優位性を維持しているとも言える。

　しかしながら、多くの法律の集合体である DF 法の総てで、このような論理的分析が活かされているわけではない。複数の章で指摘しているように、連邦議会における審議過程において危機の原因分析が十分ではなかったことは、DF 法の成立を迅速とする一方で、例えば第 5 章のボルカー・ルールのように、連邦監督機関によるファイナル・ルールの作成に相当の困難を生じさせている。このボルカー・ルールは、その審議過程をみると経済的分析が欠如していることが明らかであり、コスト・ベネフィットの観点から同規則の維持には問題も多い。DF 法は、このような矛盾や問題を複数の箇所で抱えている連邦法でもある。

　また DF 法を通じた分析は、米国の金融規制と政治の関連性について多くの示唆を与えてくれる。第 8 章で扱った GSEs と住宅政策の関係を代表例として、また第 7 章のデリバティブ規制の変遷でも見るように、米国では政治面での思想や方針の相違が金融規制に反映されてきた。これは日本などでも同様であろうが、米国ではより明瞭に観察できるように思う。

　DF 法が成立して約 5 年が経過した。ボルカー・ルールの施行による大手金

融会社の変化の他、ゼネラル・エレクトリックがノンバンク SIFIs に最初に指定された GE キャピタル（金融部門）の売却を表明するなど、DF 法は広範囲に影響を与えている。その一方で DF 法に対して、FSOC の透明性や説明責任を追加的に求める以外にも、強化された FRB の権限に対する懸念などが共和党主導となった連邦議会で表明されている。第 1 章で指摘するように、米国の資本市場の競争力や効率性に関する問題が再燃する兆しもあり、例えば Volcker Alliance のように、SEC と CFTC の合併や、OCC を廃止して FRB に権限を統一するなど、米国金融規制体系を再度見直す提言（Reshaping the Financial Regulatory System, 2015年 4 月）も目立つようになってきた。2016年に予定されている大統領選挙および連邦議員選挙を経て、DF 法には相当の修正が加えられる可能性もある。いずれにしても米国の金融規制にとって DF 法は歴史的な転換点であり、同法の研究は米国のみならず世界的な資本市場を対象とした分析にとって第一義的重要性を持っていると言えよう。

第1章

金融危機の発生と規制改革議論の変化

I. はじめに

　本章は、主に米国で公開された各種報告書やステートメント等を参照しながら、金融危機の前後での金融規制改革の議論を比較し、それぞれの議論の特徴および内在する問題点を分析することを目的とする。特に金融危機直後の議論を整理するために、第111回連邦議会（2009年1月から2011年1月）の下院が2009年末まで審議した複数の法案を取り上げる。この下院での法案審議は、金融危機を踏まえた立法府による対応の初動と言える。

　2010年7月21日の大統領署名によって成立した包括的な金融規制改革法であるドッド・フランク法（DF法）については次章以降で詳細な検討を行うが、例えば第5章で扱うボルカー・ルールなど、同法で特徴的に扱われる新たな規制には、2009年の下院法案には含まれておらず、2010年の上院審議および両院協議会で追加されたものも多い。連邦議会下院における初期の規制改革議論を踏まえて、次章以降でのDF法の詳細な検討へと繋げる。

　また本章では、米国の証券市場に関して、規制・監督を担当する連邦機関である証券取引委員会（SEC）の施策をケースとして検討することで、市場から政府へのリスク管理の移転を行う際に、規制当局の監督能力に関する問題が存在すること、ならびにこのような問題がもたらす政府の失敗の危険性が新たな懸念として考慮されることを論じる。次章以降で検討するDF法は、諸連邦監督機関の権限拡大が柱の1つとなっており、これら連邦監督機関の法執行（Enforcement）能力は、DF法がもたらす新たな規制体系の成否の鍵ともなる。

Ⅱ．米国における規制改革議論の変化

1．金融危機以前の議論

(1) 米国資本市場の国際競争力強化

　共和党のジョージ・W・ブッシュ（George W. Bush）政権の下、2006年7月に第74代合衆国財務長官へ就任したヘンリー・ポールソン（Henry Paulson）は、就任時より米国の資本市場を対象とする規制には非効率性が存在していることを問題視し、特に連邦レベルでの金融に関連する規制および規制組織体系を抜本的に改革する必要性を訴えていた。例えばポールソン長官は、同年11月にニューヨーク経済倶楽部で講演し、当時の米政府が持っていた問題意識を披露している。

　この講演会でポールソン長官は、①米国の規則（Rule）が屋上屋を重ねた結果、非常に複雑な構造になっている、②規制（Regulation）ではエンロン（Enron Corp）やワールド・コム（WorldCom, Inc.）等が引き起こした企業不祥事を防ぐことができなかった、③効率的な規制の体系や構造を構築する必要がある、④原則主義（Principle Base）を重視した規制へと移行しながら、市場参加者には倫理に関する意識の浸透が必要である、等の考えを示した。

　このようなポールソン長官の主張と問題意識の背景に関しては、同時期に複数公開された提言や報告書を参照することが適当であろう（図表1-1）。これらの報告書等が共通して指摘するのは、①米国資本市場の国際競争力が長期的に低下傾向にある（図表1-2は当時の株式新規公開数）、②国際競争力を回復させるために、資本市場関連の規制をより近代的かつ効率的に見直す必要がある、③連邦政府および州政府の規制当局の複雑な組織体系を改編する必要がある、④規制・監督においてリスク・ベースのアプローチを用い、規則主義（Rule Base）から原則主義への移行を推奨、などである[1]。

　つまりは、金融危機以前に米国で交わされていた改革議論の背景は、米国の金融サービス業者（商業銀行や投資銀行等）のあり方を含めた米国資本市場の国際競争力の維持ならびに強化であることがわかる。米国の国際競争力の維

図表 1-1　金融危機以前に公表された米国金融規制改革に関する報告書

1. Interim Report of the Committee on Capital Markets Regulation Committee on Capital Markets Regulation	2006年11月
2. Sustaining New York's and the US' Global Financial Services Leadership マイケル・ブルームバーグ（Michael R. Bloomberg、NY市長、当時） チャールズ・シューマー（Charles Schumer、NY州選出上院議員、民主党）	2007年1月
3. Commission on the Regulation of U.S. Capital Markets in the 21st Century 米商工会議所（U.S. Chamber of Commerce）	2007年3月
4. The Competitive Position of the U.S. Public Equity Market Committee on Capital Markets Regulation	2007年12月
5. The Blueprint for U.S. Financial Competitiveness 米財務省	2008年1月

図表 1-2　グローバル IPO（広義）に占める米国取引所 IPO の推移（米国資本市場の競争力低下傾向）

	1996	1997	1998	1999	2000	2001	2002	2003	2004	2005	2006	2007	2008
グローバル IPO 総件数	137	168	128	194	254	78	80	68	212	326	381	512	139
米取引所 IPO 数	61	57	41	52	74	10	3	5	28	28	34	52	8
米取引所の比率（％）	44.5	33.9	32.0	26.8	29.1	12.8	3.8	7.4	13.2	8.6	8.9	10.2	5.8
グローバル IPO 総額（US$ billion）	42.4	56.3	55.0	73.7	95.9	31.6	19.3	22.9	66.6	93.5	162.5	190.6	34.3
米取引所 IPO 総額（US$ billion）	24.9	34.3	15.6	34.4	35.3	7.6	2.5	4.9	9.2	4.5	10.8	13.1	0.6
米取引所の比率（％）	58.8	60.8	28.4	46.7	36.8	24.2	13.0	21.4	13.8	4.8	6.6	6.9	1.9

出所）Committee on Capital Markets Regulation.

持・強化を念頭に、より効率的な規制・監督構造の構築が当時の議論の中心であったと言えよう。2007年末の金融監督の体系を図表1-3でまとめた。米国規制当局の監督体系は非常に複雑であり、連邦政府機関のみならず州政府機関との間でも監督対象の重複が見られる。このような連邦政府機関の状況に対して、その設立の経緯も考慮する必要はあろうが、かつては機関の間での競争がもたらすメリットをもって肯定する考えがあった。しかしながら金融技術の進歩と資本市場の発達が進むにつれ、このような規制当局の組織的な複雑さは、規制・監督領域の縄張り争いを引き起こすばかりでなく規制の非効率性を招く温床となり、更には、システミック・リスクの把握や迅速な対応においてもマイナスであることが明らかとなっていた。

図表1-3　DF法以前の金融監督体系（2007年末時点）

	連邦政府	州政府	その他
金融持株会社	◎ FRB	－	－
銀行持株会社	◎ FRB	州当局 （一部の州のみ）	－
国法銀行	◎ OCC ○ FDIC	－	－
州法銀行	◎ FRB ○ FDIC	州当局	－
（FRS加盟、FDIC加盟）			
（FRS非加盟、FDIC加盟）	◎ FDIC	州当局	－
（FRS、FDIC共に非加盟）		州当局	
連邦免許貯蓄金融機関	◎ OTS ○ FDIC	－	－
州免許貯蓄金融機関	◎ OTS ○ FDIC	州当局	－
（FDIC加盟）			
（FDIC非加盟）	－	州当局	－
ブローカー・ディーラー	◎ SEC	州当局	FINRA
アセット・マネジメント	◎ SEC	州当局	FINRA
先物取引業者	◎ CFTC	－	NFA
保険会社・保険代理人	－	州当局	NAIC

注1）◎規制・監督が優先する、○検査権限を有する（共に連邦監督機関）。
　　FINRA：金融取引規制機構（自主規制機関）。NFA：全米先物協会（自主規制機関）。NAIC：全米保険監督官協会（NPO）、州監督官に対して規制等の立案を支援。
　2）国法銀行および連邦免許貯蓄金融機関の第一義的監督権限を持つ連邦機関は免許付与の権限も与えられている。
　3）州当局はいずれも免許付与の権限（証券は登録制）および第一義的監督権限を持つ。
　4）金融持株会社の場合、貯蓄金融機関を参加に置く場合はOTSが監督する。
　　また、持株会社の傘下である銀行・ブローカーディーラー・保険会社に対しては州政府レベルでも規制当局が存在する。

　また、その後の金融危機を踏まえて再認識されたが、大手保険グループであるAIGが実質的な破綻状態となった際に保険会社の監督権限が州政府のみにしかないことや、サブプライム・ローンで社会的な問題となったモーゲージ・ブローカーに対して監督機関が連邦政府にも州政府にも実質的には存在しないことなどが代表例であるように、米国の金融規制には監督や規制の穴があり、法規制や規制当局の体系には構造上の欠陥が存在していることも喫緊の課題となっていた。
　このような、国際的競争力の維持・強化を主たる目的とした国内の規制改革議論を踏まえて、米財務省は2008年3月に「金融規制構造の現代化のための青写真（Blueprint for a Modernized Financial Regulatory Structure、ブループリント）」を具体的な改革草案として示した。このブループリントは、当時のブッ

シュ政権の方向性を明示していると言えよう。

(2) ブループリントが示した改革の構想

この米財務省のブループリントは、米国資本市場の国際競争力の維持および強化を主たる目的とした改革案である[2]。図表1-4で示した要点を用いながら、以下でブループリントの概要を見てみよう。ブループリントの提言は改革の実行期間ごとに大きく3部から構成されている。

第1は短期的提言であり、2007年夏頃から問題が露呈したサブプライム・ローンに関連する混乱への対処が盛り込まれている[3]。この短期的提言の中で、金融市場に関する大統領ワーキング・グループ（PWG）のメンバー拡大と機能強化は、主に連邦監督機関間での連携の強化が目的とされた。PWGとは米財務省、連邦準備制度理事会（FRB）、SEC、商品先物取引委員会（CFTC）の各代表者をメンバーとする大統領直轄の会議体であり、当該組織の目的にはメン

図表1-4　米財務省ブループリント：2008年3月

短期的提言	中期的提言 規制の効率性向上	長期的提言（最終目標） 目的ベース・アプローチによる 規制構造改革
1. 大統領ワーキング・グループ（PWG）のメンバー拡大と機能強化 2. モーゲージオリジネーション委員会の設置 （州ベースでのライセンス基準策定等） （モーゲージ市場の監督強化） 3. FRBに対して非預金取扱金融機関へのディスカウント・ウィンドー適用を要請 （流動性供給に関するFRBの権限強化）	1. 貯蓄金融機関制度の連邦免許を廃止、国法銀行への一本化 （OCCとOTSを統合） 2. 州立銀行に対する連邦の監督規制を合理化 3. FRBによる決済システムの監督 4. 保険業に対して連邦レベルで規制 （連邦レベルでの保険免許の導入） 5. SECの改革とCFTCとの統合	1. 金融市場の安定化を担当する監督当局 （FRBの機能強化） 2. 政府保証が付与された金融機関のプルーデンスに責任を有する監督当局 (Prudential Financial Regulatory Agencyの創設) 3. 金融業者のビジネス行為に対する監督当局 (Conduct of Business Regulatory Agencyの創設) 4. 連邦保険保証公社の創設 （FDICの組織および機能の再構築） 5. 証券市場に関連する問題に対処する監督当局 （SECの機能・役割を継承）

バー間での情報共有とともに国策としての金融競争力推進が明記されている[4]。ブループリントでは、PWG に連邦預金保険公社（FDIC）、通貨監督庁（OCC）、貯蓄金融機関監督庁（OTS）等を新たに加えることで、当局間での連携および機能の強化をはかっている。

詳細は第4章で論じるが、DF 法の Title I が設置した金融安定監督協議会（FSOC）は、この拡大された PWG と類似点を持った会議体であり、その構成メンバーも連邦監督機関の代表者が中心となっている。ただし、FSOC の機能の中心はマクロ・プルーデンス政策の担当にあり、DF 法が定める14項目の義務には米国金融市場の公正性や効率性、競争力および安定性の強化が含まれているものの、金融競争力強化に関連する法的な権限は与えられていない。また、本章執筆時では金融競争力の推進に関連する目立った活動も見られない。

第2に、連邦監督機関の再編が中期的提言に盛り込まれている。この提言は、例えば政府説明責任局（GAO）の一連の報告書（GAO［2004］や GAO［2007］など）が指摘しているように、市場の発達と新たな金融サービスや商品の出現に対して、既存の規制体系での対処が困難になりつつあることへの対応であると言える。ブループリントでは次の長期的提言と合わせて、規制当局の組織再編を行うことで規制の非効率性を軽減し、より柔軟かつ迅速な対応を可能とする組織編成を目指している。

第3に、ブループリントの最終的な目標である長期的提言の中心として、連邦監督機関が担当する分野を①金融市場の安定、②金融機関のプルーデンス、③金融サービス業者のビジネス行為、に分類し、規制当局をこれら3分野に集約することを提言している。つまりは、① FRB の権限および機能を強化して、システミック・リスクに責任を持たせ（マクロ・プルーデンス）、②銀行のみならず保険会社やファンドを含めて、金融システムに強い影響を与える金融サービス業者の経営・財務内容を監督する（ミクロ・プルーデンス）当局を新設し、③中期的提言により統合された SEC と CFTC を更に改組して業者の行為を監督する機能を強化する、などの大幅な組織変更が改革の最終目標とされた。

このように金融危機発生以前のブッシュ政権下で示された米国規制改革の方向性は、実施の3段階で示されたブループリントに集約されているように、規制・監督の対象を保険会社やファンドを含めた金融サービス業者全般に拡大し

つつ、低下傾向にある米国資本市場の国際競争力の維持・強化を目的として、国内規制体制の組織変更による効率化の推進であったと言えよう[5]。

2．金融危機後の議論と方向性：G20の論点と米財務省の改革案

深刻化した金融市場の混乱を踏まえ、2008年11月にワシントンD.C.で緊急開催されたG20（第1回金融サミット）以降、G20の中心的な議題には国際的な金融規制の再構築が置かれた。図表1-5は第2回金融サミット（英ロンドン）および第4回金融サミット（米ピッツバーグ）で公表されたリーダーズ・ステートメントに盛り込まれた規制改革の要点である。

金融規制に関して、①国際的な協調の推進、②規制・監督の対象範囲の拡大、③銀行の自己資本規制（バーゼルⅡ基準）の見直し、等が国際的な合意事項として挙げられている。これらG20における合意は、従来から指摘されていた規制・監督の問題点の是正と、金融危機の再発予防措置が中心であると言えよう。

このような国際的な金融規制改革議論の流れと協調の必要性を受けて、2009年1月に発足した民主党のバラク・オバマ（Barack Obama）政権により、新た

図表1-5　金融サミット（G20）のリーダーズ・ステートメントにおける主な合意

1. 2009年4月（英ロンドン）
   ①金融安定化フォーラム（FSF）の機能強化。
   　・金融安定理事会（FSB）の設置。
   ②重要な金融機関（大規模ヘッジファンドを含む）の規制と監督。
   ③自己資本規制の強化。
   　・バーゼル基準を景気連動型に。
   ④タックス・ヘイブンに対する協調的対応。
   ⑤格付機関の登録制と規制・監督の導入。
   ⑥その他。
   　・経営者の報酬原則。
   　・国際的な会計基準の見直し。

2. 2009年9月（米ピッツバーグ）
   ①国際的に活動する銀行の自己資本規制（量と質）の強化。
   　（バーゼル委員会で検討。）
   ②プルーデンス監督の強化と監督範囲の拡大。
   　・監督カレッジの設置。
   　・店頭デリバティブやヘッジファンド等への監督。
   ③FSBの勧告を支持。
   ④巨額報酬に対するグローバル・スタンダードの策定等。

な規制改革の方向性が順次公表された。まず、第2回金融サミット開催の前に、店頭（OTC）デリバティブ規制の改革案と4本の柱から構成される包括的規制改革案「Treasury Outlines Framework for Regulatory Reform」が米財務省から3月に示された（図表1-6参照）。続いて、3月提示の案をより具体的とした「金融規制改革、新たな基盤：金融監督および規制の再構築（Financial Regulatory Reform: A New Foundation: Rebuilding Financial Supervision and Regulation）、ホワイト・ペーパー」が6月に提示されている（図表1-7参照）。ブッシュ前政権が提示したブループリントと比較すると、政権の交代を経て僅か1年半のうちに、米国政府の金融規制改革に対する問題意識とその目的が大きく変化していることがわかる。この包括的規制改革案およびホワイト・ペーパーについては、第2章も合わせて参照願いたい。

ホワイト・ペーパーはG20における合意（国際協調・監督範囲の拡大・バーゼルⅡ等）を踏まえている他、①第一種金融持株会社（Tier 1 FHCs）の指定とFRBによる監督、②システミック・リスク監視機関として金融サービス監視評議会の新設（PWGの改組・強化）、③消費者・投資者保護機関の新設、④破綻処理制度の整備、などが新たな案として加えられた。

ブループリントとホワイト・ペーパーとの主な相違点を挙げると、第1にブ

図表1-6　オバマ政権が提示した新たな改革案

1. 店頭（OTC）デリバティブ規制の改革案（2009年3月13日） 　①商品取引所法（CEA）や連邦証券諸法の改正。 　②中央決済機関を通じた標準化店頭デリバティブの取引。 　③取扱い業者の資本、取引報告、委託保証金等を規制対象に。
2. "Treasury Outlines Framework for Regulatory Reform"（2009年3月26日） 「4つの柱からなる包括的な規制改革」 　①システミック・リスクへの取組み。 　　・単一の監督当局。 　　・自己資本・リスク管理基準の強化。 　　・大規模ヘッジ・ファンドの登録制。 　　・店頭デリバティブに関する包括的規制の枠組み。 　　・MMFに対する規制。 　②消費者や投資者の保護。 　③規制構造に存在する隙間の除去。 　④国際的協調の促進。

図表1-7　米財務省ホワイト・ペーパーの概要（2009年6月）

1. 金融会社（Financial Firm）の監督と規制
   ①金融サービス監視評議会（Financial Services Oversight Council）の創設
   ・米財務省、FRB等8つの連邦機関から構成
   ・FRBへのアドバイスや情報収集機能
   ②新たな規制カテゴリーの創設
   ・Tier 1 金融持株会社（Tier 1 FHCs）
   ・FRBが監督および規制担当
   ③全ての銀行および銀行持株会社の資本・プルーデンシャル基準の強化
   ④ヘッジファンド等へのアドバイザーをSECに登録
   ⑤米財務省内に国法銀行と保険業の監督部門を新設
   ・OCCとOTSを統合してNational Banking Supervisor（NBS）を設置
   ・Office of National Insuranceを設置
   ⑥その他
   ・MMF
   ・GSEs
2. 金融市場の包括的な規制
   ①証券化市場の監督および規制の強化
   ・オリジネーターやスポンサーに対して、証券化エクスポージャーのクレジットリスクの5%を保有することを要求
   ・SECにABS発行者へ報告書を要求する権限を付与
   ・報酬
   ・格付け
   ②CDSを含む全ての店頭デリバティブに対する包括的な規制の導入
   ③先物規制と証券規制の調和
   ・CFTCとSECによる調和の推進
   ④支払い・精算・決済
   ・重要な機関・活動に関してFRBが監督権限等を保有
3. 金融アビュースからの消費者や投資者の保護
   ①消費者金融保護庁（Consumer Financial Protection Agency）の創設
   ②投資者保護の強化
   ・投資助言を行うブローカー・ディーラーに受託者責任を要求
   ・投資アドバイザーとブローカー・ディーラーとの規制を調和
   ・金融消費者連携会議（Financial Consumer Coordinating Council）を設置
   ・退職後に向けた防衛手段（Retirement Security）の促進
4. 金融危機への対処に必要なツールを政府に供与
   ①破綻処理制度の整備
   ・FDICの預金取扱機関向け措置をTier 1 FHCを含めた銀行持株会社に適用
   ・FRBの緊急時融資権限の改正
5. 国際的な規制水準の引き上げと国際的協調の改善
   ①バーゼル銀行監督委員会
   ・バーゼルⅡの改善
   ・流動性リスクマネジメントの改善

② G20
・クレジット・デリバティブや店頭デリバティブの標準化と監督の推進
・金融安定化理事会(Financial Stability Board)
・ヘッジファンドおよびマネージャーの登録、適切な情報の開示等
・報酬
・格付け機関

ループリントの背景であった米国資本市場の国際競争力維持・強化に関する問題意識が、ホワイト・ペーパーではほとんど見受けられない[6]、第2にホワイト・ペーパーは、既存の機関(FRBやFDIC)の機能・権限強化と機関の新設(第3章で述べるFSOCやCFPA)による規制・監督の強化など、システミック・リスクの防止を中心とした危機対応型の改革となっており、米財務省内の部局であるOTSとOCCの合併は含まれているが、例えばブループリントの中期的提言に記されていたSECとCFTCの統合など、規制の効率化を目的とした連邦監督機関の再編などは実質的に除外されている。

このように、米国における規制改革の議論は金融危機の前後で明確に異なっている。次に、ホワイト・ペーパーで提示された改革案の初期の法案として、2009年の米国下院議会で審議された金融規制改革に関連する法案を見てみたい。

Ⅲ. 2009年に下院で審議された主要法案とその内容

1. 下院委員会で審議された改革関連法案

オバマ政権によって提示された法案の構想を受け、第111回連邦議会で複数の金融規制改革法案が審議された。2010年7月にDF法として成立した改革法は、2009年12月に下院を通過した法案(Wall Street Reform and Consumer Protection Act, H.R.4173)と2010年5月に上院を通過した法案(Restoring Financial Stability Act, S.3217)が、両院協議会を経て1つの法案としてとりまとめられた結果である。DF法が成立するまでの過程は、第2章で詳しく論じている。

本章では、2009年の連邦議会下院での審議に焦点をあてる。この下院での審議は金融サービス委員会が中心となり、複数の法案が委員会ベースで合意され

図表1-8　2009年（第111回）の連邦議会下院で審議された主な改革法案

法案一覧（下院金融サービス委員会を中心として）	法案番号
1. Financial Stability Improvement Act of 2009 　12月2日金融サービス委員会合意	H.R.3996
2. Over-the-Counter Derivatives Markets Act of 2009 　10月15日金融サービス委員会、同21日農業委員会合意	H.R.3795
3. The Private Fund Investment Advisers Registration Act of 2009 　10月27日金融サービス委員会合意	H.R.3818
4. Insurance Information Act of 2009 　米財務省内に保険情報局を創設、12月2日金融サービス委員会合意	H.R.2609
5. The Investor Protection Act of 2009 　投資者アドバイス委員会設立、SECの権限強化 　11月4日金融サービス委員会合意	H.R.3817
6. Consumer Financial Protection Agency Act of 2009 　10月22日金融サービス委員会、同27日エネルギー・商業委員会合意	H.R.3126
7. Accountability and Transparency Rating Agencies Act of 2009 　10月28日金融サービス委員会合意	H.R.3890

た後、下院本会議での審議および票決を経て、12月11日に上記の下院案として通過した。同年の上院における審議は、11月10日に銀行・住宅・都市問題委員会の委員長の名義で12のパーツから構成される法案の議論用草稿が公開されるに留まっている。

　図表1-8は、2009年の下院の金融サービス委員会レベルで提案・合意された法案の中から主な7本を挙げている。これらの中から、ホワイト・ペーパーで規制・監督に関する喫緊の検討課題とされた①店頭デリバティブ規制、②プライベート・ファンド規制、③消費者・投資者保護の推進、④破綻処理制度の整備とシステミック・リスクの監視、に関する5本の法案を取り上げ、下院で審議された改革法案の特徴を見てみたい[7]。

（1）店頭（OTC）デリバティブ規制

　金融危機以前の米国において、クレジット・デリバティブ・スワップ（CDS）を含む店頭デリバティブ（主にスワップ）取引は、2000年12月のビル・クリントン（Bill Clinton）大統領署名によって成立した商品先物現代化法（CFMA）により、証券の形態をとらず、機関投資家や富裕層が取引当事者で

ある限りにおいて、商品取引所法（CEA）の適用ならびにCFTCの監督対象外とされている。

詳しくは第7章を参照願いたいが、1998年のLTCM破綻の前後から、米国では取引が活発化した主に店頭スワップ取引に関して、連邦議会やCFTCなどの連邦監督機関間で法的な位置づけの明確化の必要性や取引規制の是非が議論されていた[8]。CFMAが成立した背景には、PWGが1999年11月に議会へ提出した報告書である「店頭デリバティブ市場およびCEA（Over-the Counter Derivatives Markets and the Commodity Exchange Act）」が記すように、デリバティブ市場の育成と当該米国市場の競争力強化の必要性が含まれていた。

しかしながらCFMAは米国のデリバティブ市場の育成をもたらす一方で、施行後に取引が急増したCDSに関してGAO［2009a］が指摘するように、規制・監督の抜け穴を作る結果となった（図表1-9は金融危機時までのCDS残高）。オバマ政権は規制改革の第一段として、店頭デリバティブの法的規制を連邦議会に要請し、Over-the-Counter Derivatives Markets Act of 2009が下院金融サービス委員会（10月15日）および下院農業委員会（10月21日）において合意され、下院本会議での審議に移された。

下院の2つの委員会が合意した上記法案では、CEAおよび1934年の証券取引所法（Securities Exchange Act）を改正し、SECとCFTCの権限の強化が提案されている。具体的には①取引に標準化の概念を導入し、SECやCFTCに登録された取引所や電子プラットフォーム等での取引や清算機関での清算の義務化、②ディーラーや主要な取引参加者等のSEC・CFTCへの登録、③取引総額やポジション等の報告義務、④規制による資本やマージンの要求などが明記されている[9]。当該法案は、店頭デリバティブ取引に関して、SECおよびCFTCの監督権限の明確化および情報収集ルートの確立、取引や決済における透明性の向上がはかられている。

DF法はTitle Ⅶで店頭デリバティブ規制を記述しているが、その内容は下院法案を基本的に踏襲している。第7章は、これまでの米国の店頭デリバティブ規制の変遷と、金融危機によって変化した当該分野の規制アプローチについて、より詳しく論じている。

図表 1-9　CDS 残高の推移

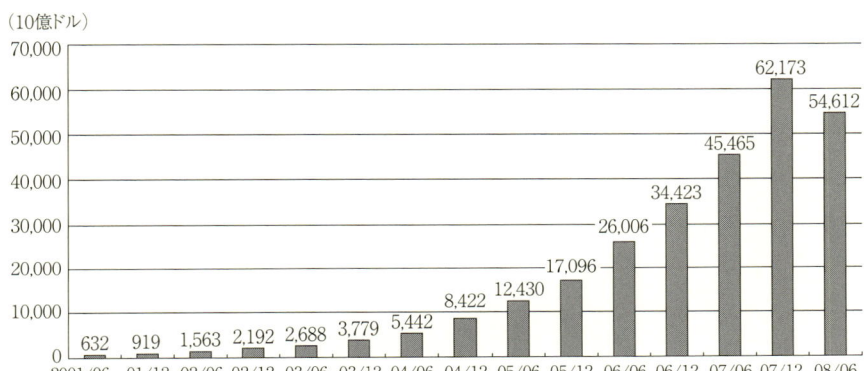

(出所) International Swaps and Derivatives Association (ISDA).

(2) プライベート・ファンド規制

　いわゆるヘッジファンドやプライベートエクイティ・ファンド等が該当するプライベート・ファンド（オルタナティブ・ファンド等の名称を使う場合もある）の規制に関しては、前述したG20における国際的な合意の下（図表1-5）、米国の他に英国や欧州委員会でも独自のファンド規制案を公開し（図表1-10）、整備が検討されていた。

　第6章で詳しく論じるが、これまでの米国におけるヘッジファンド関連の規制は、例えばファンドのアドバイザーに関しては、1933年証券法のSection 4 (2)（およびSECルールであるRegulation D）、1940年投資会社法のSection 3(c)(1)およびSection 3(c)(7)、1940年投資顧問法のSection203(b)(3)などで、プライベート・ファンドやアドバイザーの未登録を認める除外規定などがあり、連邦監督機関による直接的な規制や監督は困難であった。

　また2004年12月に、SECが投資顧問法を権限の根拠として、全てのヘッジファンド・アドバイザーの登録を求めるファイナル・ルールを公布したものの、2006年6月のコロンビア巡回裁判所で争われたいわゆるゴールドステイン裁判によって、当該ルールを無効する判決が下された経緯があり（SECの当該規制は40年法に規定された権限を逸脱しているとの判断）、DF法が施行されるまでは、ヘッジファンド等のプライベート・ファンド・アドバイザーは自発的な登録に

図表1-10　英国・欧州委員会のファンド規制案の概要

英国：ヘッジファンド規制改革案
1. ターナー・レビュー（The Turner Review, 2009年3月） 　○規制当局はヘッジファンド等に対して以下の権限を有するべき。 　・情報の収集権限。 　「金融市場の安定性へ影響を与える、もしくは、金融システム上重要な機関等に対して」 　・資本や流動性に関する規制を制定する権限。 　・その他の制約を導入する権限。 2. "Reforming Financial Markets"（HM Treasury 2009年7月） 　・UK国内のマネージャは、適切かつタイムリーな情報（資金調達、レバレッジ、投資戦略、ポジション等）をFSAに開示する。（ターナー・レビュー） 　・更なる情報の収集、レバレッジおよび市場過熱時における投資エクスポージャーの削減等に関するエンフォースメント・フレームワーク。 　・国際的な監視機関との情報共有。（G20）
欧州委員会：代替投資ファンド（Alternative Investment Funds）指令案
1. "The High-Level Group on Financial Supervision in the EU" 　（ド・ラロジェール・グループ報告書「第7勧告」、2009年2月25日） 　・金融システムにとって重要なヘッジファンドに対して、マネージャーの登録と、情報（投資戦略、手法、レバレッジ）の提供を求める。 　・ヘッジファンドを所有・運営、もしくは相当のプロップ取引等を行う<u>銀行に対して</u>、適切な資本を要求する。 2. "Directive of on Alternative Investment Fund Managers and amending Directives 2004/39/EC"（2009年4月29日） 　・AIFMは<u>認可</u>が必要。（コンプライアンス等の内部体制を確立、当局に定期報告を行う必要。） 　　（運用資産が€100million以上、もしくは、レバレッジが無くロックイン期間が5年以上ならば€500million以上のマネージャーが対象。） 　・AIFMに<u>最低自己資本</u>（€125,000）の導入。（運用資産が€250million以上は積み増しが必要。） 　・投資家（資産のタイプ、レバレッジ、評価、リスクマネジメントの手法等）と当局 　　（エクスポージャー、パフォーマンス、リスク集中度等）に対する情報の開示。 　・<u>高レバレッジ</u>、投資先企業の経営に影響を与える場合、更なる規制が追加。 　・EU内での第三国ファンドによるマーケティングには<u>EUパスポート</u>を供給。 　　（オフショア・ファンド、規制や監督が付随。）（指令発令後3年間は現行規制に従う。）

留まっていた。

　金融危機との関係において、米国ではヘッジファンドに代表されるプライベート・ファンドが危機の中心的な問題であったとは捉えられていない。しかしながら、Lo［2008］が指摘するように、ファンドが保有している資産間の相関性が近年高まっていることや、ファンドの再レバレッジ（Re-Leverage）が資産価格の下落に拍車をかけたことなどから、IOSCO［2009］やGAO

［2009c］などを代表例として、システミック・リスクの管理上の問題から規制・監督を強化する必要が指摘されていた[10]。

2009年10月27日に下院金融サービス委員会で合意された法案である Private Fund Investment Advisers Registration Act は SEC の権限強化をはかり、投資顧問法を改正してアドバイザーの登録とファンドに関する情報を把握すること（透明性の向上）を可能とすることが主たる目的であった。具体的には、①登録除外項目を削減し、原則的にプライベート・ファンド・アドバイザー（ベンチャー・キャピタルや Small Business Investment Company に対するアドバイザー、または、マネジメント・アセット額や顧客数などで除外規定はある）を SEC に登録、②投資者保護やシステミック・リスクの監視において必要な情報（マネジメント・アセット額、オフバランスを含んだレバレッジ、カウンター・パーティの信用リスク、ポジション、取引手法）の記録と保管、ならびに報告を要求する権限を SEC に付与、③投資者保護やシステミック・リスクの監視のため、記録やドキュメント等を投資者、カウンター・パーティ、債権者等へ開示する必要性（詳細は SEC が決定）などから構成される。

第6章で述べるが、DF 法は下院法案のアドバイザー登録や SEC 等の情報収集権限を含みながら、いわゆるボルカー・ルール（第5章）と呼ばれる Title VI の Sec.619 を加えて、銀行事業体とヘッジファンド等との関係に一定の制約を導入している。

（3）消費者・投資者保護の推進

2009年に下院委員会で審議された消費者・投資者保護関連の法案としては、SEC の権限強化を目的とした Investor Protection Act of 2009 と新たに消費者金融保護庁を設立する Consumer Financial Protection Agency Act が挙げられる。

2009年版の投資者保護法である Investor Protection Act of 2009 は、後述するバーナード・メイドフ事件やスタンフォード・フィナンシャル・グループ事件の反省から① SEC の権限強化（法的権限、予算増加、組織見直し）、② SEC に対する外部アドバイザリー制度（投資者アドバイザリー委員会）の導入、③アドバイス提供業者に対する受託者責任の明記、④内部告発者に対するインセン

ティブの導入、などによりSECの投資者保護機能を見直すことが内容となっている。メイドフ事件の詳細およびSECの対応などは、第9章で改めて詳細に論じるが、SECの組織的な見直し等はDF法の成立を待たずに実行されている。

一方で、Consumer Financial Protection Agency Actは、連邦レベルでの横断的な消費者保護をはかるべく、SECやCFTCの管轄を除いて、消費者に金融商品やサービスを提供する金融機関に対するルールの策定、検査および法の執行を担当する消費者金融保護庁（Consumer Financial Protection Agency）の新設を規定している。この新たな連邦機関の創設は、DF法のTitle Xが定める消費者金融保護局（Consumer Financial Protection Bureau）へと引き継がれているが、このDF法による新機関はFRB内の部局として設立されている。

消費者に提供される金融商品やサービスを横断的に規制・監督する目的から、Investor Protection Act of 2009の下で、消費者金融に関する連邦諸法がまとめられる。また、SECやCFTCが管轄する金融商品・サービスを除き、従来はFRB、FDIC、OTSやFTCなどが担当していた消費者保護行政に関する権限および関連部署の人員は消費者金融保護庁へ移管される。しかしながらこの下院法案に対して、関［2009b］が報告するように上院や下院の公聴会でも多くの反対意見の表明や問題点の指摘が行われ、結果としてオバマ政権の当初の構想とは形態が異なっている。

2009年の下院審議の段階で、例えば、下院サービス委員会・エネルギー商業委員会における審議によりPlain Vanilla Product構想が除外された他[11]、①資産US$10 billion未満の銀行と②資産US$1.5 billion未満の信用組合は、消費者金融保護庁の規制・監督の対象外とされた。この他、下院エネルギー商業委員会では更なる権限の縮小を示す修正が行われたことから、当時の金融サービス委員会のバーニー・フランク（Barney Frank）委員長が懸念を表明するなど（10月29日）、当該法案に関する審議は困窮した。

DF法がFRB内に設立した消費者金融保護局については、第3章を参照願いたい。

（4）破綻処理制度の整備とシステミック・リスクの監視

例えば Wilmarth［2009］が分析するように、市場規律と業者の内部リスク管理モデルへの依存が、大規模かつ複雑な構造を持つ金融コングロマリットを中心として利益相反と過度のリスク・テイクをもたらすとともに、いわゆる Too Big To Fail（大きすぎて潰せない）問題を深刻化させた。米国における2008年9月のリーマン・ブラザーズ（チャプター11の申請）やその後の AIG（政府による救済）に対処した際の混乱を見ても、金融システムに深刻な影響を与えるあらゆる業態に対して、適切な破綻処理制度の不備が市場を極度に不安定化させた要因の1つになったと言えよう。

下院委員会が審議した Financial Stability Improvement Act は、システミック・リスクを監督する機関の新設と、Too Big To Fail 問題への対処を目的としている。当該法案は、①金融サービス監視評議会（Financial Services Oversight Council）の設立、②銀行持株会社等に対する包括的規制の見直し（いわゆる Gramm-Leach-Bliley Act of 1999の見直しと FRB の権限強化）、③ ABS の組成プロセスに関する規制、④大規模かつ複雑な金融会社に関する秩序だった破綻処理の整備などから構成されている。

この金融サービス監視評議会（DF 法の FSOC とは名称が異なる）は上述した PWG と似通った形態の会議体であり、PWG の構成メンバー（米財務省、FRB、SEC、CFTC）に FDIC、OCC、OTS、州の保険当局などを加えた9つの機関から構成され、当該評議会自体に金融システム上重要な会社や金融活動、支払・清算・決済機関に対して監督および規制の権限が付与されることで、システミック・リスクの監視機能が期待されている。また、Too Big To Fail 問題に対処すべく、FDIC に管財人機能およびブリッジ金融会社（Bridge Financial Company）の設置等の破綻処理権限を持たせる他、原因者負担原則（Polluter Pays Principle）の下で納税者負担を回避すべく、米財務省内に US$10 billion 超の Systemic Resolution Fund を設置することなどが含まれている。

この下院法案に関する下院委員会での議論で注目されたのは、システミック・リスクの監視および金融システムに影響を与える可能性のある金融サービス業者の監督に関する部分であろう。2009年11月28日に金融サービス委員会委員のポール・カンジョースキー議員（Paul Kanjorski）名義の修正により、金融

サービス業者が金融システムに与える影響度の評価、および、各金融サービス業者のシステミック・リスク度に関する目的基準（Objective Standards）の策定がFSOCの業務とされた。この修正にともない、従来はFRBに期待されていたToo Big To Failへの対処権限は主にFSOCへと移行されている。

このような修正の背景には、2009年10月29日に下院金融サービス委員会が開催した公聴会で、当時のティモシー・ガイトナー（Timothy Geithner）財務長官に対して多数の批判が寄せられたように、特定の連邦政府規制当局の権限を大幅に強化することに対して議会の懸念がある他[12]、中央銀行の独立性への干渉が強まる恐れや、金融政策との間で利益相反が生まれる可能性などの問題点が存在していることがあると思われる[13]。

このシステミック・リスクの監視強化は、DF法ではマクロ・プルーデンス政策と呼ばれ、そのTitle Ⅰは同政策を担う金融安定監督協議会（FSOC）を設置している。マクロ・プルーデンス政策を巡る議論および、この新たな会議体の機能や権限については第4章で述べている。

2．下院法案の整理と問題の所在

2009年に米国下院委員会で検討された法案の中から5本を取り上げ、その概要を挙げた。この下院法案は、DF法へと繋がる連邦議会の初期の改革議論であるが、これらの法案の内容を分類すると、従来から指摘されてきた問題への対処が中心であることがわかる。簡潔に述べれば、連邦監督機関の法的権限の明確化と権限強化をはかるとともに、従来は監督権限が及ばなかった店頭デリバティブ（CDSに代表される信用スワップなど）取引、ファンド・アドバイザーなどへ監督範囲を拡大させ、AIGなどの金融システムに影響を与える金融サービス業を新たなカテゴリーによって規制や監督の対象とする試みである。これらの基本は、システミック・リスクに関連する情報の収集ルートの確立にあるとも言い換えることができよう。

一方で金融サービス業者の行為を制約する規制は、G20で合意しバーゼル委員会において検討されている銀行自己資本比率の基準の見直し・強化の他、米国金融規制改革案においては、①標準化に該当しないスワップ取引などを行う際のマージンや資本要求（Over-the-Counter Derivatives Markets Act）や、

②システミック・リスク上必要と思われる際にファンドの行為を制約する権限（Private Fund Investment Advisers Registration Act of 2009）、③図表1-8で示した格付機関に対する Accountability and Transparency Rating Agencies Act などがあったものの、その内容は限定的であった[14]。

　金融危機以前に提示されたブッシュ政権のブループリントと比較して、ブループリントの問題意識であった米国資本市場の国際競争力の維持・強化に関する施策は含まれず、また、（SEC と CFTC の管轄を除いて消費者保護に関する権限と人員の集約を行うものの）消費者金融保護庁や（実質的に PWG の改組とも言えるが）FSOC の設置など、連邦政府機関の組織再編に関しては間逆の内容が含まれている。例えば、ブループリントの中期的提言に含まれていた SEC と CFTC の統合は、CFTC の反発や連邦議会内での圧力もあり見送られている[15]。これらを総合的に見てみると、第111回連邦議会下院で2009年に検討された金融規制改革案は、金融危機の再発防止が主たる目的となっていることがわかる。

　ここで、2009年の下院で審議された米国金融規制改革に欠如する点を述べるならば、①国際競争力維持・強化の必要性への対処、②ガバナンス機能を再構築する必要性、③規制当局の監督（Supervise）能力の問題、の3つを挙げることができる。

　まず第1に、金融危機以前は国際競争力の維持・強化への対処に関する議論が中心であったことは何度も述べた。金融危機が再発した場合に経済に与えるダメージの大きさを考えれば、危機再発に第一義的重要性を持たせることは合理的である。しかしながら、米国資本市場の国際競争力の維持・強化に関する問題が失われたわけではない。近い将来、金融市場の安定化とともに当該問題に対する米国の優先度が増した場合、今回の改革との整合性を維持することには相当の困難が生じることが予想される。

　第2に、同時期に英国で公開された金融改革の提言書である通称ウォーカー・レビュー（A Review of Corporate Governance in UK Banks and Other Financial Entities, 2009年7月公開）や、英大蔵省（HM Treasury）が提示した金融市場改革案（Reforming Financial Markets, 2009年7月公開）が中心的な課題として取り上げているが、金融サービス業者のガバナンス機能の改革と年金基金

を中心とした機関投資家の受託者責任（善管注意義務等）の見直しなどは米国での議論に欠けている。

米国では会社法は州ベースであり州政府の管轄となるため（これ自体が大きな問題ではあるが）、連邦政府の規制改革として扱うことには制約がともなう。また、取引所の上場規則によって対処される可能性もあるが、経営者等の巨額報酬の問題（インセンティブ）も含めて、企業の経営リスクを監視する取締役会（および株主総会）の機能不全は、金融危機の根本的な問題でもある。また、いわゆるサブプライム・ローン問題で露呈したように、機関投資家が信用格付のみに依存し、内容を全く理解できない商品を購入していたことは、受託者責任の観点から問題である。経営者の報酬問題はDF法で扱われているものの、これらの問題は、連邦議会の初期の段階から議論の中心とはならなかった。

最後に挙げた規制当局の監督能力の問題に関しては、次節で証券市場の連邦監督機関であるSECのケースを例に挙げて検討する。

Ⅳ．米国証券規制に見る監督能力の問題

オバマ政権下で進められた金融規制改革は、連邦監督機関の権限強化によって金融危機の再発を防止する試みであると述べた。これはすなわち、従来は市場規律（Market Discipline）や自主規制（Self-Regulation）での対処を期待されていた相当の部分を連邦政府の機関が賄うことに他ならない。つまりは、不特定多数の市場参加者による意思決定から、特定少数の規制当局の意思決定に重心を移すことであるから、民間から政府へのリスク管理の委譲現象であるとも言える。このような改革案が機能するための必要条件として、規制当局の能力が少なくとも市場参加者と同等以上であることが求められる。

しかしながら金融危機が深刻化する2008年12月に発覚した、元NASDAQの会長の肩書きを持つバーナード・メイドフ（Bernard Madoff）が首謀者であった巨額投資詐欺事件（ポンジー・スキーム、米検察によれば被害総額US$64.8 billion）へのSECの対応が代表例であるように、連邦監督機関の監督能力自体に疑問を持つ声も少なくない。本章は最後に、金融危機にも関連した事例として、証券規制を担当するSECが導入したCSEプログラムを挙げ、米国規制

における規制当局の監督能力に関する問題が持つ危険性について触れたい。メイドフ事件の内容は第9章で紹介しているので参照願いたい。また第9章では、2009年の下院法案およびDF法の中から、メイドフ事件を受けて記述されたSECの組織変革に関連する箇所を抜き出して議論している。

1. SECが導入したCSEプログラム

CSEプログラムとは、SECが2004年4月に導入したボランタリー・プログラムである。金融市場の混乱の一因になったとの指摘も多く、2008年9月に米国の大手投資銀行が商業銀行へと業態を変えるとともに廃止された[16]。

SECが管轄する連邦法は、証券法、証券取引所法や投資顧問法など複数ある。SECが行政権限を行使する金融サービス業者は、これら連邦法の下でSECに登録されたブローカー・ディーラーやマーケット・メーカー等に限定されている（ただし、投資詐欺などの場合は限定されず）。CSEプログラムは、権限が及ばないブローカー・ディーラーの上部組織である最終持株会社（Ultimate Holding Company）がSECによる指導を受けることを条件に、ブローカー・ディーラーに対するネット・キャピタル・ルールを適用除外とし、その替わりに、プログラム対象事業体は、内部リスク・マネジメント・コントロール・システムの構築およびSECルールのRule17i-7によって規定されるバリュー・アット・リスク（VaR）や、バーゼル基準に準拠したシナリオ分析等の手法を用いて、自主的に算出した自己資本の定期的な報告することが求められた。図表1-11はCSEプログラム対象の事業体一覧であるが、シティ・グループとJPモルガン・チェースはFRBが優先監督当局であるため、SECのプログラム対象は実質的には5つに限定される。

CSEプログラムを導入した背景には、SECが証券業を傘下とする最終持株会社への監視の他、①EUの金融コングロマリット規制（Directive 2002/87/EC）に準拠した規制を米国内に持つ必要性への対処（存在しない場合、米国業者は欧州内において中間持株会社を設立する必要）、②リスク・ベースによる自己資本の要求は、過剰な自己資本を抑えて米国資本市場の効率性を改善する効果が期待される、ことなどがあった。

Nadauld & Sherlund [2009] が指摘するように、CSEプログラムは、プロ

図表 1-11　CSE プログラムの対象金融機関

1. メリル・リンチ
2. ゴールドマン・サックス・グループ
3. モルガン・スタンレー
4. リーマン・ブラザーズ・ホールディングス
5. ベア・スターンズ・カンパニー
6. シティ・グループ・グローバル・マーケッツ
7. JP モルガンチェース

出所) SEC.

グラム指定事業体による過剰な証券化商品ビジネスへの傾倒を通して金融市場の安定性に悪影響を与えたほか、Coffee & Sale［2008］や若園［2008］が示すように、CSE プログラム指定事業体自身の財務健全性も明らかに悪化させた（図表1-12）。

CSE プログラムが効果を発揮しなかった原因は、①1999年の金融サービス現代化法（Gramm-Leach-Bliley Act）により複雑かつ大規模な形態をとる金融機関全体についてのモニタリングの困難性があった他[17]、② CSE プログラム指定事業体が算出した自己資本に対して、SEC の分析能力が十分に対応できなかった、等が指摘されている。後者の指摘には、例えば、2008年7月21日のウォール・ストリート・ジャーナル紙に掲載されたように、2008年6月末時点での Tier 1 レシオを比較して、SEC が担当していた CSE プログラム指定事業体の数値（各社が自発的に計測）が、その顛末から見て明らかに高すぎるとの指摘などがある（図表1-13）。

更に、SEC のベア・スターンズ（米国の大手投資銀行、2008年5月に JP モルガン・チェースにより救済買収）に対する対応を分析した SEC 配属の監査総監室（OIG）による2本の報告書においても[18]、①ベア・スターンズは高レバレッジやモーゲージ関連商品へ傾倒していたにも係わらず、SEC は適切なア

図表 1-12　主要投資銀行のレバレッジ・レシオ

	2003年 FY	2004年 FY	2007年 FY
メリル・リンチ	15.7	19.1	27.8
ゴールマン・サックス	18.7	21.2	26.2
モルガン・スタンレー	24.2	24.5	28.5
リーマン・ブラザーズ	23.7	23.9	30.7

注）モルガン・スタンレーは2008年8月末時点。
　　経営破綻前のベアスターンズは約33倍。
出所）各社年次報告書等より作成。

図表 1-13　主要金融機関の自己資本比率の比較

商業銀行（FRB が主監督）	
シティ・グループ	8.7%
JP モルガンチェース	9.1%
ウェルズ・ファーゴ	8.2%

投資銀行（SEC が主監督）	
ゴールドマン・サックス	10.7%
リーマン・ブラザーズ	13.0%
メリル・リンチ	9.5%
モルガン・スタンレー	12.4%

注）2008年6月末時点での Tier 1 レシオ。
出所）Wall Street Journal, July 21, 2008.

プローチをとらなかった、②SEC はモーゲージ市場の混乱後も公式なミーティングを持っていない、③CSE プログラムに関する SEC の監督官はわずか3名しかおらず、2007年春以降は検査自体が行われていなかった、等の問題点が指摘されている。

第9章で扱うメイドフ事件と並んで、本章の CSE プログラムの失敗例は、SEC の組織的な問題を示すに留まらない。SEC は大恐慌を踏まえて1934年に設立されて以来、消費者・投資者保護を主要な業務としていた。この CSE プログラムの失敗は（導入の決定は SEC 自身によるものの）、事業体が独自算出・報告した自己資本比率の適正性などの評価の必要性にあり、SEC はこの新たな監視分野に対応できなかったことが背景にあると言えよう。この教訓は、米国金融規制改革法の中心である規制当局の監督範囲の拡大を考えるうえで、当局の能力の問題が生じる可能性があることを示している。

V. 第1章のまとめ：市場の失敗と政府の失敗

　市場における資源分配の機能は、我々が知る限りにおいては最善である。しかしながら、市場は決して完全ではなく、我々は絶えず市場が失敗する可能性に注意を払わなければならない。市場の失敗に対処できるのは政府に他ならず、その意味において、市場を補完する政府機能の充実は予備的とも呼べる動機によって支えられていると言える。サブプライム層向けの住宅ローンに関連した証券化商品が引き起こした問題（サブプライム問題）、それに繋がるいわゆるリーマン・ショックが引き起こした短期金融市場における資金枯渇と急速な信用収縮の発生は、典型的な市場の失敗例として記録されるであろう。

本章では、共和党のブッシュ政権が検討した国際競争力の強化を念頭に置いた金融規制改革が、金融危機の発生後に誕生した民主党のオバマ政権によって大きく変化したことを述べた。歴史に残る市場の失敗を受けて、DF法としてまとめられた包括的な金融規制改革は、主に政府機能の見直しと充実から成り立ち金融危機再発の予防策として合理的に見える。しかしながら、上述したSECの例の他に、例えばMcDonald & Robinson［2009］が生々しく叙述するように、サブプライム・ローンが無秩序に拡大した背景の1つには、1977年に成立した地域再投資法（CRA）の改正と政府による運用があったと指摘する声も多い。FRBは公式にこのような可能性を否定しているものの[19]、2000年3月に米財務省が公開した報告書「金融現代化以降のCRA（The Community Reinvestment Act after Financial Modernization: a Baseline Report）」では、CRAの改正後に、マイノリティ向けの融資が増加していることが報告されている。これは、市場と同様に政府の失敗も常に考慮すべきということを示唆し、それ故に問題を複雑にしているのである。過度な市場依存から、過度な政府依存となった場合に、我々は新たな問題に直面することになるであろうことを認識すべきである。

　また、次章以降で詳細に検討するDF法を基準とする新たな規制の体系は、基本的に連邦監督機関の権限強化が中心であり、これはリスクの管理を市場（民間）から政府に大きく委譲させることに他ならない。また、第5章で検討するボルカー・ルールを代表例として、DF法が連邦監督機関に与えた新たな権限の運用次第では、金融サービス業者の行為を直接的・間接的に抑制する可能性も否定できない。経済において金融はあくまでも補助的役割を負うべきであり、この点は今回のパニックが明確に示している。しかしながら、金融の発達が経済全体の活性化をもたらす効果もあることを忘れてはならない。DF法は金融危機以前の市場機能への偏重を是正する連邦法ではあるが、同時に過度な政府機能への依存をもたらす危険も内在している。

注
1) 2004年8月にSECから公開された戦略プラン「SEC Strategic Plan for 2004-2009」では、予防型行政とリスク・ベース・アプローチの考え方が新たに明記された。2009年

10月に公開された「SEC Strategic Plan for 2010-2015（ドラフト）」では、2004-2009版と同様に予防型行政の推進等を明記しているものの、2004-2009年版では見られなかった将来の金融市場の動向や新たな金融商品・サービスに対する"Impossible Predict"の文言が含まれている。これは、規制当局自らがその限界を認識していると捉えることができよう。

2) 米財務省による当該報告書の検討は、2007年3月にワシントンで開催された「資本市場の競争力に関するコンファレンス」が契機となっている。合わせて、2008年3月3日のポールソン長官の会見も参照されたい。(http://www.treas.gov/press/releases/hp897.htm)

3) サブプライム・ローン問題との関係は小立［2008］が詳しい。

4) PWGは1988年3月にロナルド・レーガン（Ronald Reagan）大統領が発した大統領令（Executive Order）12631によって発足した。設立契機となった1987年のブラック・マンデー（暗黒の月曜日）の教訓から、PWGの機能には金融市場に関連する規制当局間の情報および問題意識の共有が含まれている。サブプライム・ローンを発端とした金融市場の混乱に対しても、2008年3月にポリシー・ステイトメント「Policy Statement on Financial Market Development」を公表し、市場における問題点と規制の改善点を指摘している。

5) 競争力と規制の関係は若園［2008］および若園［2009a］を参照されたい。

6) ホワイト・ペーパーにおける国際競争力に関する記述は、41頁に記載された保険業の規制・監督の国際協調に関する一文のみである。

7) 例えばファンド・アドバイザー登録に関する法案は本章で取り上げた法案を含め合計で4本の法案が下院委員会に提出されているなど、同一の分野に複数の法案が提出されている。本章では、下院金融サービス委員会での議論の進展具合と政府提案とを考慮して、最も中心的であると思われる法案を取り上げる。

8) 当時のCFTC委員長であったブルックスリー・ボーン（Brooksley Born）が1998年10月1日に下院の銀行・金融サービス委員会で行った議会証言、および、当時のFRB議長であったアラン・グリーンスパン（Alan Greenspan）が2000年2月10日上院の農業・栄養・林業委員会で行った議会証言などを参照されたい。

9) 下院の金融サービス委員会における合意内容等は関［2009a］が詳しい。また、2009年11月3日に同委員会のバーニー・フランク委員長がSECとCFTCの各委員長にあてたレターでは、①清算の対象とならないスワップ取引が規定された、②エンド・ユーザーの取引に関する除外規定が盛り込まれた等が当該法案にとって問題であると指摘している。

10) この他、投資者保護への配慮が強まっている背景には、2008年のバーナード・メイドフ事件の影響もあろう。

11) Plain Vanilla Productに関しては下記を参照されたい。(http://www.financialstability.gov/docs/regulatoryreform/strengthening_consumer_protection.pdf)

12) 例えば、第111回連邦議会には、FRBの権限強化への牽制としてFRBの金融政策を

13) GAO の監査する内容を含んだ法案（Federal Reserve Transparency Act of 2009, H.R.1207）が下院金融サービス委員会に提出されている。
13) 中央銀行の独立性とその効果に関しては、斉藤・須藤 [2009] 第 6 章を参照されたい。
14) 例えば、関 [2009c] が指摘するように、証券化商品のオリジネーターが最低 5 ％のエクスポージャーを保有する考えも、必ずしも行為の抑制に繋がる訳ではない。
15) 2009年10月16日に SEC および CFTC の規制の調和を目指して公表された共同報告書「A Joint Report of the SEC and the CFTC on Harmonization of Regulation（議会提出報告書）」は、両機関での教育プログラムの共有と人材交流などの基礎的項目の列挙に過ぎない。
16) CSE プログラムの問題に関しては、若園 [2008] も参照されたい。
17) 2008年 9 月23日に当時の SEC 委員長であったクリストファー・コックス（Christopher Cox）が行った議会公聴会での発言内容や GAO [2009b] 等を参照されたい。
18) ベア・スターンズの監督関連する調査報告書である「SEC's Oversight of Bear Stearns and Related Entities: The Consolidated Supervised Entity Program」（Report No.446-A）と「SEC's Oversight of Bear Stearns and Related Entities: Broker-Dealer Risk Assessment Program」（Report No.446-B）。ともに2008年 9 月25日に公開。OIG は監査総監室とも訳され、各連邦政府機関の中に設置されているものの当該連邦機関からは独立した監査機能を与えられている。
19) FRB 理事のランダール・クロズナー（Randall Kroszner）の講演（2008年12月 3 日）など。(http://www.federalreserve.gov/newsevents/speech/kroszner20081203a.htm)

第2章

ドッド・フランク法の成立過程と構成

I．はじめに

　第1章で述べたように、米国の金融規制改革に関する議論は金融危機の発生によって大きく進路を変えている。

　ジョージ・W・ブッシュ政権時代は、第2期ロナルド・レーガン政権（1985年1月から1989年1月）から顕著となった金融自由化の流れを引き継ぎながら、米国資本市場の国際的な競争力強化を念頭においた金融規制改革が論じられていた[1]。ブッシュ政権時代にも2007年夏頃から不動産価格の下落が顕著となるなど、金融的混乱の進展とともに危機対応型の改革を迫られてはいた（図表2-1）。しかしながらブッシュ政権時代に意図されていた金融規制改革の本流は国内資本市場の効率化であり、市場の効率化による資本コストの引き下げで経済成長と雇用の促進をもたらす政策であったとも言える[2]。一方で、2009年1月に第44代大統領へ就任したバラク・オバマの下で進められた改革は金融危機の再発防止を主たる目的とした改革であり、前政権時に指摘されていた問題への回答ではない。

　金融危機が深刻な状態になった2008年の大統領選挙で勝利したバラク・オバマは、大統領選挙期間中から米国の金融規制改革を公約として掲げ、FRBの機能強化やシステミック・リスク監督機関の創設を訴えていた[3]。第1章で論じたように、オバマ大統領は就任直後から経済や金融市場の安定化に努める一方で、G20金融サミットでの取り決めを受け継ぎ、包括的な金融規制改革法案の検討を議会に依頼している。このオバマ政権が求める改革の概要は、ニューヨーク連邦準備銀行総裁から財務長官へ転じたティモシー・ガイトナーが2009年3月26日に下院で開かれた金融サービス委員会で行った証言で明らかにされている[4]。本章で述べるように、第111回連邦議会（2009年1月3日より2011年

図表2-1　米国市場の混乱

2007年6月22日	ベア・スターンズが傘下のヘッジファンドへ資金支援を表明
8月9日	BNPパリバ傘下のヘッジファンドが新規募集と解約を凍結
2008年3月14日	FRBがベア・スターンズに緊急融資[注]
3月16日	JPモルガン・チェースがベア・スターンズを救済買収
9月7日	ファニーメイとフレディーマック（GSEs）が政府管理下に
9月15日	リーマン・ブラザーズが連邦破産法の適用を申請
	バンク・オブ・アメリカがメリル・リンチを買収
9月16日	FRBがAIGに緊急融資、政府管理下に[注]
9月21日	FRBがゴールドマン・サックスとモルガン・スタンレーの銀行持株会社への業態転換を承認
9月25日	JPモルガン・チェースがワシントン・ミューチュアルを救済買収
9月29日	米緊急経済安定化法が下院で否決
	ダウ平均株価が過去最大のUS$777下落
10月3日	米緊急経済安定化法が成立
10月7日	FRBがCP買取制度の導入を発表
10月12日	ウェルズ・ファーゴがワコビアを救済買収
11月14・15日	G20ワシントン緊急金融サミット開催
11月23日	米政府がシティ・グループに対する支援策を発表
11月25日	FRBが最大US$800 billionの市場対策を発表

注）連邦準備法（Federal Reserve Act）のSec.13(3)の定めにより、FRBはNY連銀に対して有限責任会社（Limited Liability Company）を設立し、資金供給を行うことを認可した。
ベア・スターンズに対してはMaiden Lane 1号、AIGに対しては同2号と3号を経由した資金供給が行われている。

1月3日まで）は、主に米財務省の原案を基礎として本格的な金融規制改革法案作りに着手した。

本章は、2010年7月21日の大統領署名によって成立したドッド・フランク法（DF法）の成立過程の整理およびその全体像を概観するとともに、DF法の初期的な問題点について指摘する。

Ⅱ．公的な機関による危機の要因分析

第111回連邦議会で金融規制改革法案を中心となって審議したのは、上院の銀行・住宅・都市問題委員会と下院の金融サービス委員会であり、DF法には両委員会の当時の委員長の名前が冠されている。これら委員会での審議と平行して、「上院常設調査小委員会（United States Senate Permanent Subcommittee

図表2-2　上院常設調査小委員会のリコメンド（2011年4月）

高リスク貸付に関するリコメンド
・適格モーゲージが低リスクであることの保証
・実効性のあるリスク保持の要求
・高リスク商品に対するセーフガード
・Negative Amortization Loan 発行銀行に対してより大きな準備を要求
・銀行の投資ポートフォリオのセーフガード
規制の失敗に関するリコメンド
・貯蓄金融機関監督庁（OTS）の完全解体
・法執行の強化
・預金金融機関検査評定（CAMELS）格付の強化
・高リスク貸付のインパクト調査
誇張された信用格付に関するリコメンド
・公認格付機関（NRSRO）のランク付け
・格付機関の説明責任を維持するための投資家援助
・格付機関の内部統制の強化
・格付機関の情報開示の強化
・格付依存度の軽減
投資銀行の不公正行為（Abuse）に関するリコメンド
・ストラクチャード・ファイナンス取引の見直し
・自己勘定取引から除外される取引の絞り込み
・強力な利益相反防止策の立案
・銀行のストラクチャード・ファイナンス利用についての調査

注）Negative Amortization Loan とは、返済額が金利分に満たない場合、不足分が元本に加算されていく貸付。

on Investigations）」とともに[5]、「金融危機調査委員会（FCIC）」が[6]、連邦議会による公的な専門調査機関として金融危機の要因分析を担った。

　上院常設調査小委員会は、2年間にわたる調査を元に4つの分野に関するリコメンド（図表2-2）を含んだ報告書を、2011年4月に議会へ提出している。上院常設調査小委員会による調査は、主に関係者に対するヒアリングを用いて特定の格付機関と金融会社の業務および、ワシントン・ミューチュアル（Washington Mutual, Inc.）に対するOTSとFDICの監督手法の検証を中心に行われており、その調査対象は限定されていた。

　対して、FCICの調査は、クレジットの膨張やサブプライム・ローン問題から経営破綻に至ったベア・スターンズ（Bear Sterns Companies, Inc.）とリーマン・ブラザーズ（Lehman Brothers Holding, Inc.）、政府救済の対象となったAIGなど一連の金融会社の経営に関する事象分析の他、「影の銀行システム

(Shadow Banking System)」や「大きすぎて潰せない（Too Big to Fail）金融会社」問題、証券化商品や店頭（OTC）デリバティブの問題まで、米国の金融システム全体を対象としている。また、金融会社から監督機関や学識経験者にまで幅広くヒアリングを行い、その水準は上院常設調査小委員会の調査を凌駕している。

しかしながら、2011年1月27日に公表された「金融危機調査の報告書（Financial Crisis Inquiry Report）」に署名したのは民主党系の委員6人のみであり、署名を拒否した共和党系の4人の委員からは別途2つの反論書が提出されるなど、統一した調査結果の提示には至らなかった[7]。図表2-3で比較しているが、主要な論点で意見は相反しており、連邦議会傘下の調査機関として、金融危機の要因分析において公的な分析結果を提示できたとは言い難い。世界恐慌後に連邦証券諸法の制定やいわゆるグラス・スティーガル法（Glass-Steagall Act）の制定につながったペコラ委員会（Pecora Commission，上院銀行・通貨委員会の小委員会）のような存在とはならなかった。

図表2-3　金融危機調査委員会各報告書の要点（2011年1月）

民主党系報告書	共和党系反論書	共和党系 P. ワリスン反論書
規制・監督の失敗 ・行き過ぎた規制の緩和 ・不透明性取引の拡大 金融機関の問題 ・コーポレート・ガバナンスの欠如 ・倫理観の欠如 ・リスク管理手法の不備 ・過剰な短期借入、リスク投資、透明性の欠如 ・短期的利益に連動した報酬体系 店頭デリバティブは危機の重要な要因 格付の失敗 ・格付リソースの不足 ・格付会社に対する監督の不備	GSEsの危機拡大への寄与度は大きい 厳格な規制の対象であった金融会社も破綻 ・影の銀行制度は多様、一律に問題があるとは言えず 金融機関の問題 ・リスク管理手法の不備 ・レバレッジと流動性リスク クレジットバブルの背景 ・海外からの資金流入 ・投資者のリスク見通しの失敗 デリバティブ ・CDS以外のデリバティブは危機の要因ではない 格付の失敗	民主党のアプローチは先入観の裏付けが中心 ・金融機関の強欲や規制緩和原因説は先入観 GSEsの活用を含めた政府の住宅政策の失敗 ・地域再投資法が信用度の低い貸付を促進させた ・政府の住宅政策に起因する大量のデフォルトが危機を引き起こした 低金利や海外からの資金流入ではバブル崩壊の 影響を説明しきれない デリバティブは危機の原因ではない ・CDSが問題となったのはAIGのみ

注）GSEs：政府支援企業（Government Sponsored Enterprises）．

2つの公的な調査機関の報告書は、いずれもDF法が成立した後に公開されている点に注意願いたい。つまりは、危機を引き起こした要因の分析を十分に行わないままでDF法が制定された可能性がある。また、FCICの報告書が示すように、金融規制改革の内容に関して、民主党系と共和党系の間には相当な意見の相違が見られ、依然としてその溝は埋まっていない。この結果、DF法以降の米国金融・証券規制体系には政治的な対立がより強く影響することとなった。

Ⅲ．オバマ政権より提示された改革の原案

バラク・オバマ大統領が、包括的な金融規制改革の必要性を公式に議会へ訴えたのは、2009年2月25日に開催された銀行や金融サービス部門の議会指導者との会合である。会合後にホワイト・ハウスで行ったスピーチでは、①FRBを中心にした政府によるシステミック・リスクの監視強化や、②米国規制構造の見直し、③市場の透明性や説明責任の徹底、④国際的な改革の必要性など、7つの原則を訴えている。オバマ大統領はこの会合を経て、連邦議会へ提出する金融規制改革の原案作りと議会との協働の開始を自らの経済チームに命じた。

オバマ政権が構想する包括的な規制改革の概要は、ガイトナー財務長官が3月26日に下院で行った講演で明らかにされた。金融サービス委員会の「包括的な規制改革の必要性についての講演（Addressing the Need for Comprehensive Regulatory Reform）」において、包括的規制改革案を「Treasury Outlines Framework for Financial Regulatory Reform」（第1章の図表1-6を参照）と題し、オバマ政権が求める改革の概要を議会に説明、提示した。この概要はオバマ大統領が大統領選挙期間中から抱いていた構想を元に、①システミック・リスクへの取組み、②消費者ならびに投資者の保護、③規制構造に存在する隙間の除去、④国際的協調の推進、の4つの柱から構成されている。特にシステミック・リスクに関する問題として、単一の独立規制機関の設置や、経営破綻が生じた複雑な金融機関の清算権限の強化などから構成されている。

さらに米財務省は、PWGや連邦議会メンバー、市場参加者や学者等との協議を経て、「米財務省ホワイト・ペーパー」（第1章の図表1-7を参照）をとり

まとめ、6月17日に公開した。第1章では、このホワイト・ペーパーとブッシュ前政権が提示したブルー・プリントとを比較しているが、このホワイト・ペーパーには、金融持株会社や銀行持株会社以外にファンドや保険会社等も含めて、金融システムに影響を与える機関を新たなカテゴリー（Tier 1 金融持株会社）に指定してFRBにこのカテゴリーの監督権限を与える案や、財務長官やFRB議長などがメンバーとなる金融サービス監視評議会（DF法の金融安定監督協議会に該当）、消費者金融保護庁（DF法では別の名称でFRBの局として設立）の新設など、DF法の中核となった原案が含まれている[8]。

オバマ政権は、ホワイト・ペーパーにそって複数の改革法案の草稿を連邦議会に提出しており、2009年7月22日にこれら草稿を統合したCombined Draftを提示している。連邦議会は、ホワイト・ペーパーおよび、オバマ政権から別途提示された草稿を受け、委員会での法案作成を本格化させた[9]。

Ⅳ．ドッド・フランク法が成立するまでの3つの過程

金融規制改革に関する審議は、上院の銀行・住宅・都市問題委員会と下院の金融サービス委員会が中心となりながら、上下院の複数の委員会において多数のヒアリングが行われるとともに[10]、同一分野においても幾多の議員から複数の個別法案が連邦議会に提出された[11]。包括的な金融規制改革法として、最終的にDF法が成立するまでの主な過程は図表2-4を参照されたい。DF法は大きく3つの過程を経て成立した。

第1の過程は下院における審議である。消費者保護の強化や店頭デリバティブ改革などを目的とする法案などを統合する形で、金融サービス委員会のバーニー・フランク委員長（当時）が提出した法案H.R.4173は、大きく24の分野での修正を受け、2009年12月11日に下院を通過した。しかしながら、共和党議員175人全員が反対した他、民主党議員からも27人が反対票を投じており、民主党と共和党の間で金融規制改革に関する溝の大きさを知らしめた。この下院法案については、第1章で詳しく論じている。

第2の過程である上院における審議は、銀行・住宅・都市問題委員会のクリストファー・ドッド委員長（当時）が提出したS.3217（上院での最終修正により、

図表2-4　ドッド・フランク法成立までの主な過程

2009年	
6月17日	米財務省がホワイト・ペーパーを公表
7月22日	オバマ政権によって統合された草稿が提出
10月27日	下院フランク委員長と米財務省により議論用草稿が公表
	(Financial Stability Improvement Act of 2009)
11月3日	フランク委員長によって上記草稿が法案(H.R.3996)として下院に提出
11月10日	上院ドッド委員長により議論用草稿が公表
	(Restoring Financial Stability Act of 2009)
12月2日	フランク委員長によって法案(H.R.4173)が下院に提出
	(Wall Street Reform and Consumer Protection Act of 2009)
12月11日	H.R.4173が賛成223対反対202で下院を通過
2010年	
4月15日	ドッド委員長によって上記草稿が法案(S.3217)として上院に提出
5月20日	Restoring Financial Stability Actが賛成59対反対39で上院を通過
	最終修正により法案番号はS.3217からH.R.4173へ変更
6月10日	両院協議会開始
6月29日	両院協議会により法案H.R.4173が一本化され、名称をドッド・フランク法に変更
	(Dodd-Frank Wall Street Refrom and Consumer Protection Act of 2010)
	両院協議会よりカンファレンスレポート(House Report 111-517)が公表
6月30日	下院、ドッド・フランク法案に合意(賛成237対反対192)
7月15日	上院、審議を打ち切り、ドッド・フランク法案に合意(賛成60対反対39)
7月21日	オバマ大統領の署名により成立(Public Law 111-203)

注) H.R.3996は提出されたのみで、より包括的な改革法案であるH.R.4173に差し替えられた。
　　H.R.3996の内容は、ドッド・フランク法のTitle Ⅰ・Ⅲ・Ⅵ・Ⅷに該当する。

下院と同じ法案番号H.R.4173へと変更)を中心に行われた。ドッド委員長等による草稿の公表から5ヶ月が経過してから法案提出に至っているが、2010年1月21日にオバマ大統領によって、いわゆる「ボルカー・ルール(Volcker Rule,第3章および第5章を参照)」が唐突に発表された影響が大きい。また下院法案が委員会での合意後、わずか3日間で本会議の審議を終えて下院を通過したのに対し、上院では1ヶ月以上の審議期間を要している。これは、ボルカー・ルールの他、上院でブランシュ・リンカーン(Blanche Lincoln)議員により新たに提出された条項の修正案(銀行からスワップ部門を分離)やスーザン・コリンズ(Susan Collins)議員による条項の修正案(新たな最小自己資本を銀行に要求)などの審議が難航したためである[12]。2010年5月20日に上院での法案は、審議打ち切りの動議採決を経て、賛成59(共和党より3人が賛成)対反対39(民

主党より1人が反対）によって通過した。

　第3の過程は、上院および下院を通過した各法案を一本化すべく、6月10日より開始された両院協議会である。両院協議会において両案の摺り合わせが行われた結果、6月25日に法案の一本化に合意し、また、名称をDodd-Frank Wall Street Reform and Consumer Protection Act of 2010（H.R.4173）へと変更した。続く29日に最後の修正が行われた後、両院協議会による最終案の合意に至っている。

　両院協議会のカンファレンス・レポートを受け、下院では6月30日の合意（237対192）、上院では7月15日の合意（60対39）を経て、2010年7月21日にオバマ大統領の署名をもって、歴史的な金融規制改革法であるDF法（Pub.L. 111-203）が成立した。

V．ドッド・フランク法の構成

　DF法はその序文で、①金融システムの説明責任と透明性を改善することにより米国の金融安定化を促進する、②大きすぎて潰せない（Too Big To Fail）の終焉、③財政を用いた救済（Bailout）を終わらせることにより米国納税者を保護する、④不公正な金融サービスから消費者を保護する、等の目的を持った法律であることを明記している。

　DF法は16のTitleから構成される膨大な連邦法であり、14本の新たな連邦法を含有しながら（図表2-5）、銀行や証券に関連する51本の既存の連邦法の修正も行っている[13]。また法文において、約400の新たな規則の作成を連邦監督機関に命じるとともに、各連邦機関に対して約70の調査報告書の議会提出を求めている[14]。すでに述べたように、DF法は上院と下院の各委員会委員長が提出した法案を基礎としているが、その構成は個別の問題に対応した法律の集合体とも言える。

　DF法の内容は、連邦機関の組織変更（新設・廃止）と既存の監督機関の権限強化の大きく2つに分類することができる（図表2-6）。主な連邦機関の組織に関連する事項は、①金融システムのマクロ的な監視体として、金融安定監督協議会（FSOC）を創設、②米財務省内に金融調査局（OFR）と連邦保険局

図表2-5　ドッド・フランク法の構成と各タイトルに含まれる法律

Title I	金融の安定（Financial Stability）	
	・Financial Stability Act of 2010	
Title II	整然清算の権限（Orderly Liquidation Authority）	
Title III	通貨監督庁、連邦預金保険公社、連邦準備制度理事会への権限委譲	
	（Transfer of Powers to the Comptroller of the Currency, the Corporation, and the Board of Governors）	
	・Enhancing Financial Institution Safety and Soundness Act of 2010	
Title IV	ヘッジファンドおよびその他に対するアドバイザーの規制	
	・Private Fund Investment Advisers Registration Act of 2010	
Title V	保険（Insurance）	
	・Federal Insurance Office Act of 2010	
	・Nonadmitted and Reinsurance Reform Act of 2010	
Title VI	銀行持株会社、貯蓄組合持株会社および預金取扱金融機関の規制の改善	
	（Improvements to Regulation of Bank and Savings Association Holding Companies and Depository Institutions）	
	・Bank and Savings Association Holding Company and Depository Institution-Regulatory Improvements Act of 2010	
Title VII	ウォール街の透明性および説明責任	
	・Wall Street Transparency and Accountability Act of 2010	
Title VIII	支払い、決済および精算の監督（Payment, Clearing and Settlement Supervision）	
	・Payment, Clearing, and Settlement Supervision Act of 2010	
Title IX	投資者保護および証券規制の改善	
	（Investor Protections and Improvements to the Regulation of Securities）	
	・Investor Protection and Securities Reform Act of 2010	
Title X	消費者金融保護局（Bureau of Consumer Financial Protection）	
	・Consumer Financial Protection Act of 2010	
Title XI	連邦準備制度規定（Federal Reserve System Provisions）	
	・Federal Reserve Actの修正	
Title XII	メイン・ストリーム金融機関へのアクセスの改善	
	・Improving Access to Mainstream Financial Institutions Act of 2010	
Title XIII	ペイ・イット・バック法	
	・Pay It Back Act	
Title XIV	モーゲージ改革および反略奪的貸付法	
	・Mortgage Reform and Anti-Predatory Lending Act	
	・Expand and Preserve Home Ownership Through Counseling Act	
Title XV	その他の規定（Miscellaneous Provisions）	
	・The Bretton Woods Agreements Actの修正	
Title XVI	セクション1256契約（Section 1256 Contracts）	
	・Internal Revenue Code of 1986の修正	

図表2-6　各タイトルの主な内容

Title I	・金融安定監督協議会（FSOC）の創設
	・米財務省内に金融調査局（OFR）を新設
	・銀行持株会社や特定のノンバンクに対するFRBの権限を追加
Title II	・秩序だった清算を行うための権限整備
Title III	・貯蓄金融機関監督庁（OTS）の解体と機能の移管
	・預金保険改革
Title IV	・プライベート・ファンド・アドバイザーの登録と規制
Title V	・米財務省内に連邦保険局（FIO）を新設
	・州ベースの保険改革
Title VI	・ボルカー・ルールの導入
	・大規模金融機関の集中制限
Title VII	・店頭デリバティブ規制
Title VIII	・支払い、精算と決済の監督強化
	・金融市場ユーティリティ（FMU）の指定と規制
Title IX	・投資者保護の強化
	・SECの組織改革
	・信用格付会社に対する監督の見直し
	・証券化プロセスの改善
	・役員報酬とガバナンス改革
	・PCAOBの機能強化
Title X	・FRB内に独立部署として消費者金融保護局（CFPB）を新設
Title XI	・連邦準備制度の強化、透明性の向上、利益相反の排除
Title XII	・主流金融機関へのアクセス改善
Title XIII	・返済法
Title XIV	・モーゲージ改革および反略奪的貸付法
Title XV	およびTitle XVIは省略

（FIO）を新設、③FRB内に消費者金融保護局（CFPB）を独立部門として新設、などが挙げられる。OTSを組織解体し、その機能を通貨監督庁（OCC）やFRBに移行させてはいるが、2007年の米財務省ブループリント（第1章）が目指した方向性とは異なり、連邦機関はさらに増えることとなった。

既存の連邦監督機関の権限強化が求められた背景には、金融危機が深刻化した原因の1つに、各監督機関の法的権限が不十分であったとの考えがある。既存の連邦監督機関では特にFRBの権限強化が注目されよう。金融安定の下、FSOCの中核的な実行部隊として、FSOCが指定する「システム上重要な金融機関（SIFIs）」に対する監督権限が加えられた。また、大規模なノンバンクが経営破綻を起こした場合、FRBは秩序だった清算（整然清算制度）を実行する

ための役割が与えられている他、ボルカー・ルールに関する監督機関の1つでもある。FRB以外でも、OTSの権限の多くを引き継いだOCCや、整然清算制度の中核となるFDIC、店頭デリバティブやプライベートファンド・アドバイザーを監督するSECとCFTCの権限も拡大・強化された。DF法の各項目や、同法を根拠に各監督機関が作成する規則等に関する解説は第3章で詳細に検討する。また、マクロ・プルーデンス監督体制については第4章を参照願いたい。

　もう1つ注目すべき点は、金融規制における米財務省の役割である。FSOCの議長を財務長官が務める他、米財務省内に上記2つの部局が設置された。当初はCFPBも米財務省内に設置されることが検討されていた。DF法の成立により、米財務省の金融規制への関与が強まっている。

　しかしながらDF法を包括的な金融規制改革法として見ると、必ずしも指摘されていた総ての問題への対処ではないことがわかる。その代表例は、第8章で指摘するファニーメイ（Fannie Mae）やフレディーマック（Freddie Mac）などの政府支援企業（GSEs）への対策の欠如である。GSEsが抱える問題は、FCICにおいて共和党系の委員が重大な要因と指摘していた。DF法ではGSEsに関して、Title ⅩのSec.1074において米財務省に調査を命じているのみに留まっている。GSEsはSIFIsに指定される可能性があるものの、GSEsに対する何らかの対策が法文に含まれなかったことは疑問である[15]。GSEsに関連する連邦議会の対応やDF法との関連については、第8章で詳しく論じている。

Ⅵ. 第2章のまとめ

　すでに第1章で指摘しているように、米国の金融規制における目的と方向性は、金融危機発生前のブッシュ政権における競争力強化と効率性向上から、金融危機を経て、オバマ政権による連邦機関の組織的増強と監督機関の法的権限の強化へと大きく変化した。DF法の中心は危機対策であり、第1章で扱ったブッシュ政権のブループリントが問題視する米国が抱える金融の国際的競争力の強化・維持といった課題は依然として変わりが無い。

DF法の個別の検討は第3章で行うが、金融危機後の経済成長を描く段になって、米国が抱える課題と、DF法および同法が命じる新たな規則群との整合性維持には、相当の困難があることが予想される。

注
1) 米国金融の国際的な競争力の低下は80年代より危惧されており、90年代に入ると米財務省などから1933年銀行法（Glass-Steagall Act）の見直しなども提案されていた。
2) 例えば、2002年に成立したSOX法によって公開企業が負担する人的・金銭的負担は著しく増加したと言われている。
3) エイブラハム・リンカーン（Abraham Lincoln）が大統領選挙期間中（1860年2月27日）に行ったスピーチにならい、バラク・オバマ候補が2008年3月27日にニューヨーク市のクーパー・ユニオンで行ったスピーチでは、これまでの金融規制の緩和を批判し、政府が主導する形で規制改革を行う旨を明言し、大きくて複雑な金融機関に対する規制対応や銀行への資本要求、システミック・リスクを監視する金融市場監視委員会（Financial Market Oversight Commission）の創設などを含む6つの原則を表明している。
4) 第111回連邦議会の下院金融サービス委員会で開催された「包括的な規制改革の必要性の表明（Addressing the Need for Comprehensive Regulatory Reform, 111-22）」における証言。(http://www.house.gov/apps/list/hearing/financialsvcs_dem/geithner032609.pdf)
5) 上院常設調査小委員会は11名の上院議員から構成される、上院国土安全保障・政府問題委員会（Senate Committee on Homeland Security and Governmental Affairs）の小委員会である。主に政府機関の運営に関連した、効率性や経済性などの問題に関する調査を行っている。2008年の金融危機に関して調査した結果を「ウォール街と金融危機：金融崩壊の分析（Wall Street and the Financial Crisis: Anatomy of a Financial Collapse）」にまとめた。
6) FCICは2009年の詐欺への法執行および回復法（Fraud Enforcement and Recovery Act）により連邦議会内に設置された機関であり、10名の民間有識者（うち6名が民主党系、4名が共和党系）で構成されている。
7) 4人の共和党系委員からは、ピーター・ワリスン（Peter Wallison）が単独で提出した反論書と、他の3人が署名した反論書の他に、4人全員が署名した「Financial Crisis Primer Questions and Answers on the Causes of the Financial Crisis」も公開されている。
8) 連邦議会の審議において、例えば、著名な15名の経済学者から構成される「金融規制に関するスクアム湖ワーキング・グループ（Squam Lake Working Group on Financial Regulation）」や、前述の「資本市場規制に関する委員会」の複数のメンバーに対してヒアリングが行われている。DF法を考えるうえで、これら民間の研究成果は無視できない。当該ワーキング・グループは2009年2月より計9本の提言書を開示し、その成

果は2010年5月に「the Squam Lake Report」(French. et al. [2010]) としてとりまとめられた。一方で、資本市場規制に関する委員会は、2009年5月に「世界金融危機：規制改革のプラン (the Global Financial Crisis: a Plan for Regulatory Reform)」を公開している。
9) 例えば、2009年8月11日に米財務省は、店頭デリバティブ改革法の原案を連邦議会に提案している。その内容には、標準化された店頭デリバティブの他、取引所取引や中央決済機関 (CCP) を通じた決済の要求が含まれている。
10) 例えば、下院における店頭デリバティブに関連する法案は、エネルギーおよび商業委員会と農業委員会で審議されていた。
11) 例えばヘッジ・ファンド規制に関連する法案だけでも、DF法に含まれた法案を含めて両院で6本の法案が提出されている。
12) ボルカー・ルールに関して、ドッド委員長が提出したS.3217法案のSec.619は、3月3日に米財務省が提出した草案と比較して、その内容は銀行事業体の自己勘定取引禁止部分がマイルドな内容となっていた。上院における審議では、ドッド案のSec.619をより厳格とするマークリー・レビン修正条項 (Merkley-Levin Amendment) への支持が強かったものの、5月20日に上院を通過した法案には含まれなかった。両院協議会における見直しによって、当該修正条項の内容がDF法のTitle VIに盛り込まれている。当該修正条項の評価は第5章で行っている。また、これらの経緯についてはDavis [2011] が詳しい。
13) Bretton Woods Agreement Act (Title XV) と Internal Revenue Code of 1986 (Title XVI) を含めれば、53本の連邦法が修正の対象となっている。銀行や証券に関連する連邦のうちで最も多く修正されたのが証券取引所法（158カ所）、2番目に多く修正されたのがCEA（85カ所）、3番目が真実貸付法 (Truth in Lending Act)（43カ所）である。
14) Davis Polk & Wardwell LLP 調べ。うち約80％の新規則は、SEC、CFTC、FRB、CFPBによって作成される。
15) 詳しくは第8章で論じるが、2011年2月11日にオバマ政権は「米国住宅金融市場の改革 (Reforming America's Housing Finance Market)」と題する報告書を連邦議会に提出した。この中で、ファニーメイおよびフレディーマックの失敗を認め、GSEs改革を提案している。本来であれば、DF法に含まれる分野であろう。

第3章

ドッド・フランク法が刷新する規制システムの全体像

Ⅰ．はじめに

　金融危機の再発防止を目的として、2010年7月21日のオバマ大統領署名によって成立したドッド・フランク法（DF法）は、金融関連の米国連邦法としては過去最大のボリュームとなった。第2章で述べたように、DF法は14本の新たな連邦法を含みながら、多数の調査分析と規則の策定を連邦諸機関に命じている。

　本章は、DF法がもたらす新たな規制システムの中から、①規制・監督体制の強化（マクロ・プルーデンス政策の導入、消費者・投資者保護の強化）、②大きすぎて潰せない（Too Big To Fail）金融会社の問題への対応（新たな整然清算制度）、③新たな規制対象（店頭デリバティブ、ヘッジファンド・アドバイザー）、④銀行等の新たな行為規制（ボルカー・ルール）、⑤その他（信用格付会社の監督強化、証券化プロセスの改善）を抜き出し、それぞれのDF法の関連規定の概要を説明するとともに、政策的対応を紹介する。

　次章以降では、これらの中から①マクロ・プルーデンス監督体制（第4章）、②ボルカー・ルール（第5章）、③ヘッジファンド関連規制（第6章）、④店頭デリバティブ規制（第7章）にそれぞれ焦点をあてて、学術的な先行研究を引用しながら分析を行っている。また第2章で指摘した政府支援企業（GSEs）の問題については第8章で、第1章で紹介したメイドフ事件の影響を受けたSECの改革については第9章で、それぞれ分析対象とした。

Ⅱ．マクロ・プルーデンス政策を担う体制の整備

　金融危機の発生によって、個別金融機関の財務健全性や業行為を対象とする

ミクロ・プルーデンス政策に加えて、システミック・リスクを防止・軽減するマクロ・プルーデンス政策の重要性が認識された。このマクロ・プルーデンス政策には、単に大手金融グループの総括的な監視に留まらず、これらの組織や業務間の相互連関性や金融システム全体におけるリスクの分析や調査、システムが不安定となった時の政策対応なども含まれる。第4章では、米国のマクロ・プルーデンス政策に関する先行研究を検討しながら、新たな体制についてより詳細な分析を行っている。

DF法のTitle Iは、マクロ・プルーデンス政策を担う会議体として金融安定監督協議会（FSOC）を設置するとともに、その中核的なメンバーである連邦準備制度理事会（FRB）の権限強化を行っている。

1．マクロ・プルーデンス政策体制の整備

（1）Title Iが規定するマクロ・プルーデンス政策体制

これまで米国には、金融に関連する連邦監督機関が連なる公式な会議体として、PWG（第1章および第2章を参照）と、連邦金融機関検査協議会（FFIEC、金融機関の規制および金利抑制法によって1979年に設置）が存在している。しかしながら、前者は大統領令によって設立された会議体であり連邦法の根拠を持たない。その機能は資本市場の調査・分析と、立法過程においてのアドバイスに限定されている。また、FFIECは連邦法を根拠とするものの、その権限は預金受入機関の検査や情報開示に過ぎない。従ってDF法のTitle Iが設置したFSOCは、米国連邦法下で初めてのマクロ・プルーデンス政策を専門に担う組織に位置づけられる。DF法のTitle Iは、FSOCの組織と機能を定めている。

FSOCのメンバーはSec.111で規定される。Sec.111は、FSOCの議長として財務長官を指名し、その他のメンバーを図表3－1のように定めた。PWGもFRB等の連邦監督機関が連なる会議体であるが、FSOCは広範なメンバー構成となっていることがわかる。

Sec.112は、FSOCの全般的な活動について記している。FSOCは市場規律の促進が行動の目的とされ、大規模かつ相互連関性が高い銀行持株会社とノンバンク金融会社を監視対象としながら、金融の安定性を脅かすリスクの認識と

図表 3-1　FSOC のメンバー

投票権を有するメンバー	投票権を有しないメンバー
財務長官（FSOC 議長）	金融調査局（OFR）局長
連邦準備制度理事会（FRB）議長	連邦保険局（FIO）局長
通貨監督庁（OCC）長官	州の保険監督者
消費者金融保護局（CFPB）局長	州の銀行監督者
証券取引委員会（SEC）委員長	州の証券委員会
連邦預金保険公社（FDIC）総裁	
商品先物取引委員会（CFTC）委員長	
連邦住宅金融庁（FHFA）長官	
全米信用組合協会（NCUA）理事会議長	
大統領が指名する独立した保険の専門家	

その対策が命ぜられている。Sec.112 は FSOC が果たすべき義務も記しており、米国金融市場の公正性や効率性、競争力および安定性の強化を含む14の項目を列挙している[1]。その一方で、DF 法が FSOC に与えた権限は限定的である。例えば証券監督を担う SEC であれば、証券取引所法などの連邦法から幅広い法執行（Enforcement）や規則制定の権限が与えられているのに対して、FSOC には法執行の権限はなく、与えられた規則制定の権限も限定的である[2]。

FSOC に課せられた重要な役割の1つは、資本市場に関連する情報の収集と分析、および DF 法が求める調査であるが、主にその機能は Sec.152 によって米財務省内に新設された金融調査局（OFR）が担っている[3]。OFR はリスク管理手法の開発も担当しており、FSOC の頭脳的な役割を果たすことが求められている。このため FSOC 自体は、各連邦監督機関間、または連邦と州の監督機関間の調整機関に過ぎないとの指摘もある（第4章を参照）。

米国のマクロ・プルーデンス政策に関して、これまでも銀行持株会社や預金保険加入の銀行などは、FRB や OCC、FDIC などの監督下にある。その一方でノンバンク金融会社に関しては、連邦監督機関に与えられている監督権限が不十分であるとの指摘を受けていた。例えば、第1章で論じたブッシュ政権時代のブループリントでも、このような問題への対処が試みられていた。

第2章で述べたように、DF 法はいわゆる「大きすぎて潰せない（Too Big To Fail）金融会社」の問題に対応すべく、「システム上重要な金融機関（SIFIs）」の概念を新たに導入した。Title Ⅰ の Sec.113 は FSOC に対して、銀行

持株会社の SIFIs への指定と同様に、必要であればノンバンク金融会社も SIFIs に指定することを認めている。さらに Sec.113 によって FSOC は、国内および主に米国内で活動する外国のノンバンク金融会社に関しても、Sec.113(2)がならべる11の項目（レバレッジや規模・範囲、業務の性質や簿外取引の在り方など）を考慮して SIFIs に指定し、FRB の監督および規制の対象とすることができる。このようなノンバンク金融会社を SIFIs に指定する基準は、FSOC が策定する（2012年4月3日に最終規則として公表）。

このような SIFIs に指定されたノンバンク金融会社の監督は、Sec.114 により FRB に登録されることで、法的に FRB の監督対象とされた。また、Sec.113は、FSOC が SIFIs に指定したノンバンク金融会社の監督および規制を FRB に要求する権限を与えている[4]。さらに FSOC は Sec.115の要求に従い、ノンバンク金融会社を含めた SIFIs の監督強化と、より高度なプルーデンシャル基準の適用を FRB にリコメンドすることができる（第4章図表4-3参照）。

（2）金融調査局（OFR）の新設

DF 法の Sec.112(a)(2)が定める14項目のうち、項目(A)は FSOC に対して市場に関連する情報の収集を命じている。必要な情報は FSOC のメンバー等から提出されるほか、OFR を通じて銀行持株会社やノンバンク金融会社からも収集される。FSOC の効果的なマクロ・プルーデンス政策にとって、収集された市場情報の分析や市場調査は基盤となるが、この機能の中核は OFR が担う（同項目(B)）。

OFR は DF 法の Sec.152によって米財務省内の組織ではあるが、その局長（Director）は大統領の指名と上院の助言と同意によって任命され、スタッフの人事権は局長にある。また OFR の予算は、FRB が監督対象とする SIFIs より供出された金融調査ファンド（Financial Research Fund）を財源とする[5]。従って、OFR は組織的には米財務省の内部にあるが、実質的には独立した機関であると言えよう。OFR の目的および義務は Sec.153(a)で明記されている他、Sec.154は OFR 内にデータ・センターと調査・分析センターを求めている[6]。

このように、DF 法は OFR をマクロ・プルーデンス政策にとって中核とも呼べる米国金融市場のデータ・バンクに位置づけ、同政策の調査・分析を担う

機関として設置した。しかしながら第4章で論じるように、OFRには問題もあり、想定した機能を果たせない可能性もある。

（3）FRBの権限見直し

　これまでもFRBは、ミクロ・プルーデンス政策を担当する連邦監督機関として、金融持株会社を含む銀行持株会社（および外国銀行）を監督している。上述したように、DF法のSec.113(2)にもとづいてFSOCが指定するノンバンクSIFIsは、FSOCの要求によって、新たなFRBの監督対象とされる。DF法のSec.165は、これらノンバンクSIFIsに総資産がUS$50 billion以上の銀行持株会社を加えたSIFIsに対して、より高度な監督およびプルーデンシャル基準の策定と適用をFRBに求めている。

　FRBが適用する高度なプルーデンシャル基準に関して、Sec.165がFRBに要求する内容は、Sec.115の記述内容と比較してはるかに詳細になっている。第4章では一例として、Sec.165の記述の一例として「破綻処理計画（Resolution Plan）および信用エクスポージャー報告の要求」（第4章の図表4-6、一部FDICと協同）を挙げている。この他、例えばSec.165(g)の「短期借入の制限」や同(j)の「レバレッジの制限」において、FRBは規制を制定する権限を与えられている。

　このようにFRBは、Sec.165により、SIFIsを対象とした高度なプルーデンシャル基準の運用に関する広範な権限を新規に獲得した。この他、下記で述べる新たな整然清算の手続きや、いわゆるボルカー・ルール（第5章を参照）の執行においてもFRBは中心的な機関の1つとして位置づけられている。これらから、マクロ・プルーデンス政策におけるSIFIsの監督に関して、FRBがFSOCの代行執行機関であるとも言えよう[7]。

　FRBの権限が拡大された一方で、FRBの監督や規制に対する新たな監視体制も導入された。DF法のSec.1108は連邦準備法Sec.10を修正し、新たなFRBの副議長職としてVice Chairman for Supervisionを設置した[8]。この新たな副議長職の役割はFRBの監督や規制を監視し、FRBに対してこれら政策に関するリコメンドとされた。また、両連邦議会の委員会で定期的に開催される公聴会への出席も求められる。この副議長職は本章執筆時点では空席のままで

あるが、本来であれば実質的なマクロ・プルーデンス政策の権限の相当部分がFRBに集中することに対する連邦議会の新たな監視機能を担うと言えよう[9]。

2. 消費者等の保護体制の強化

特にサブプライム層と呼ばれる信用度の低い消費者向けの住宅ローンで見られた略奪的貸付行為（Predatory Lending）が象徴的であるように、専門的知識が十分ではない消費者に対して、過度に複雑な金融商品やサービスなどが販売されていたことが社会的にも問題視されていた。DF法は、それまで複数の連邦監督機関に分散していた消費者保護機能の集約・強化とともに、既存の証券に関連する投資者保護体制の整備をはかっている。

(1) 消費者金融保護局（CFPB）の設立

DF法のTitle Xは、Sec.1011により消費者保護を担う消費者金融保護局（CFPB）をFRB内に設立した[10]。CFPBは、消費者の金融商品やサービスへのアクセスや市場の公平性・透明性・競争性を確保することを目的としており、Sec.1002(12)で列挙される消費者金融に関連する18の連邦法を管轄する（図表3-2）。

またSec.1061により、これまでFRBなどの連邦銀行監督機関や住宅都市開発省（HUD）、連邦取引委員会（FTC）などが分散して担っていた消費者保護行政（調査や規制・規則の策定、監督等）はCFPBへ移行された[11]。CFPBの主要な機能には、消費者向けの金融商品・サービスの監督および規制・指令・ガイダンスの適用、市場機能に関する情報収集・調査・情報発信の他に、金融教育プログラムの提供などが含まれる。これらの機能は、CFPB内部の4つのオフィスによって担当されている（図表3-3）。

CFPBはFRBの部局であるが、独立機関として活動し、FSOCにおける議決権を有するメンバーとしてマクロ・プルーデンス政策にも関与する。CFPBの予算はFRBに依存（2013年以降はFRBの年次予算の12％が上限）するものの、Sec.1012(c)はCFPBの自治権を明記しており、規則や指令の設定においてFRBの干渉を受けない。また、CFPBの局長（Director）は大統領の指名および上院の助言と同意をもって任命される。

図表 3-2　CFPB が管轄する連邦法

1. Alternative Mortgage Transaction Parity Act of 1982
2. Consumer Leasing Act of 1976
3. Electric Fund Transfer Act（Sec.920を除く）
4. Equal Credit Opportunity Act
5. Fair Credit Billing Act
6. Fair Credit Reporting Act（Sec.615(e) および Sec.628を除く）
7. Home Owners Protection Act of 1998
8. Fair Debt Collection Practice Act
9. Federal Deposit Insurance Act（Sec.43の(b)から(f)のみ管轄）
10. Gramm-Leach-Bliley Act（1999年金融サービス現代化法）（Sec.502から Sec.504、Sec.506から Sec.509のみ管轄）
11. Home Mortgage Disclosure Act of 1975
12. Home Ownership and Equity Protection Act of 1994
13. Real Estate Settlement Procedures Act of 1974
14. S.A.F.E. Mortgage Licensing Act of 2008
15. Truth in Lending Act
16. Truth in Savings Act
17. Omnibus Appropriations Act, 2009（Sec.626のみ管轄）
18. Interstate Land Sales Full Disclosure Act

図表 3-3　CFPB 内の 4 つのオフィス

Office of Fair Lending and Equal Opportunity
Office of Financial Education
Office of Service Member Affairs
Office of Financial Protection for Older Americans

　DF 法が CFPB に与えた権限は幅広い。銀行やノンバンクを問わず、消費者向けの金融商品やサービスの価格や商行為に関して、CFPB はほぼ独占的に規則等の制定を行い（Sec.1022）、情報開示を求める権限（Sec.1031および Sec.1032）を有している。また、総資産が US$10 billion を超える預金保険の対象の金融機関や信用組合（関連会社を含む）に対しては、定期的な報告書の要求や検査を行う権限を独占的に保有する（Sec.1025）。特に、消費者に対する不公正・詐欺的・濫用的な商行為や商慣習を禁止する Sec.1031の定めは、これらを防止するための幅広い法執行や規則制定（他の監督機関との協議を要する）を CFPB に認めている[12]。

　消費者保護に関して、DF 法が CFPB に与えた権限は広範かつ強力である一

方、重要性が低い消費者向け金融商品・サービスや小規模なビジネスはCFPBの対象除外とされている。また通常の業務であれば、自動車ディーラーや州が管轄する保険など、特定の業者や活動もCFPBの対象から除外された（図表3－4）。さらにSec.1023では、CFPBの規則等の制定に対してFSOCによるレビュー制度を導入している。FSOCのメンバー機関がCFPBの最終規則等が米国の銀行システムや金融システムの安全性等を危険にさらすと判断した場合、FSOCへの申し立てを経て、FSOCのメンバーの3分の2の賛成を得た場合に当該規則の猶予や取り消しが可能となる。

　CFPBは18の連邦法を管轄し、Sec.1031に代表される法執行や規則制定の権限を有するものの、その組織構造は長官を頂点とした縦割りとなっている（副長官の任命は長官の権限）。例えば、SECは委員長を含めた5人の委員から構成されるボードがSECの規則等に関する最終的な意志決定を行うが、CFPBの組織構造は、その権限が長官に集約されている。これらの点に関しは、共和党系の連邦議員を中心に懸念が根強いようである[13]。CFPBは2011年7月より稼働しているものの、その長官職は2012年1月に議会が実質的な休会中にオバマ大統領がオハイオ州の司法長官であったリチャード・コードレイ（Richard Cordray）を強行的に任命するまで空席であった[14]。

図表3－4　CFPBの除外対象

	DF法該当箇所
1．自動車ディーラー	Sec.1029
2．不動産ブローカー	Sec.1027(b)
3．住宅販売業者	Sec.1027(c)
4．会計士および税務申告代理業者	Sec.1027(d)
5．弁護士	Sec.1027(e)
6．州の規制対象となる保険業者	Sec.1027(f)
7．従業員退職年金プラン	Sec.1027(g)
8．州の証券規制により規制される者	Sec.1027(h)
9．SECにより規制される者	Sec.1027(i)
10．CFTCにより規制される者	Sec.1027(j)
11．Farm Credit Administrationにより規制される者	Sec.1027(k)
12．慈善的寄付関連の活動	Sec.1027(l)
13．保険業務	Sec.1027(m)

（2）投資者保護体制の見直し

　証券に関する投資者保護は、連邦証券諸法を管轄する証券取引委員会（SEC）が主に管轄している。第9章で解説するように、SECは、DF法の成立以前より内部組織や法執行に関する見直しを進めていた[15]。この背景には、2008年に発覚したメイドフ事件などで、SECの機能に疑問符が付けられたことがある。

　第9章では、メイドフ事件の顛末の他に、SEC自身の改革案と2009年の下院法案におけるSEC改革とともに、DF法が規定するSECの組織等の改革を比較している。DF法のTitle IX（Subtitle A）の規定は、SECの組織や人事管理を見直しながら、さらなる投資者保護の強化を求めるとともに、SECに対する連邦議会の監視体制を導入している。

　詳しくは第9章を参照願いたいが、本章ではこれらについて、証券取引に関する新たな投資者保護組織と、証券ブローカー・ディーラーに対する受託者責任（信認義務、Fiduciary Duty）の導入について概要のみを提示する。また、DF法のSec.911は投資者保護を目的とする投資者諮問委員会（Investor Advisory Committee）をSECの下部組織として設置し、さらにSec.915では、投資者擁護局（Office of the Investor Advocate）をSEC内に設置することを命じている。

　第9章で述べるように、投資者諮問委員会はメイドフ事件を受けたSECの自発的改革の一環であり、DF法の成立に先立って2009年6月に設置されている[16]。DF法のSec.911は、証券取引所法にSec.39を追加することで、当該委員会を恒久的とした。この投資者諮問委員会はSECの下部組織であり、投資者保護や証券市場の公正性を促すイニシアティブが求められ、証券規制の優先事項や証券商品・手数料体系・開示の有効性などに関する規制についてSECに忠告や助言を行うことである。そのメンバーは、州の証券監督者、学識経験者や証券投資の専門家から構成される。

　またDF法のSec.915がSECの部局として設置した投資者擁護局は、SECが従来行ってきた金融教育や投資者向けの情報提供を担う他、SECおよび自主規制機関（SRO）の規制が個人投資家に及ぼす影響の分析や個人投資家が重要な問題を解決する支援を行う[17]。投資者擁護局の局長（Investor Advocate）

はSECの委員長および委員によって任命され、上記の投資者諮問委員会のメンバーも兼ねている。

第9章では、第1章で論じた2009年の下院法案と比較しながら、DF法が導入したSECの各種改革を分析しているが、DF法では、このような新たな組織とは別に、SECや外部の公的な組織に対して、SECの内部統制や人事管理に関する定期的な報告制度を導入している。詳しくは第9章を参照願いたいが、DF法は連邦議会の主導によるSECの監視システムも構築している。

個人顧客（Retail Customer）等が証券投資を行う際に、専門業者からのアドバイスは貴重な判断材料の1つとなる。特に資産管理型のビジネスモデルを展開する証券業者にとって、アドバイスは付随的な業務とは言い難い。アドバイス基準で考えるならば、その提供者が証券のブローカー・ディーラーであっても投資アドバイザーであっても、顧客にとって本質的に違いはない[18]。しかしながら今までは、1940年の投資顧問法のSec.206を根拠とする受託者責任は、投資アドバイザーのみに対して要求されてきた[19]。

DF法のSec.913は、証券に関するアドバイスを個人顧客等に提供するブローカー・ディーラーや投資アドバイザーに対して、SECや金融取引業規制機構（FINRA）などが現行の法や規制で課している「注意を払うべき諸基準」（Standards of Care）の有効性について調査することを求めた。またSec.913は、証券取引所法ならびに投資顧問法を修正することでブローカー・ディーラーに対して投資アドバイザーと同様の行為基準（Standard of Conduct）を課し、ブローカー・ディーラーの受託者責任を制定する権限をSECに認めている[20]。

3．貯蓄金融機関監督庁（OTS）の廃止と連邦レベルでの保険監督

金融危機時に実質的な経営破綻をしたAIGを象徴として、連邦レベルでの銀行を含めた預金金融機関の監督および保険監督に関する問題が指摘されていた。DF法以前の預金金融機関の監督は、FRB（銀行持株会社、金融持株会社を対象）、OCC（国法銀行を対象）およびOTS（州および連邦の貯蓄金融機関、およびその持株会社を対象）の3つの機関（ならびに州レベルでの監督）が担っていた[21]。DF法以前の監督機関の体系については、第1章の図表1-3を参照願いたい。特にOCCとOTSは、その機能に重複する部分が多いことから、米

財務省のブループリント（第 1 章参照）でも両機関の統合は提言されていた。

AIG の持株会社および傘下の AIG Federal Savings Bank は、米財務省内の OTS が監督機関であった。AIG は CDS に絡んだ巨額の損失の露呈とともに 2008 年 9 月に実質的な経営破綻にいたったが、OTS の監督の不備も一因とされた[22]。また、OTS の監督下にあったワシントン・ミューチュアル（米国最大の貯蓄銀行の持株会社）やインディ・マック（Independent National Mortgage Corporation, 通称 IndyMac. インディ・マック銀行を傘下に持つ住宅ローン会社で 2009 年に OneWest Bank が資産を買収）も経営破綻しており、OTS の監督能力自体が疑問視された[23]。ただし、保険業を主たる業務とする AIG については、1945 年のマッカラン・ファーガソン法（McCarran Ferguson Act）によって、その保険業務は連邦規制の対象外となり、保険業務の分野ごとに複数の州の監督対象となっている。このため、AIG の保険業務の統一的な監督が困難な状況にあった。つまり AIG の監督に関しては、OTS の監督能力への疑問とともに、保険業についての連邦レベルでの監視も求められていた。

DF 法は預金金融機関の監督体制に関して、Title Ⅲ の Sec.312 で OTS の機能を OCC 等に移管するとともに、Sec.313 で OTS を廃止した。また連邦レベルでの保険監督に関して、DF 法の Sec.502 は米財務省内に連邦保険局（FIO）を新設し、保険業界を連邦レベルで監視する体制を整備している[24]。しかしながらマッカラン・ファーガソン法もあり、FIO および米財務省に対して、保険業の活動に対する全般的な監督や規制の権限は与えられず、現行の州の規制権限は維持されている。また、健康保険、介護保険（Long Term Care Insurance）および収穫保険（Crop Insurance）は FIO の対象から除外されている。FIO は、FSOC の議決権のないメンバーであり、保険業務のシステミック・リスクに関して、財務長官を通じた FSOC への助言機能を持つものの、その主な機能は、保険業界に関する情報の収集や、連邦レベルでの調整役に過ぎないと言えよう。

Ⅲ．新たな整然清算制度の導入

　金融システムへの影響力が大きな会社は、その組織構造が複雑となっているケースが多い。預金保険加入金融機関が経営破綻に至った場合であれば、FDIC が当該銀行の破綻処理準備を担い、管轄銀行当局による破綻銀行の閉鎖と、FDIC の管財人への任命が行われる。その一方で、これまで大規模なノンバンク等が破綻した場合に適用される特別な清算制度はなく、システミック・リスク回避の観点から連邦倒産法（Bankruptcy Code）の単純適用には問題があることが指摘されていた[25]。

　また金融危機が深刻化した2008年において、大手投資銀行のリーマン・ブラザーズは連邦倒産法を初めとする複数の破綻処理の適用を経て分割され、バークレイズ（Barclays PLC）や野村ホールディングスなどに購入されている[26]。このリーマン・ブラザーズの処理が混迷したことが金融市場の不安定化を助長した一因とも言われ、従来の倒産（Bankruptcy）もしくは救済（Bailout）以外に、より柔軟な手法の構築が求められた。

　しかしながら、大手投資銀行のベア・スターンズが JP モルガン・チェースに救済合併された際にニューヨーク連邦準備銀行の緊急融資が活用されたことや、TARP による公的資金の注入によって国有化された AIG の例など、破綻した金融会社の処理に公的な資金が用いられることに対して社会的に強い批判もあった。第 2 章で DF 法での序文を紹介しているが、DF 法の主たる目的の 1 つが、財政資金を用いた救済を避けて納税者を保護することであり、下記の新たな清算制度の導入は、DF 法の柱ともなっている。

　DF 法の Title Ⅱが新たに導入した整然清算（Orderly Liquidation，秩序だった清算とも呼称）の制度は、ノンバンクを含めた「金融会社（Financial Company，別途法内で定義）」の経営破綻が国内の金融安定に重大な影響を及ぼしかねないと判断される場合、従来の連邦倒産法を適用せず、整然とした清算を行う新たな法的権限の整備と、金融会社のモラル・ハザードを最小とすることを目的としている（Sec.204(a)）。

1. 整然清算の対象となる金融会社の決定

　DF 法の Title Ⅱ が定める整然清算は、図表 3-5（Sec.201(a)）で示した金融会社のうち、Sec.203(b) の手続きを満たし、財務長官が大統領とのコンサルテーションを経て、システミック・リスクの観点から決定した「対象金融会社（Covered Financial Company）」に対して実行される[27]。

　図表 3-5 の金融会社の定義は、Title Ⅰ に基づき FSOC が指定する SIFIs よりも幅広い。SIFIs の指定を受けず FRB の監督対象にはならない会社でも、金融業およびその付随業務からの総連結収入が総収入の 85％以上であれば金融会社と扱うことが可能である[28]。この金融会社が金融システムを不安定化させる恐れが生じた場合、財務長官による FDIC と FRB への要求、もしくは FDIC と FRB の独自の判断により、FDIC と FRB は財務長官に対して図表 3-6 の内容を含む勧告を文書により提示する。この勧告は、FDIC 取締役会の 3 分の 2 以上の同意および FRB の理事会の 3 分の 2 以上の同意をもって行われる[29]。

　勧告文書を受理した財務長官は、図表 3-7 の内容に関して大統領とのコンサルテーションを踏まえて決定した後、Sec.202(a)(1)(A) の記述に従い、整然清算の対象となる「対象金融会社」と定め[30]、当該対象金融会社の清算にあたる管財人（Receiver）として FDIC を任命する[31]。対象金融会社の子会社が保険子会社（関連会社を含む）である場合、その清算は従来通りに州法に基づく（Sec.203(e)(1)(2)）。しかしながら、財務長官による対象金融会社の決定から 60 日

図表 3-5　金融会社（Financial Company）

連邦法ないし州法に基づき設立、組織された会社
　ⅰ）銀行持株会社法の Sec. 2(a) で定義された銀行持株会社
　ⅱ）FRB によって監督されるノンバンク金融会社
　ⅲ）ⅰ）ⅱ）以外で、その銀行持株会社法（Sec. 4(k)）に照らして、その主たる活動（FRB が定める）が、金融における本業および付随業務である会社
　ⅳ）ⅰ）からⅲ）に該当し、その子会社が、銀行持株会社法（Sec. 4(k)）に照らして、主たる活動（FRB が定める）が、金融における本業および付随業務である会社
　　　ただし子会社として、預金保険加入金融機関と保険会社は除く
農業信用法（Farm Credit Act）に基づく農業信用システム機関
（Farm Credit System Institution）は除く

図表3-6　要求される勧告に含まれる内容（Sec.203(a)(2)）

1. 当該金融会社がデフォルト状態かデフォルトの危機にあるかの評価
2. 当該金融会社のデフォルトが米国の金融安定性に与える影響についての説明
3. 当該金融会社のデフォルトが低所得、マイノリティ、行政サービス過疎地域の経済状況や金融安定性に与える影響についての説明
4. 当該金融会社に対して本 Title により取られた方策の内容および程度に関する勧告
5. 当該金融会社のデフォルトを防ぐ民間部門による代案の見込みに関する評価
6. 当該金融会社を連邦破産法案件とすることが適切ではない理由の評価
7. 当該金融会社の債権者、取引相手、株主および他の市場参加者に与える影響の評価
8. 当該会社が Sec.201 が定める「金融会社」の定義を満たしているかの評価

図表3-7　財務長官による対象金融機関の認定

1. 当該金融会社がデフォルト状態かデフォルトの危機にある
2. 当該金融会社が破綻し、他の適用可能な連邦法、州法による破綻処理が米国の金融安定にとって深刻な悪影響をもたらす
3. 当該金融会社のデフォルトを防ぐ実行可能な民間部門の代替案がない
4. このタイトルによる措置が米国の金融安定を踏まえており、当該金融会社および他の市場参加者の債務ないし、債権者・取引相手・株主の利益に与える影響が適切である
5. 金融システムへの潜在的な悪影響を軽減する措置の効率性、一般財政へのコスト、当該金融会社の債権者、取引相手、株主の一部による過剰なリスクテイクを増加させる可能性を考慮した上で、Sec.204 が定める措置がそのような悪影響を回避ないしは軽減する
6. 連邦規制当局が規制的指令に沿ったすべての転換社債の転換を当該金融会社に命じていること
当該金融会社が Sec.201 の定義を満たしていること

以内に州の規制当局が州法に従い州裁判所に整然清算の申し立てをしない場合、FDIC は州法のもとで州裁判所に清算の申立てをすることが可能となる（Sec.203(e)(3)）。

2．FDIC に付与される権限

　対象金融会社を整然と清算するため、財務長官によって管財人に任命された FDIC は、当該対象金融会社の管財人として行動しなければならない（Sec.210(b)）[32]。また FDIC には、対象金融会社の整然清算に必要な広範な権限が与えられている。これら新たな権限のうち、Sec.210(a) が列挙する包括的権限（General Powers）を図表3-8でまとめた。

　この包括的権限に含まれるブリッジ金融会社（Bridge Financial Company）とは、対象金融会社を清算する目的で FDIC によって設立される金融会社であり、

図表 3-8　管財人としての FDIC が有する包括的な権限

1. 対象金融会社とその資産、および対象金融会社の株主、メンバー、役員、取締役が有するすべての諸権利（Rights, Titles, Powers, Privileges）、および対象金融会社の前管財人や他の法定管理人（Custodian）の帳簿上の権利、記録、資産の継承
2. 整然清算期間における対象金融会社の操業
3. 対象金融会社のメンバー、株主、役員、取締役が果たす機能の提供
4. 対象金融会社の資産売却やブリッジ金融会社への資産移転等を含み、対象金融会社を清算ないし解散する
5. 対象金融会社の子会社がデフォルトないしはデフォルトの危険にある場合、FDIC は自らを対象子会社（Covered Subsidiary）の管財人に任命する
6. ブリッジ金融会社の設立
7. 対象金融会社を他社と合併、いかなる認可や同意等も得ずに対象金融会社の資産および負債の移転
8. このタイトルの規定および制約に従い、保有する資金の範囲において、合法なる債務を支払う
9. 対象金融会社の株主と債権者が保有するすべての権利と債権を終結し、株主および無担保の債権者に請求優先権に従った損失を保証する
10. 国外に資産を保有する、業務を行う対象金融会社の整然清算について、外国の適切な金融当局と調整する

　その機能等は Sec.210(h)に記されている。ブリッジ金融会社は FDIC が任命した取締役により運営され、対象金融会社の自己資本を除く負債の継承と、FDIC が適当と認める資産を対象金融会社から購入することができ、対象金融会社のいかなる権利等も継承する。また、FDIC が認める限りにおいて、ブリッジ金融会社は自己資本や剰余金を持たずに業務を行うことが可能であり、会社およびその収入は課税の対象外となる[33]。

　整然清算に必要な資金は整然清算基金（Orderly Liquidation Fund, 下記参照）より拠出される。しかしながら管財人である FDIC が当該基金を利用するためには、Sec.206 が定める条件（下記参照）の達成が FDIC に求められる。さらに FDIC は、対象金融会社の失敗が低所得、マイノリティ、行政サービス過疎地域に与える潜在的な悪影響を回避ないし軽減する措置と、主要な金融規制当局との調整を含んだ整然清算計画（Orderly Liquidation Plan）を作成し、なおかつ、その整然清算計画が財務長官に容認されなければならない（Sec.210(n)(9)）。

3．新たな整然清算制度の特徴

（1）経営者や株主等の責任の明確化

　新たな整然清算の手法は、対象金融会社に適用することで米国の金融安定に対する危険および、そのような危険を及ぼす可能性のある金融会社のモラル・ハザードを減少させることが目的である。整然清算の実行には、債権者や株主が当該金融会社の損失を負担することや、経営の失敗を招いた経営者の排除が求められ、FDICや関連する規制機関には、経営者や取締役などの関係者に相応の責任を負担させることが求められている（Sec.204(a)）。

　特にDF法 Title Ⅱ の Sec.206は、FDICに対して図表3-9の義務を課している。このSec.206は、FDICの利益相反を防止するとともに、対象金融会社の経営者や取締役への責任追及を明記している。またSec.210(s)は、すでに退職している者を含めて、対象金融会社の破産に責任がある上級執行役員（Senior Executive）および取締役から、彼らが過去2年間において受領した報酬を回収する権限をFDICに認めている[34]。

　さらにSec.213では、対象金融会社の上級執行役員および取締役に違法行為等の不適切な行為が認められる場合、最小でも2年以上の期間にわたり、当該上級執行役員等がいかなる金融会社で働くことも禁止する権限をFRBとFDICに与えている[35]。

図表3-9　FDICの義務

1. FDICは、当該措置が米国の金融安定化の目的のために必要であり、対象金融会社の維持が目的ではないと取り決めなければならない
2. FDICは、すべての他の債権および整然清算基金がすべて支払われるまで対象金融会社の株主は支払いを受けないことを保証しなければならない
3. FDICは、Sec.210の請求優先権の条項に従って無担保債権者が損失を被ることを保証しなければならない
4. FDICは、対象金融会社の破産に責任がある経営者が解職されることを保証しなければならない
5. FDICは、対象金融会社の破産に責任がある取締役会メンバーが解職されることを保証しなければならない
6. FDICは、対象金融会社もしくは対象子会社の株式を取得、もしくは株主になってはならない

（2） 整然清算に用いる資金

　FDIC は、Sec.206 の義務を満たし、Sec.210(n)(9) が求める整然清算計画に沿って、整然清算のための資金を使うことができる。この資金の使用使途には、対象金融会社（対象子会社を含む）に対する貸付や保証、対象金融会社の債務の引受や保証、法に従った支払いが含まれる（Sec.204(d)）。

　DF 法 Title II の Sec.214 は、新たな整然清算制度によって管財人である FDIC の管理下となったすべての金融会社の清算を定め、その清算を妨げるために税金を用いることを禁止している。また、金融会社の清算に用いられた資金は当該金融会社の資産の処分による回復、あるいは金融業界からの徴収によらなければならない。納税者は、いかなる権限の行使による損失も被ってはならない。

　FDIC が整然清算を実行する際に必要な資金は、Sec.210(n) により米財務省内に新たに設けられた整然清算基金によって賄われる。その資金は、FDIC が発行し財務長官が購入する公債（Obligation）によって調達される（Sec.210(n)(5)）。また Sec.212 は、対象金融会社の整然清算において、Title II が定める以外の資金を用いることを禁止している。整然清算基金が賄う資金には、管理費用の支払いや、FDIC が発行する公債の元利の払いも含まれる。この FDIC の公債は、市場金利に公債の購入者である財務長官が示す上乗せ金利を加味して発行される。しかしながら公債の発行にあたり、FDIC は資金の返済計画に関して財務長官との合意を得る必要がある（Sec.210(n)(9)(B)）。さらに FDIC は、対象金融会社の直近の財務諸表における総連結資産の10％および総連結資産の公正価値の90％を超えて公債を発行することはできない。

IV. 店頭デリバティブ市場への規制導入

　店頭（OTC）デリバティブは、金融危機を拡散させたツールの１つと考えられている。米国において店頭デリバティブ市場は、連邦監督機関が十分に監督権限を与えられていない、いわゆる影の銀行システム（Shadow Banking System）に属しており、連邦監督機関による監督権限の必要性とリスク管理の重要性は共通認識となっていた。

店頭デリバティブ規制を巡る議論は第 7 章で詳細に論じているが、これまでの米国は、2000年に成立した CFMA が代表例であるように、自由な市場取引を優先させ、基本的には SEC や CFTC などの連邦監督機関による規制の対象外としてきた。しかしながら、2009年 9 月の G20（米ピッツバーグ）などで影の銀行システムに対する規制導入が国際的に合意を得たこともあり、DF 法の Title Ⅶは店頭デリバティブ市場への新たな規制を導入している。

1．DF 法が導入した新たな規制

　DF 法は、その Title Ⅶにおいて店頭デリバティブ規制の包括的な見直しを行っている[36]。この Title Ⅶの要点は第 7 章の図表 7 - 8 を参照願いたい。
　Title Ⅶは、CFTC が管轄するスワップと SEC が管轄する証券ベーススワップを区分けして記述しているが、その規定の内容はほぼ同じである。スワップ（証券ベーススワップ）ディーラーや中央清算機関（CCP）、データ蓄積機関などは CFTC ないし SEC への登録が求められる。これら登録された機関は、CEA や証券取引所法の下で、各連邦監督機関の規制対象となり、取引内容等に関する報告や記録およびその保管、最小資本やマージンの要求等が行われる。また、Title Ⅶが定める除外規定に該当しないスワップ（証券ベーススワップ）取引は、別途定める清算機関を通じた清算と、公認された取引所である DCM（Designated Contract Market）での取引が義務化された。さらに店頭デリバティブ取引は、定義が修正された適格契約参加者に限定されている[37]。
　Title Ⅶにおける連邦監督機関の法的権限の明確化と、CCP やデータ蓄積機関などの市場インフラの整備により、店頭デリバティブ市場の透明性向上や、取引の健全性確保が期待される。しかしながら、スワップ（証券ベーススワップ）、スワップ（証券ベーススワップ）ディーラー、主要なスワップ（主要な証券ベーススワップ）参加者、適格契約参加者等（CEA を修正）の詳細な解釈は Title Ⅶにおいて示されていない。これらは、CFTC と SEC が協調の上で改めて規則で定める対象とされた[38]。また、例えば DF 法の Sec.723(a)や Sec.763(a)のように、清算が要求されない取引など、Title Ⅶには複数の除外規定も設けられている[39]。これらは、デリバティブ取引への参加者に対する Title Ⅶの実効性が、CFTC や SEC が作成する規則に大きく依存することを意味する。

つまりは、デリバティブ市場の安定性のみならず、その成長性や革新性の相当程度が連邦監督機関の管理能力に左右されると言えよう。

Title Ⅶには、米財務省のホワイト・ペーパー（第1章および第2章を参照）が想定した新たな規制の他、金融機関の行為を直接的に制約する Sec.716 も含まれている。この Sec.716 は、当時の上院農業委員会委員長であったブランシュ・リンカーン議員（民主党）によって上院案に導入された修正条項をベースとしているため、通称「リンカーン修正条項（Lincoln Amendment）」と呼ばれている[40]。

このリンカーン修正条項は、スワップ・エンティティ（Swap Entity）に対する連邦政府の財政支援（Bailout）を禁止しており、この連邦政府の財政支援には、FRB のディスカウント・ウインドウや信用供与（Credit Facility）の他、FDIC の提供する預金保険の利用が含まれている[41]。当初のリンカーン修正条項には以下のような除外規定が含まれておらず、単純に商業銀行などの金融機関がデリバティブ取引を行うことを実質的に禁止する条項であった。このような行為を制約する規定の背景には、エキゾチック・スワップなどの高リスクのデリバティブは、預金を受け入れる金融機関の業務の中核であってはならないとの考えがある。DF 法の Sec.619（いわゆる「ボルカー・ルール」、第5章を参照）と合わせて、大手金融機関の業務を著しく制限する法文として捉えられている。しかしながら上院法案および下院法案の一本化を検討した両院協議会において、Sec.716(c) の除外規定が加えられた結果、預金保険対象機関は自身が主要なスワップ（証券ベーススワップ）参加者であることは可能になり、また、スワップ・エンティティを子会社化する場合に上記の禁止事項は適用されないこととなった[42]。さらに、預金保険対象機関本体においても、リスクヘッジやリスク軽減などの目的で行うデリバティブ取引が認められ、CDS に関しても清算機関で清算を行えば取引が可能とされた（Sec.716(d)）。このように当初案からは緩やかな表記とされた一方で、リンカーン修正条項の内容は非常に複雑となっている。

DF 法の Title Ⅶによって、米国の店頭デリバティブへの規制アプローチは、これまでの競争を基礎とした市場規律型から、連邦監督機関による直接的な監視型へと変化をしたと言えよう。第1章で指摘しているように、この新たな規

制アプローチが有効であるためには、連邦監督機関による十分な管理能力が不可欠である。例えばCCPにはリスクが集中することから、新たな「大きすぎて潰せない機関」として、十分な監視が必要であり、別途EUなどでも規制の必要性が指摘されている。さらに、リンカーン修正条項に代表されるように、Title Ⅶの複雑さは実際の市場管理において多くの抜け穴を生み、連邦監督機関の現実的な対応を困難にさせかねない。

2．CFTCとSECが新たに導入した主な規則

Title Ⅶの求めに応じて、CFTCならびにSECはデリバティブに関連する規則の作成を行っている。これらの中から第7章の図表7-9でCFTCが成立させた主なファイナル・ルールをまとめているので参照願いたい。

同時点でSECも、CFTCと共同で発行したスワップ（証券ベーススワップ）等やスワップ（証券ベーススワップ）ディーラー等の定義に関する規則の他、証券ベーススワップの清算に関する規則（S7-44-10、施行日2012年8月13日）などの新規則を定めている[43]。詳しくは第7章で述べるが、Title ⅦのSec.712(d)がCFTCとSECに命じたスワップやスワップディーラー等の定義は重要な項目である。

またこれらの定義の他、CFTCとSECは連名でスワップディーラーや適格契約参加者などの定義に関する新規則等を公表している（2012年5月）。CFTCとSECはFRBやデリバティブ市場参加者との協議を踏まえて、これらの定義の詳細な解釈を含めたファイナル・ルールも公表している[44]。

最後にTitle ⅦのSec.721(a)では、いわゆるオプションやこれまで慣例的にデリバティブと呼ばれている取引等を含め、広い概念のスワップ（証券ベーススワップ）を定義し、金利スワップを初めとする22のカテゴリーと、スワップから除外される10のカテゴリーを挙げている[45]。2012年8月に公表されたファイナル・ルールでは、Sec.721(a)を踏まえてCEAのSec.1a(47)(A)が定められている。この新たな規定によりスワップ等の定義が確定し、CFTCならびにSECは全般的なデリバティブ取引に監督を行うことが可能となっている。しかしながら第7章で指摘するように、一部のエネルギー企業のデリバティブ取引にはCFTCの監督権限が及ばないなどの問題が残されたままとなっている。

V. ヘッジファンドに関連する規制

　上述したように、ヘッジファンドを含むプライベートファンドは、その規模や複雑さによってFSOCが指定するノンバンクSIFIsに指定される可能性がある。しかしながら金融危機の要因分析において、危機当時の大手銀行や保険グループであるAIGなどが金融システムに与えた影響と比較すれば、これらファンド自体への規制は喫緊に対応すべき対象ではない。また、下記および第5章のボルカー・ルールにおいても、銀行事業体（Banking Entity）とヘッジファンド等との関係を制約しているが、これは銀行などの健全性の担保が目的であり、ファンドの業や行為に関する規制ではない。

　米国のヘッジファンド等に関連する規制を巡る議論や、DF法が導入した規制については第6章で学術的な先行研究を踏まえて議論しているが、大手銀行等と傘下のヘッジファンドとの関係が不透明であることが、規制当局によるシステミック・リスクの監督にとって問題であるとの指摘があった。また金融危機時には、顧客からの換金要請への対応や流動性の確保のために、多数のヘッジファンドが保有資産の投げ売りを行ったこと（Fire Sale）が大幅な資産価格の下落の一因になったことなども指摘されている。

　すなわち、このシステミック・リスク監督の観点から、これらファンドに対する何らかの監視体制の導入が求められていたと言えよう。さらに、第9章で詳しく紹介するメイドフ事件を代表例として、近年ヘッジファンドが絡む詐欺事件が増加したこともあり、投資者保護の強化の観点からも規制の必要性が高まっていた。

　DF法はTitle Ⅳにおいて、①ヘッジファンド・アドバイザーの登録、②ヘッジファンドによる記録保持およびSECへの報告義務、③銀行によるヘッジファンドへの投資抑制の3点で新たな規制の付与と見直しを行っている。ただし、DF法はヘッジファンドが発行する持分証券や、ヘッジファンド自体に投資会社登録を求めておらず、ヘッジファンドの利点である投資戦略の柔軟性を損なう規制は見送られた。

1. アドバイザーの登録と情報収集権限の確立

　ヘッジファンドは形態から私募ファンドに分類され、その本来の性質は1940年の投資会社法が扱う投資会社であるものの、ファンドの登録免除規定などに該当するため、証券法や証券取引所法、投資会社法や投資顧問法などで、複数の登録免除等の規定がある[46]。第6章では、これらの免除規定について図表6-6および図表6-8でまとめている。

　DF法のSec.619は、新たにヘッジファンドの定義を試みているが、詳細はFRBなどの銀行規制当局、SECやCFTCが作成する規則に依存している。またDF法は、投資顧問法等を修正し、ヘッジファンドのアドバイザーへの規制を見直した。詳しくは第6章の図表6-10を参照願いたいが、Title Ⅳの他にもSec.619のボルカー・ルール等、複数のTitleでヘッジファンド・アドバイザーに関連する規定が記されている。

　これらの中でもDF法のSec.403は、ヘッジファンド・アドバイザーのSEC登録を定めた重要な規定である。Sec.403は、登録の主要な免除規定であった投資顧問法のSec.203(b)(3)を修正し、ベンチャー・キャピタルへのアドバイザー等の一部を除いて、ヘッジファンド・アドバイザーは顧客数等に関係なく、原則としてSECないしは州の証券当局への登録が義務づけられている。

　またDF法のSec.410は、投資アドバイザーに対してSEC等への登録を明記している。従来は運用資産額がUS$25 million以上のアドバイザーがSECの監督対象となっていたが（未満は州が管轄）、DF法はその境界をUS$100 millionまで引き上げている。ただし、同法Sec.408はSECに対して、運用資産額がUS$150 million未満のプライベート・ファンド・アドバイザーの登録を免除する権限を定めている。従って、運用資産額が少額のヘッジファンド・アドバイザーは州の証券当局の管轄とされた。

　このようにDF法は、ヘッジファンド・アドバイザーの登録を原則義務化したと同時に、結果として従来よりも州が管轄するアドバイザーの対象を拡大している。これは、SECの監督リソースを中規模以上のアドバイザーに集中させる意図であろう。しかしながら、第7章で指摘するように、新たな問題を引き起こす可能性もある。

DF 法の新たな規定は、SEC が登録アドバイザーに対する監督権限を得たことを意味する。Sec.404では、SEC が登録アドバイザーに対して報告やデータの提供を要求する権限が明記されている。SEC や FSOC がシステミック・リスクや投資者保護等に照らして必要と判断したデータが対象となる。この他、Sec.411では顧客資産の保護措置が登録アドバイザーに義務づけられている他、Sec.413や Sec.418では、SEC に対して自衛力認定投資者（証券法で規定）や適格顧客（Qualified Client、投資顧問法で規定）の基準を適宜見直すことが求められるなど、ヘッジファンドに関連する投資者保護も含まれている。

DF 法の定めに従い、SEC が作成する規則については第6章を参照願いたい。

VI. ボルカー・ルールの要点

DF 法の Title VIには、銀行事業体の行為を規制する[47]、いわゆるボルカー・ルール（Volcker Rule）が含まれている。DF 法のボルカー・ルールおよび、FRB 等の連邦監督機関が共同で作成したファイナル・ルールの詳細な分析は、第5章で行っている。

第2章で紹介したように、このボルカー・ルールはオバマ大統領が表明した連邦議会への要請（2010年1月21日）により、DF 法の法案に追加された[48]。DF 法の Sec.619が規定するボルカー・ルールは、銀行持株会社法（BHC Act）に Sec.13を追加し、顧客と関係しない自己利益のための自己勘定取引（Proprietary Trading）を禁止するとともに、銀行事業体がヘッジファンドやプライベートエクイティ・ファンドの保有やこれらファンドへの投資等を行うことを制限している。ボルカー・ルールは銀行事業体のみならず、ノンバンク金融会社の業行為についても一定の制約を加えている。

第2章で述べたように、ボルカー元 FRB 議長の持論を体現した法文でもあり、ボルカー・ルールと呼称されるが、この名称は上述の連邦議会への要請を行った大統領スピーチにおいて使用されている。連邦議会における DF 法の法案審議において、2009年12月に下院を通過した法案には、同様の項目は含まれていなかった。

金融危機の分析において、大手銀行と傘下のヘッジファンドの関係が不透明であることは問題視されていた。しかしながら、外部のヘッジファンド等への投資や自己勘定取引自体は、金融危機の要因であるとは考えられていない。オバマ大統領が当該ルールを求めた背景には、預金保険などのセイフティ・ネットの恩恵（低コストでの資本調達など）を受ける商業銀行が危険度の高い取引を行っていることへの批判があった。また、大きすぎて潰せない（Too Big To Fail）金融会社の救済に公的資金が注入されたことも、大手銀行等の行為に制約を加える動機であると言える[49]。

1．銀行持株会社法の修正

DF法において、ボルカー・ルールと呼ばれる法文は、Title VIのSec.619のみである。Sec.619は、銀行持株会社法にSec.13を追加し、原則として銀行事業体が自己勘定取引を行うこと、および、ヘッジファンドならびにプライベートエクイティ・ファンドの取得、いかなる持分・パートナーシップ・所有権（Ownership Interest）の獲得、もしくはスポンサーとなることを禁止している。また、SIFIsに指定されFRBの監督対象となったノンバンク金融会社は、自己勘定取引やヘッジファンド等を保有する場合などに、原則として追加的資本の要求や取引の制限が行われる（これらの行為は禁止されない）。

ただしSec.619は別途、銀行事業体およびFRB監督対象のノンバンク金融会社に許容される業務（Permitted Activities）を定めている[50]。詳しくは第5章を参照願いたいが、2013年12月に発布されたファイナル・ルールでは、これら許容される業務の細部を規定している。

また銀行事業体は、図表3-10で示す「些細な投資（De Minimis Investment）」などの条件を満たした場合、ヘッジファンド等の組成や保持が可能となる。この些細な投資とは、①銀行事業体と無関係な投資者を積極的に探し、②ファンド組成から1年以内（FRBより2年間の延長が可能）に銀行事業体が保有する所有権が全体の3％を超えない程度まで希薄化され、③保有する総てのファンドの所有権が当該銀行のTier 1自己資本の3％を超えてはならない投資であり、さらに、④ファンドへの総投資残高は当該銀行事業体の資産および有形株主資本（Tangible Equity）から控除される[51]。

図表３-10　銀行持株法の Sec.13(d)(G)で示される銀行事業体のファンド組成・保有条件

1. 誠実（Bona Fide）な信託、受託者もしくは投資助言サービスを提供する
2. ファンドが誠実な信託や投資助言サービス等に関連してのみ、そして、これらサービスの顧客に対してのみ組成・オファーされる
3. 「些細な投資」を除きファンドに対する持分、パートナーシップその他の所有権を取得・保持しない
4. サブパラグラフ(f)のパラグラフ(1)(2)の制限を遵守する
5. ファンドまたは当該ファンドの投資対象であるヘッジファンド等の債務や成績を直接的・間接的に保証、引受けまたは保険しない
6. コーポレート、マーケティング、プロモーションその他目的のためにヘッジファンド等と同じ名称もしくは基づいた名称を共有しないこと
7. 投資助言等のサービス提供に直接的に従事する銀行事業体の取締役や従業員を除き、取締役や従業員がヘッジファンド等の持分、パートナーシップやその他所有権を取得・保持しない
8. ファンドの投資家（および見込み投資家）に対して、ヘッジファンド等のいかなる損失も投資者のみの負担となり銀行事業体の負担とはならず、連邦銀行監督機関等による追加的規則によってヘッジファンド等の損失の投資者負担とされることを文書で開示する

Sec.619の定めにより、ボルカー・ルールの要求に基づく細かな規則は、FSOCによる調査とリコメンドを受けて５つの連邦監督機関（FRB, OCC, FDIC, SEC, CFTC）が共同で作成する。その際に、FSOCの議長である財務長官には、作成される細則の調整が求められた。

２.５つの連邦監督機関による共同規則

2011年１月に FSOC が提示した調査結果を受け、５つの連邦監督機関による規則策定が本格化した[52]。プロポーズド・ルールに関して、まず2011年10月に CFTC を除く４つの機関（FRB, OCC, FDIC および SEC）が共同規則案を公開し、広くパブリック・コメントが求められた。CFTC はこの共同規則案に若干の修正を加えて、2012年２月に規則案を公開している[53]。本来であれば、DF 法 Sec.619によって追加された銀行持株会社法の要求に従い、FSOC の調査結果が提示されてから９ヶ月以内に、５つの監督機関はボルカー・ルールの細則を最終的に規則化しなければならない。

しかしながら、このファイナル・ルールは2013年12月まで発布されなかった。この理由は、例えば「自己勘定取引」や「トレーディング勘定」などの定義や該当する業務の範囲、米国外への適用の是非など、実際の銀行業務に照らし合

わせての規則化が困難である事項が多く含まれていることが挙げられる。第5章は先行研究を比較しながら、ボルカー・ルールの困難性および問題点を分析している。結論として、DF 法の Sec.619は、記述されている定義が曖昧であるなど、法文としての完成度が低いと言わざるを得ない[54]。オバマ大統領の要請によって急遽法文化された弊害が最も強く出ている条項と言えよう。

第5章で述べるように、2013年12月に発布されたファイナル・ルールは、DF 法の Sec.619に内在する多くの困難性を解消できてはいない。このファイナル・ルールでは銀行事業体の内部統制等のメカニズムに重心が置かれており、ボルカー・ルールの本質が変化している。

Ⅶ．その他 (Title Ⅸ)

1．信用格付会社の監督強化

2001年に発覚したエンロンの事件を契機に、米国では信用格付会社 (Credit Rating Agency) に対する監督の見直しが進められてきた。2002年の通称サーベンス・オクスリー法 (SOX 法) が SEC に命じた信用格付会社に対する調査 (SOX 法 Sec.702) を経て、2006年9月に成立した信用格付会社改善法 (Credit Rating Agency Reform Act) により、主要信用格付会社である NRSRO は SEC への登録が求められ、利益相反やコンプライアンス体制の整備が義務付けられている[55]。また金融危機においては、特にサブプライム層向けの住宅ローン債権を含んだモーゲージ担保証券 (MBS や RMBS) や再証券化による CDO に対して与えられていた信用格付が実態を反映していなかったと批判されていた。

信用格付会社の監督強化は、証券規制の改革を扱った DF 法の Title Ⅸ (Subtitle C) に含まれている。この Sec.931において、上記の仕組み金融商品 (Structured Financial Products) に対する信用格付の不正確さが金融機関や投資者のリスク管理を失敗させ、米国および世界経済の健全性を脅かしたとの連邦議会の考えが示されている。また、信用格付機能への公的な監督と説明責任の必要性を認め、信用格付会社の利益相反に対処する SEC の権限強化が明記された。

NRSRO の監督、説明責任、透明性の強化が Sec.932(a)などで盛り込まれた。

NRSROには、①信用格付の方針や手法等に関する合理的な実行や堅持に関する効果的な内部統制組織の設立と維持や、②信用格付に関連する従業員の利益相反に関するレビュー、③半数以上を独立取締役（Independent Director）が占める取締役会の設置などが求められた。また監督機関であるSECには、新たに信用格付局（Office of Credit Ratings）を設置と、当該部局によるNRSROの監督および年次監査が義務づけられた。さらにSECには、NRSROの信用格付手法等に関する規則や、NRSROのセールスやマーケティング活動から信用格付業務を切り離す規則など、複数の規則の制定が求められている[56]。

2. 証券化プロセスの改善

サブプライム・モーゲージを含んだ仕組み金融商品が証券化される過程において、いわゆる「売却を前提とした組成モデル（Originate to Distribute Model）」には、重大な問題があることが指摘されていた。つまりは、ローンの貸し手が借り手の信用リスクに鈍感となることや、再証券化などによる複雑な商品構成によって投資者のリスク認識が困難になり、信用格付に過度に依存せざるを得ないことなどである。しかしながら、金融危機を経ても証券化手法を用いての資金調達は有用であり、証券化自体を規制するのではなく、そのプロセスに規制を導入することが適当であると考えられた。DF法のTitle IX（Subtitle D）は、証券化業者であるセキュリタイザー（Securitizer）に対して一定の信用リスク保持を義務とし、ABSの発行体に対する情報開示の要求などを定めている[57]。

セキュリタイザーによる信用リスク保持はSec.941(b)が定めている。Sec.941(b)は証券取引所法を修正して、連邦銀行監督当局等に対して、資産担保証券の発行を通じて第三者に移転、売却、譲渡される資産の信用リスクに関する一定割合の経済的利害をセキュリタイザーに保持させる共同規則の制定を命じている[58]。当該共同規則では、資産担保証券の対象資産または資産担保証券の担保資産に適格住宅ローン（Qualified Residential Mortgage）が含まれない場合、セキュリタイザーは信用リスクの5％以上を保持することが含まれる[59]。この信用リスク保持は、セキュリタイザーが預金保険加入機関であっても適用され、セキュリタイザーが当該信用リスクを直接的も間接的にもリスクヘッジするこ

とは禁止される。

また Sec.942(b) は SEC に対して、投資者が相当の注意を払うことを目的に、資産担保証券の裏付けとなる資産に関する情報開示を当該証券の発行体に要求する規則を作成するよう促している。この情報開示は、証券取引所法の Sec.7 に追加された条項に従い、SEC が定める比較が容易となるような形式で提供され、トランシェもしくはクラスごとに行われる。

Ⅷ. 第3章のまとめ

DF 法は、店頭デリバティブ市場への規制導入など、これまで求められてきた規制的対応や各分野での情報開示の強化などを実現し、市場の監視体制を充実させたと言えよう。しかしながら同法を冷静に評価してみると、その設計には疑問が残る点も多い。

例えば DF 法がもたらす新たな金融システムは、FRB や FDIC などの連邦監督機関の権限強化が基盤となっている。金融危機においてこれら監督機関に見られた混乱は、単に法的権限が不足していたことだけが原因ではないだろう。DF 法の中で、これら監督機関の抜本的な見直しに関する規定は驚くほど少ない。また、FSOC の設立は DF 法の中核であるが、その組織構造は基本的に会議体である。マクロ・プルーデンス政策の担い手として FSOC の組織構造が適しているかには疑問が残る。この他 DF 法は、新たな整然清算手続きなどで財務長官を金融規制システムに組み込んでいる。金融市場が混乱した場合に、金融システムが財務長官の個人的資質に過度に依存する危険が生じる。

この他、第2章の繰り返しとなるが、金融危機の再発防止を目的とするにもかかわらず金融危機の要因分析の結果を待たずに立法化されたことは、同法の根本的な問題であろう。また、DF 法の序文で明記されている目的に照らせば、ファニーメイやフレディーマックなどの GSEs 問題への手当が同法にほとんど含まれていない点も大いに疑問である。この GSEs と DF 法との関係については、第8章で論じている。

注

1) FSOC の義務は、DF 法の Title I、Sec.112(a)(2)(A)〜(N)で規定されている。このうち項目(D)は、米国金融市場に関して FSOC が連邦議会に対してアドバイスないしリコメンドする対象として市場の公正性、効率性、競争力と安定性を挙げており、その義務は非常に幅広い。

2) FSOC の議長である財務長官に金融機関等の監督や規則を制定する法的な権限はない。例えば証券取引委員会（SEC）は、1933年証券法、1934年証券取引所法、1940年投資会社法および1940年投資顧問法など複数の連邦法を根拠法として広範囲な規則制定の権限を与えられている。組織としての FSOC が制定する規則は、例えば DF 法の Sec.113のノンバンク SIFIs の指定基準や Sec.804のシステム上重要な FMU（金融市場ユーティリティ）の指定要件など、むしろ基準やガイダンス的なものである。

3) FSOC が設置された時点での専属スタッフはで僅か17名（2011年末時点）であり、その予算は2011年が約 US$2.9 million, 2012年（当初予定）で約 US$10.8 million に過ぎなかった。FSOC の2012年の年次報告書によると、2011年に開催された FSOC の会合は12回である（DF 法の定めでは、四半期に1回以上の会合が求められる）。ただし、メンバーの代理人による会合は2週間に1度のペースで開催されている。

4) もとより銀行持株会社は FRB の監督下であるが、DF 法は、Sec.121などで総資産が US$50 billion 以上の銀行子会社を持つ銀行持株会社を特に SIFIs と定めている。FSOC は、この資産基準の引き上げをリコメンドすることができる（Sec.115(a)(2)(B)）。ノンバンク金融会社に関して、FRB の監督および規制対象とする際に考慮される点は、国内会社は Sec.115(a)(2)、外国ノンバンク金融会社に関しては Sec.115(b)(2)に記されている。また、この決定は、FSOC の投票権を有するメンバーの3分の2以上の賛成によって成立する。

5) 金融調査ファンドは米財務省の管理下にある。また、SIFIs からの資金供出は OFR の設立より2年間以降であり、当初の2年間は FRB が資金を供出する。OFR によれば、最終的に OFR の専任スタッフは275〜300名程度となり、その内、データ・センターの所属が約60％、調査・分析センターの所属が約20％とすることを予定している。

6) 2012年4月には外部の専門家から構成される金融調査アドバイザリー委員会（Financial Research Advisory Committee）を設置した。

7) 例えば、Sec.622の金融会社の集中制限（すべての金融会社の総負債の10％を超えての合併等を禁止）は FSOC の管轄であるが、一定の条件を満たし FRB が認可した場合に、この集中制限は回避することができる。

8) この他、Sec.1107でも連邦準備法の Sec. 4 を修正し、地区連銀の総裁（President）の選出は、当該地区連銀のクラス B 取締役（銀行業以外の従事者）とクラス C 取締役（学識経験者）による任命とされ、クラス A 取締役（加盟銀行の代表取締役）が除外されている。

9) FRB の権限が強化されることに対して、連邦議会の懸念は強い。その主な理由として、連邦準備制度（FRS）の議長・副議長を含めた理事は大統領の指名と上院の助言と

同意をもって任命されるものの、国民による選挙を経た選出ではなく、また、各地区連銀の総裁や取締役会会長の選出は、FRBと各地区連銀によるため、国民の同意をともなわないFRBや地区連銀の権限集中に対しての批判である。特に一部の連邦議会議員において、FRBの権限を金融政策に限定すべきとの主張も根強く見られる。

10) DF法では、Bureau of Consumer Financial Protection（BCFP）の標記であるが、設立された機関の名前はConsumer Financial Protection Bureauであるため、本書ではCFPBの略称を用いる。消費者（Consumer）の定義には、個人の他に、個人の代理人や被信託人、代表者などが含まれている。

11) CFPBが発足後も、FTCは連邦取引委員会法（Federal Trade Commission Act）で認められた権限を保持している（Sec.1061(b)）。CFPB発足直後である2012年6月末時点でのスタッフは889名であり、同時点でのCFTC（2012年2月末で710名）よりは多いものの、SEC（2011年9月末で約3,800名）やOCC（2011年11月末で約3,700名）と比較して小規模に留まっている。

12) この法執行の内容はSubtitle E（Sec.1051～Sec.1058）で定められており、調査権限、排除命令（Cease and Desist Order）を発令する権限、に裁判所への民事制裁金や民事訴訟等を提起する権限などが含まれている。

13) 第112回連邦議会の下院において、DF法のSec.1023を修正し、CFPBの長官を除いた議決権を有するメンバー（現行法は含める）による過半数（現行法は3分の2）の賛成によって、CFPBの最終規則等の廃止を可能とするConsumer Financial Protection Safety and Soundness Improvement Act of 2011（H.R.1315）が通過している（上院は通過せず）。

14) 合衆国憲法Article ⅡのSec. 2に定められている大統領権限により、大統領は上院の休会中に辞令を与えることが可能である。ただしこの時点で、辞令は次の会期の終了により効力を失うため、コードレイ長官の任期は第112回連邦議会が閉会される2012年12月末までであった。その後、上院はコードレイ長官の新たな任期を承認している。

15) 詳しくは第9章を参照願いたいが、起因となったのは、2008年12月に発覚したメイドフ事件である。メイドフ事件とは、被害総額が約US$4.8 billion（管財人認可額）にものぼるポンジー・スキームであり、NASDAQ元会長であるバーナード・メイドフが首謀者であったことから、米国のみならず世界的な資本市場の信用失墜につながった。ポンジー・スキームとは、投資者への利益配分に新たな出資者から集めた資金を用いる手法であり、新規の出資者を呼び込めない時点で破綻する詐欺行為である。1920年代の米ボストンにおいて同手法を用いて投資詐欺を働いたチャールズ・ポンジーの名前が由来となっている。

16) 投資者諮問委員会の構想は、下院金融サービス委員会で検討されていた法案であるThe Wall Street Reform and Consumer Protection Act of 2009（H.R.4173）に含まれていた。

17) この他、Sec.912でSECの規則やプログラムを評価する目的での情報収集や投資者テスト（Investor Testing）を実施する権限がSECに与えられている。

18) SECが2008年1月に公開した通称ランド報告書（Rand Report）によれば、ブローカーと投資アドバイザーの違いが近年不明瞭になってきており、投資者側にとっては両者の役割は本質的に変わらない。
19) 投資顧問法のSec.206はSECへ登録された投資アドバイザーに対する禁止取引の規定であるが、1963年の連邦最高裁判所の判決（SEC v. Capital Gains Research Bureau, Inc.）によって、投資顧問法の適用上、登録投資アドバイザーに対して受託者責任（信認義務）を課していると解釈された。この責任には、利益相反の排除や顧客の信頼の不当な利用などが含まれる。一方で投資顧問法のSec.202(a)は、そのアドバイスが付随的であり、かつ、そのアドバイスに対して特別の報酬を受け取らないブローカー・ディーラーを投資アドバイザーの定義から除外している。
20) またSec.913は、SECに対してブローカー・ディーラーと投資アドバイザーに対する法執行を統一することを求めている。すでにSECはポスト・メイドフ・リフォーム（Post-Madoff Reform、メイドフ事件を踏まえてSECが2009年9月に公表した改革）において、ブローカー・ディーラーと投資アドバイザーに対する検査を統一化している。
21) OCCおよびOTSは米財務省内の部局である。この他、預金保険に加入している銀行はFDICの監督も受ける。
22) AIGのCDSに関連する損失は、主にロンドンで業務を行っていたAIG Financial Products Divisionによる。AIGは短期金融市場での資金調達が困難となり、2008年9月にニューヨーク連銀から流動性の供給を受け、緊急経済安定化法（Emergency Economic Stabilization Act）に基づくTARPによって2度の公的資金の注入対象となった。
23) 連邦議会上院の調べによれば、2008年からDF法の成立までに破綻した金融機関の資産額の73％はOTSが監督対象とした金融機関の資産であった（2008年の初めにOTSが監督対象とした金融機関の資産額は全体の12％）。また、AIGは連邦監督機関としてFRBやOCCを選択することも可能であったが、最も監督基準が緩いOTSを選択したと言われている。
24) DF法のSec.502は、米財務省に関する合衆国法典（31 USC Chapter3, SubtitleⅠ）にFIOに関するSec.313を追加している。
25) 例えば、1998年にヘッジファンドであるLTCMが経営危機に陥った際にも、当該会社に対する既存の連邦倒産法の適用には問題があることが指摘されていた。
26) リーマン・ブラザーズは、米国内において、倒産した証券子会社には証券投資者保護法（Securities Investor Protection Act）、保険会社には州の保険法、預金保険加入の銀行子会社には連邦預金保険法（Federal Deposit Insurance Act）が適用された他、持株会社およびその他の子会社には連邦倒産法が適用されている。
27) 預金保険加入金融機関は「対象金融会社」には含まれず、従来通り連邦預金保険法に基づいてFDICが破綻処理を行う。
28) DF法のSec.201(b)によれば、FDICが財務長官と相談のうえで定める規則に基づき、付随業務を含む金融業務からの連結収入が総連結収入の85％未満の会社は「金融会社」に含まれない。

29) 金融会社の最大の子会社（総資産ベース）がブローカー・ディーラーの場合、文書による勧告はFDICへのコンサルテーションを経て、SECの委員会の3分の2以上およびFRBの理事会の3分の2以上の同意をもって行われる。同様に最大の子会社が保険会社の場合、FDICへのコンサルテーションを経て、FRBの理事会の3分の2以上の同意とFIOの賛同をもって行われる。

30) 証券取引所法によりSECに登録され、証券投資者保護公社（SIPC）のメンバーであるブローカー・ディーラーは、「対象ブローカー・ディーラー（Covered Broker or Dealer）」と呼称され、管財人としてのFDICは、SIPCを清算人（Trustee for the Liquidation）に任命する。対象ブローカー・ディーラーの整然清算に関してはSec.205を参照。

31) FDICを管財人に任命することに対象金融会社の取締役会から同意が得られない場合、財務長官はワシントンD.C.の連邦地方裁判所に、財務長官がFDICを管財人に指名する権限を認める命令（Order）を申立てる（Sec.202）。

32) FDICの管財人としての与えられた権限の基準期間は3年間であるが（Sec.202(d)(1))、FDIC総裁が必要であると判断し、上院の銀行・住宅・都市問題委員会と下院の金融サービス委員会への文書による認証をもって1年間の延長が可能である（Sec.202(d)(2))。またFDIC総裁は、財務長官へのコンサルテーションを経て、上下院両委員会へ同様の認証を提出した場合、管財人としての権限をさらに1年間延長することが可能である（Sec.202(d)(3))。

33) ブリッジ金融会社の存続期間は設立より2年間であるが、FDICは1年間の延長を3度まで実施することができる（Sec.210(h)(12))。

34) この報酬（Compensation）には、給与、ボーナス、インセンティブ、手当（Benefit)、退職金（Severance）や買収時の退職金（Golden Parachute Benefit）の他に対象金融会社の証券を売却することによって得られた利益も含まれ、その詳細はFDICが規則で定める。また、回収の適用となる2年間はFDICが管財人に任命されてより遡るが、詐欺的行為が認められた場合、その期間は無期限に遡ることができる。

35) 対象金融会社がFRBの管轄である場合はFRBが権限を有し、それ以外の場合はFDICが権限を有する。

36) Title Ⅶは、店頭スワップ市場の規制（主にCFTC）に関するSubtitle A（Sec.711～Sec.754）と、証券ベースのスワップ市場の規制（主にSEC）に関するSubtitle B（Sec.761～Sec.774）から構成される。またSubtitle Aは、Part Ⅰ（規制権限）とPart Ⅱ（スワップ市場の規制）から成り立つ。

37) DF法以前より、適格契約参加者はCEAのSec.1a(12)で定義されており、①金融機関、②州政府や外国政府によって規制される保険会社、③1940年投資会社法の規制に従う投資会社、④コモディティ・プール（商品ファンド）（総資産がUS$ 5 million超等）、⑤会社やパートナーシップ、信託等（総資産US$10 million超等）、⑥ERISA法に従う従業員退職給付プラン（総資産がUS$ 5 million超等）などが該当する。

38) スワップ（証券ベーススワップ）のおおまかな定義はSec.721(a)で与えられており、

また、同条項において10の契約等がスワップの定義から除外されている。定義から除外された契約等には1974年の CEA 改正で規制対象外とされた先渡取引も含まれている。これら定義に関する議会での議論は、両院協議会の記録（Congressional Record of House, H5233-H5261, 2010年6月30日）を参照されたい。

39) Sec.723(a)の除外規定の対象は、取引の一方が①フィナンシャル・エンティティ（Financial Entity）ではない、②ヘッジやリスク軽減が目的である、③ CFTC が認める場合、となっている。フィナンシャル・エンティティには、①スワップ（証券ベーススワップ）ディーラー、②主要なスワップ（証券ベーススワップ）参加者、③コモディティ・プール、④1940年投資顧問法の Sec.202(a)が定める私募ファンド、⑤エリサ法（ERISA）が定める従業員退職給付プラン、⑥銀行持株会社法が定める銀行業等の従事者等が該当する。

40) 2010年4月に上院へ提出され、5月20日に上院を通過した。スワップ・プッシュアウト・ルール（Swap Pushout Rule）とも呼ばれている。米財務省の草稿がベースとなる下院案との摺り合わせを行った両院協議会では、当該修正条項に対する FDIC のシーラ・ベアー（Sheila Bair）議長や FRB のベン・バーナンキ（Ben Bernanke）議長の反対もあり、DF 法の一本化にとって大きな障害となった。

41) スワップ・エンティティとは、CEA もしくは証券取引所法に登録されるスワップ（証券ベーススワップ）・ディーラー、主要なスワップ（証券ベーススワップ）参加者が該当する（Sec.716(b)）。

42) また、スワップ・エンティティには、連邦預金保険法が規定する預金保険対象機関や、DF 法の Title II が規定する FDIC による対象金融会社（Covered Financial Company）、Conservatorship、Receivership、Bridge Bank も含まれない（Sec.716(g)）。

43) 主に CFTC が担当した店頭デリバティブに関する規則の策定は DF 法が定める期限を超え、大幅に遅れている。この理由には、2011年10月に経営破綻した証券大手の MF グローバルが顧客資産の分別管理を徹底せず、約 US$1.6 billion の顧客資産が失われていた問題が露呈したことや、現実のデリバティブ市場における内外の利害関係の調整が困難であることなどがある。

44) この最終規則で注目されたのは定義からの最小除外条件（De Minimis Exception）の要件である。Title VII では、最小除外条件の項目のみが与えられていた。2010年12月に提示された規則案では、12ヶ月間での名目デリバティブ契約が US$100 million を要件としていたが、最終規則では US$ 8 billion まで引き上げられ、定義からの除外条件が緩和されている。しかしながら、5年後にこの要件は US$ 3 billion まで引き下げられ、規定では US$100 million まで引き下げることが可能である。

45) Sec.761(a)によって、証券取引所法の Sec. 3(a)に証券ベーススワップ等の用語が加えられている。

46) ヘッジファンドには、ファンドのマネージャー等が自己資金を投資するファンドもあるため、顧客の概念を定義することに困難性をともなう。これは、2006年のいわゆるゴールドステイン（Goldstein）判決の際、ワシントン D.C. 巡回区連邦控訴裁判所が登

録除外の条件として、①顧客が15未満、②投資アドバイザーとして広告等を行わない、③登録された投資会社等に対して投資アドバイザーとして活動しない、等を挙げたことも影響していると思われる。

47)「銀行事業体」は連邦預金保険法Sec.3に新たな定義が加えられ、預金保険加入金融機関（信託人業務、受託者業務のみは除く）、預金保険加入金融機関を支配する会社、国際銀行法Sec.8が対象とする銀行持株会社（外資系）、およびこれらの子会社と関連会社が該当する。

48) オバマ大統領によるボルカー・ルールの要請が、エドワード・ケネディ（Edward Kennedy）上院議員逝去にともない2010年1月19日に実施されたマサチューセッツ州上院議員補欠選挙で民主党候補が敗北した2日後であったこと、また、その要請が唐突に行われたことから、同年11月の中間選挙に向けての支持率獲得が目的であったとの指摘もある。

49) この他 Title VIの Sec.622では、大規模金融会社（Financial Firm, 預金保険加入金融機関、銀行持株会社、FRBの監督対象となるノンバンク金融会社等、銀行持株会社法Sec.14(a)で新たに定義）の集中制限を設けている。銀行持株会社法のSec.14（DF法Sec.622で新設）により、大規模金融会社は、連結総負債が直近の年末時点でのすべての金融会社の総連結負債の10％を超える場合、他の会社との合併や資産・支配権の取得ができない。

50) ただし許容される業務であっても、ボルカー・ルールが別途記述する制限（顧客や取引相手との利益相反が生じる場合や米国の金融安定性にとって脅威となる場合等）を受け、また、主要な連邦銀行監督機関（FRB, OCC, FDIC）やSECならびにCFTCが定める制約や制限に従わなければならない。

51) この控除は、Sec.619が規定する追加的な自己資本の要求が行われる際に適用される。

52) このFSOC調査報告では、許容されない自己勘定取引を見分けるための定量的な基準（Revenue Based Metricsや Revenue to Risk Metrics, Inventory Metrics, Customer Flow Metrics）などが提示されているものの、自己勘定取引の定義の明確化は行われていない。当該調査報告の内容は、http://www.treasury.gov/initiatives/documents/volcker%20sec%20%20619%20study%20final%201%2018%2011%20rg.pdf を参照願いたい。

53) CFTC案は、共同規則案を実質的に踏襲した内容である。新たに合計で14の質問項目が追加され、共同規則案のSubpart Eが削除（FRBのみの適用となるため）されている。

54) ファイナル・ルールでは除外対象とされたものの、プロポーズド・ルールの段階では、米国以外の国債は除外対象ではなかった。そのため、日本や英国等が自国の国債の取引を許容される自己勘定取引に含めるように要請した。また、各国の銀行業の団体等からも、プロポーズド・ルールに対して多くの修正を求めるコメントが出された。例えば、わが国の銀行協会のコメントはhttp://www.zenginkyo.or.jp/abstract/opinion/entry-items/opinion240113.pdf を参照願いたい。

55) NRSROとはSECが認定した信用格付機関のこと。1975年にSECが導入したネッ

ト・キャピタル・ルール（SEC Rule 15c3-1）において、ブローカー・ディーラーの純資産を算出する際に、NRSROとして認定したS&P、ムーディーズ、フィッチの3社の信用格付を用いた。2015年3月末時点では、日本格付研究所など13社がNRSROとしてSECに登録されている。信用格付会社改善法によって、NRSROのSEC登録および登録手続きの透明性がはかられた他、NRSROの利益相反の防止、信用格付プロセスの公開、信用格付会社のコンプライアンスの強化が行われている。

56) この他Sec.933では説明責任、Sec.934ではNRSROが第三者より得た証券発行体による違法行為に関する情報を裁判所等へ報告する義務、Sec.936では信用格付業務に従事する者の資質基準をSECが規則で定めることなどが記されている。

57) 証券化に関連する用語として、Sec.941(a)は「資産担保証券」を、Sec.941(b)では「セキュリタイザー」と「オリジネーター（Originator）」を定義している。

58) 信用リスクの保持規則は、証券取引所法に新たに加えられたSec.15Gにより明示。この規制は、連邦銀行監督当局（FRB・OCC・FDIC）およびSECが共同で作成するが、住宅ローン（Residential Mortgage）の資産担保証券の発行に関しては、共同規則の作成にHUD長官とFHFAが加わる。

59) この信用リスクの保持はSkin in the Gameと呼ばれている。また、資産担保証券の対象となる資産が適格住宅ローンではなく、オリジネーターが所定の資産引受け基準に該当する場合には、セキュリタイザーの信用リスクの保持は5％未満となる。この他Sec.941(b)には、信用リスク保持の適用除外要件も記されている。

第4章

マクロ・プルーデンス監督体制の構築

I. はじめに

　第1章で述べたように、金融危機の発生によって、個別金融機関の財務や業行為の健全性や消費者（投資者）保護を対象とするミクロ・プルーデンス政策に加えて、システミック・リスクの防止と軽減を主たる目的とするマクロ・プルーデンス政策の重要性が強く認識された。このマクロ・プルーデンス政策には、単に大手銀行や金融会社グループの総括的な監視に留まらず、これらの相互連関性や金融システム全体におけるリスクの分析や調査、金融システムが不安定となった時の政策対応なども含まれる。

　ドッド・フランク法（DF法）は、マクロ・プルーデンス政策を担う会議体として金融安定監督協議会（FSOC）を設置するとともに、FRBの権限強化などを行っている。

　DF法以前の米国連邦政府の体制では、各連邦監督機関によるミクロ・プルーデンス政策を中心としつつ、FRBが主体となり金融市場全体の安定性を監督してきた。また金融危機の発生以前からも、①ディスインターミディエーション（Disintermediation）の進展、②1980年代に顕著となった規制の緩和、③金融イノベーションへの規制的対応が不十分であることが認識され、マクロ・プルーデンス政策を含めた規制の抜本的改革の必要性は検討されている。

　本章では、マクロ・プルーデンス政策に関する学術的先行研究および米国内での政策議論を踏まえて、DF法のTitle Iによって新たに構築されたマクロ・プルーデンス政策体制について論述する。

Ⅱ．マクロ・プルーデンス政策の展開

1．マクロ・プルーデンス政策の理論的検討

　金融危機を契機に、先進諸国を中心にマクロ・プルーデンス（Macro-Prudential）政策およびその政策的導入に関する理論的検討が進められている。しかしながらミクロ・プルーデンス（Micro-Prudential）と比較して、マクロ・プルーデンスは新たな概念でもあり、その理論構築は途上と言わざるを得ない[1]。

　Borio [2003] が Table 1 で分類するように、ミクロ・プルーデンスが消費者（投資者・預金者）保護を本源的目的としながら、個別機関の経営危機の限定を試みるのに対して、マクロ・プルーデンスの本源的目的は GDP（Output）コストの回避であり、金融システム全体の危機の制限、言い換えれば金融システムの安定にある。2000年9月に開催された BIS の金融安定フォーラムでも、マクロ・プルーデンス政策の目的として金融的困難が経済に与えるコストの制限と、システミック・リスクの防止が挙げられている[2]。

　例えば Hockett [2013] など、このような分類方法にはコンセンサスが得られていると言える。米国では、複数の独立した連邦監督機関（Independent Federal Agency）が金融会社などの規制・監督を担っているが、FRB の金融政策を除いて、これら連邦監督機関の主たる機能は伝統的なミクロ・プルーデンス政策の実行にあった。ただし、マクロ・プルーデンス政策に関する米国の歴史的な推移をサーベイした Elliott et al. [2013] が指摘するように、これまでの米国でも、連邦議会や大統領が FRB の権限の見直しや拡大を行うことで信用サイクルの円滑化に対応しており、主に金融政策を通じたマクロ・プルーデンス政策はみられた。

　金融規制の理論的な整理を試みた Hanson et al. [2011] によれば、金融機関に損失が発生した場合、その資本比率を回復するためには①市場からの資本調達か、②資産の縮小（売却）の2つの手法が選択肢として存在する。規制面から捉えたミクロ・プルーデンス政策の中核は、金融機関に資本の充実（資本規制）を求めることによって損失の内部化をはかる行為にあるが、その手法につ

いて強制することはできず、今回の金融危機においても多数の機関が同時に資産を売却することで経済への社会的コスト（Credit Crunch や Fire-Sale）の問題が生じた。また、金融危機の事例を研究した Acharya & Richardson [2009] でも、システミック・リスクを規制する事由として、外部性と SIFIs（第3章および次節参照）に対する暗黙の保証を挙げている。この問題は、特に資金調達コストが安い SIFIs で顕著となる[3]。

マクロ・プルーデンス政策とは、これらの社会的コストを統制する試みであり、Hanson et al. [2011] では Time-Varying Capital やより高品質な資本の要求など6つのマクロ・プルーデンス・ツールを提示している。Nier [2010] でも、消費者（預金者）保護といった狭い対象のプルーデンシャル・アプローチでは金融危機のようなシステミック・リスクに対処できず、マクロ・プルーデンス政策の目的を外部不経済の軽減と捉えている。また Nier [2010] は、このような問題に金融政策で対応することは非効率であり、金融機関間の過剰なエクスポージャーの測定やその制限、効果的な解体メカニズムなどに関する新たなインフラの整備の必要性を説いている。

マクロ・プルーデンス政策に関する先行研究で、その目的が金融システムの不安定化（システミック・リスク）の防止ないし緩和であることは共通している[4]。しかしながら、システミック・リスクに関する31の量的測定をサーベイした Bisias et al. [2012] によれば、これまでの先行研究においてシステミック・リスクの定義自体が統一されていない。例えば、英国のマクロ・プルーデンス政策手段について論じた小林 [2013] でも、金融システムの安定やシステミック・リスクへの対処の重要性を認めつつ、これらを具体的に定義する困難さが指摘されている。そもそも、金融システムの安定をどのように測定するのかについてもコンセンサスが得られているとは言い難い。

小林 [2013] や Gadanecz & Jayaram [2009] では、金融システムの安定に関連する諸指標について論じている。これらは早期警告指標（Early Warning Indicator）とも呼ばれるが、Bisias et al. [2012] が指摘するように、このような指標に応じて個別機関が自らの行動を変化させる、いわゆるルーカス批判が存在するため、その政策的効率性は高くはない。Gadanecz & Jayaram [2009] によれば、金融システムの安定について各機関は多くのデータを積み上げて判

断しているが、現在のところ統一的な指標が存在しているとは言えない。また、Galati & Moessner [2011] が指摘するように、金融危機の発生当時までマクロ・プルーデンス政策の目的に対するデータ分析もほとんど行われていない。このように現状では、マクロ・プルーデンス政策に関する理論欠如もあり（統計的な有意性の検定を経ているとは言え）経験論的なデータの収集に依存せざるを得ない。

次節で述べるように、DF 法によって導入された新たなマクロ・プルーデンス体制の評価は、次の金融危機の予測能力によって決まると言えよう[5]。従って、その組織体系は金融システム全体におよぶ情報の収集と分析機能を保持することが不可欠となる。システミック・リスクの測定に関する政策的対応をみると、例えば2007年当時の米財務省でティモシー・ガイトナー財務長官のカウンセラー（Counselor）を努めていたルイス・アレキサンダー（Lewis Alexander）は、システミック・リスクの測定に関して、① SIFIs の認識（指定）、②金融システムの構造の認識、③金融システムにとって潜在的なショックの認識、④早期警告シグナルの発信が政策として満たされるべきであると述べている[6]。また、連邦議会の下院で MIT 教授のアンドリュー・ロー（Andrew Lo）が証言したように、単なるマクロ・データの収集手法の見直しに留まらず、システミック・リスクの測定と金融システムに関連するデータの収集および分析を担う専門機関の設立は、現実的なマクロ・プルーデンス政策の推進の基本とも言える[7]。次で述べるように、これらは米国の政策的な議論でも中核である。

2．マクロ・プルーデンス体制を巡る政策議論

上記のように、マクロ・プルーデンス政策に関する理論構築は初期段階であり、その目的となる金融システムの安定やシステミック・リスクの測定を含めて、学術的な定義や政策手段が理論的に確立されているとは言えない。下記でブッシュ政権以降の政策議論をみるが、これらは基本的には制度の見直しにすぎない。

（1）ジョージ・W・ブッシュ政権時代の提言

ブッシュ政権が抱いていた包括的な金融規制改革案の概要は第1章で紹介し

ているが、第74代財務長官（2006年7月～2009年1月）となったヘンリー・ポールソンの下で、米財務省が2008年3月に公開したブループリントでも、マクロ・プルーデンス政策に関する改革提言が含まれていた[8]。

第1章で用いた前掲図表1-4で説明したように、ブループリントは米国金融規制の効率化を目的とし、短期・中期・長期にわけた改革提言を行っている。改革の最終目標となる長期的提言では、目的（Objectives）ベースに基づいた連邦機関の再編が改革案として示されている。つまり、連邦機関の規制・監督機能を①金融市場や金融システムの安定を担当する機関（マクロ・プルーデンス政策を担当）、②金融機関の財務内容や経営体制を監督する機関（ミクロ・プルーデンス政策を担当）、③金融業者の市場における行為を監督する機関（中期的提言でSECとCFTCを統合した機関を再組織化して行為規制に従事）の3つに再編成する案である。

マクロ・プルーデンス政策に関してブループリントが提示する改革案では、FRBを市場安定規制当局（Market Stability Regulator）と定め、これまでの金融政策ならびに流動性供給の機能等に加えて、金融システムの安定にとって必要な①情報の収集、②情報開示の要求、③規制の策定や行動において他の規制機関と協調するための権限を新たに付与している。これはすなわち、FRBの機能強化によってマクロ・プルーデンス政策の充実とする案と言えよう。Elliott et al.［2013］も指摘しているが、1930年代以降に発生したマクロ的危機への対処として、米国はFRBの権限および手法の見直しを繰り返してきた。第1章で述べたように、ブループリントの提言は市場の効率化と国際競争力の強化を背景とするが、提示された改革案はこれまで米国が採ってきた施策の延長上にあるとも言える[9]。

（2）金融危機への対応とDF法の成立

今回の金融危機の深刻化とともに、米国内での金融システムに関する政策議論は危機への対応と再発防止へと軸足を移した。2010年に成立したDF法はこれら政策議論の取りまとめとも言えるが、マクロ・プルーデンス政策に関してDF法に影響を与えた公的な議論は①金融規制に関するスクアム湖ワーキング・グループ（第2章参照）の提言、②金融危機調査委員会（FCIC）の報告書

図表 4-1　新たな情報レジームが備えるべき 5 つの要点

1. 総ての大規模金融機関は四半期ごとに保有する資産とリスクを当局に報告する
2. 収集された情報価値を最大化するため、当局は価値とリスクのエクスポージャーを測定するプロセスを標準化する
3. 情報分析の信頼性を増すために、各当局へ情報を共有する権限を付与
4. 当局が収集した情報はしかるべき時間をおいて民間部門に提供される
5. 金融システムの情報の重要性を評価するため、Systemic Regulator は議会に対して金融システムのリスクに関する年次報告を行う

出所）French et al.［2010］第 3 章。

（第 2 章参照）、③米財務省のホワイト・ペーパー（第 1 章参照）から読み取ることができる。以下で、これらの要点を概観する。

　第 1 に経済学者を中心とする金融規制に関するスクアム湖ワーキング・グループが公表した French et al.［2010］（通称 the Squam Lake Report）は、マクロ・プルーデンス体制を含む包括的な金融制度改革の提言書である[10]。French et al.［2010］は、その最初の提言で金融システム全体の安定を監視するシステミック・レギュレーター（Systemic Regulator）の制度的確立を訴えている。このシステミック・レギュレーターの主要な役割として①システム全体に関する情報の収集と分析、②資本規制など金融システムに焦点を当てた規制の作成と履行などを挙げ、その担当機関として中央銀行が最適であると結論する[11]。マクロ・プルーデンス体制に関して、FRB の機能強化を前提とする French et al.［2010］の提言は上記ブループリントと類似しているが、金融危機において監督機関が金融市場に関する情報を十分に収集していなかった（情報ギャップが生じていた）点を指摘し[12]、新たに情報収集インフラの必要性および 5 つのリコメンドを提言している（図表 4-1）。

　第 2 に、公的に金融危機の原因調査を行った FCIC の分析をみる[13]。FCIC は2009年の Fraud Enforcement and Recovery Act を根拠法とし、その10名の委員は金融や経済等の専門家から構成されており、当時の連邦議会における DF 法の審議にも強い影響を与えている。しかしながら、委員会自体は独立組織であるものの、各委員は民主党（6 名）および共和党（4 名）の指名によるため、発足時から両党の政治的主張の相違が強くみられた。詳しくは第 2 章を参照願いたいが、FCIC は2011年 1 月に民主党系委員と共和党系委員とで結論

が分かれた最終報告書を公表している[14]。この最終報告書〔民主党系〕の目的は危機分析であるためマクロ・プルーデンス体制を提案するものではないが、金融システムの監督について情報面での深刻な問題があったことを指摘している。FRB に関しては、他の連邦監督機関との情報共有に問題があった点や、例えば規制対象外であった店頭（OTC）デリバティブ市場に関する情報自体が不足しているため、同市場の相互連関性について認識が不足し、問題への対応行動が起こせなかったことなどが指摘されている[15]。

　これら2つの報告書は、上記ブループリントと同様に、FRB をマクロ・プルーデンス政策の中心としつつ、金融システム全体に関する情報収集の重要性を指摘している。しかしながら金融危機の分析が加わることで、①収集した情報の分析能力、②情報および分析結果の共有、について制度的な欠陥を明らかにした。これはすなわち金融システムの安定にとって、①マクロ・プルーデンス政策の中心となる FRB の機能強化と、② FRB を含めた連邦監督機関の行動を調整するメカニズムの必要性を意味している。これらを踏まえて、次の米財務省ホワイト・ペーパーは、具体的なマクロ・プルーデンス体制の整備に関する提案が盛り込まれた。

　第3に、バラク・オバマ政権が連邦議会に要請した包括的な金融改革法案の原案となった米財務省ホワイト・ペーパー（2009年6月）は[16]、FRB の機能強化として、監督や規制の権限を銀行持株会社等に限定せず、その失敗が金融の安定にとって脅威となる企業も対象とすることを提案した。ホワイト・ペーパーでは、これらを含めた新たな規制カテゴリーを Tier 1 FHC（Financial Holding Companies）と呼称し、対象となる企業の指定は FRB の機能を強化して行うこととした[17]。FCIC が指摘した連邦監督機関間の情報共有や協調に関する問題には、新設する会議体にその調整機能を持たせた。財務長官（議長）や FRB 議長を含む8つの連邦機関の長によって構成される金融サービス監視評議会（Financial Service Oversight Council）は（図表4-2）、メンバー間での①情報の共有、②協調、および③発現しつつあるリスクの認識を活動目的とする。DF 法が設置した FSOC に該当するが、French et al. ［2010］や FCIC の報告書で問題視された情報収集の権限は、この金融サービス監視評議会に与えられる。

図表4-2　金融サービス監視評議会メンバー

1. 財務長官（議長）
2. FRB議長
3. 国法銀行監督局（新設）局長
4. 消費者金融保護庁（新設）局長
5. SEC委員長
6. CFTC委員長
7. FDIC総裁
8. 連邦住宅金融局局長

2010年7月21日に成立したDF法は、16のTitleから構成される包括的金融制度改革法であり、その目的の1つに金融システムの説明責任と透明性を改善することにより金融の安定化を促進することを挙げている[18]。金融安定化に関する法文はTitle Iに含まれ、次節で述べるFSOCおよび金融調査局（OFR）の新設や、失敗が金融システムに深刻な影響をあたえる企業に対するFRBの権限強化などを盛り込んだ。これらは、ホワイト・ペーパーの構想を発展させた内容と言えよう。しかしながらWilson [2011] も指摘するように、DF法において金融システムの安定を意図した（FSOCに対する）指図は、Sec.112(a)(2)(D)の"enhance the integrity, efficiency, competitiveness, and stability of financial markets;"の一文に過ぎない[19]。このためDF法は、米国のマクロ・プルーデンス政策を真に規定する連邦法とは呼べない。また、システミック・リスク測定の必要性に対応する実務的な担当機関（OFR）を設置するものの同リスクの定義は避けている。個別金融会社の破綻とその影響の波及（例えばSec.203）といった、狭い概念でしかリスクが認識されていない。先行研究でみたように理論的構築が途上であることも背景として、DF法の中心は上記の報告書等が指摘した制度的問題への対応であると言えよう。

Ⅲ．ドッド・フランク法が構築する新たな体制

DF法のTitle Iは金融の安定を目的とし、Subtitle AからSubtitle Cまでの3つのサブタイトルから構成されている。下記で述べるように、Subtitle AおよびSubtitle Bでは、新たな体制の整備、Subtitle Cではマクロ・プルーデンス政策の主要機関であるFRBの機能強化を行っている。

1. 金融安定監督協議会（FSOC）の設置

Title ⅠのSubtitle Aは、FSOCの設置を規定している。これまで米国には、金融に関連する連邦監督機関が連なる公式な会議体として、PWGとFFIECが存在している。しかしながら、PWGは連邦議会の承認を受けた組織ではなく、その機能は資本市場の調査・分析と、立法過程においてのアドバイスに限定されている[20]。また、FFIECは連邦法を根拠とするものの、その権限は預金受入機関の検査や情報開示に過ぎない。従って、FSOCは米国連邦法で初のマクロ・プルーデンス政策を専門に担う組織に位置づけられる。

（1）FSOCの組織と目的

Title ⅠのSec.111で設置されたFSOCは財務長官を議長とし、議決権を有するメンバー（主に連邦監督機関）と議決権を有しないメンバー（主に州監督機関）とで構成される（前掲図表3-1）。上記ホワイト・ペーパーが記す金融サービス監視評議会と比較しても、参加メンバーがより広範かつ包括的な会議体とされた。

FSOCの全般的な活動はSec.112で記され、大規模かつ相互関連性が高い銀行持株会社とノンバンク金融会社を対象としながら、金融の安定性を脅かすリスクの認識とその対策、市場規律の促進を目的とする。またSec.112はFSOCが果たすべき義務として、米国金融市場の公正性や効率性、競争力および安定性の強化を含む14の項目を列挙している[21]。つまりFSOCは、金融システム全体を通じて、金融安定のための監視およびリスクの認識を行う初めての公的な機関となる[22]。

しかしながらFSOCには、個別の連邦監督機関のような法執行（Enforcement）の権限は与えられず、規則制定の権限も限定的である[23]。このためFSOCは、マクロ・プルーデンス政策の担い手として期待されるが、その実態は連邦監督機関の間、または連邦と州の監督機関間の調整機関に過ぎないとの指摘もある。また後述するように、マクロ・プルーデンス政策に関する実際の規制や監督の機能は、FRBの権限を拡大することで対応している。さらにFSOCに課せられた最も重要な役割の1つは、資本市場に関連する情報の収

集と分析や DF 法が求める調査であるが、主にその機能は Sec.152によって米財務省内に新設された金融調査局（OFR）（下記参照）が担っている。OFR はリスク管理手法の開発も担当しており、FSOC の頭脳的な役割を果たすことが求められている。つまり FSOC とは、これらマクロ・プルーデンス政策の実働部隊となる連邦機関の上部組織として捉えるべきであろう。

（２）FSOC の機能と活動

従って、マクロ・プルーデンス政策に関して FSOC に求められる直接的な機能としては、①同政策の対象の明確化と、②連邦監督機関間の協調的行動の促進となる。FSOC の活動を考えると、大きすぎて潰せない（Too Big To Fail）金融会社の問題に対応すべく DF 法が導入した「システム上重要な金融機関（SIFIs）」の管理が最も重要となろう[24]。特にノンバンク金融会社を SIFIs に指定する判断は、単に規制や監督対象の拡大に留まらず、米国資本市場の機能に大きな影響を与える。

これまでも銀行持株会社や預金保険加入の銀行などは、FRB や OCC、FDIC などの監督下にあった。その一方でノンバンク金融会社に対しては、連邦法上の監督権限が不十分であるとの指摘を受けていた。もとより銀行持株会社は FRB の監督下であるが、DF 法は、Sec.115(a)、Sec.121(a)や Sec.165(a)などで総資産が US$50 billion 以上の銀行子会社を持つ銀行持株会社を特にSIFIs と定めている。FSOC は、この資産基準の引き上げをリコメンドすることができる（Sec.115(a)(2)(B)）。

また Title Ⅰ の Sec.113は FSOC に対して、銀行持株会社の SIFIs 指定とならび、ノンバンク金融会社の監督および規制を FRB に要求する権限を与えている。ノンバンク金融会社に関して、FRB の監督および規制対象とする際に考慮される点は、国内会社は Sec.115(a)(2)、外国ノンバンク金融会社に関しては Sec.115(b)(2)に記されている。また、この決定は FSOC の投票権を有するメンバーの３分の２以上の賛成によって成立する。この Sec.113により FSOC は、国内および主に米国内で活動する外国のノンバンク金融会社に関しても、Sec.113(2)がならべる11の項目（レバレッジや規模・範囲、業務の性質や簿外取引の在り方など）を考慮して SIFIs に指定し、FRB の監督および規制の対象とす

図表 4-3　DF 法 Sec.115(b)が定めるプルーデンシャル基準

1. リスク・ベースでの資本要求
2. レバレッジの制限
3. 流動性の要求
4. 破綻処理計画（Resolution Plan）および信用エクスポージャー報告の要求
5. 集中制限
6. コンティンジェント資本（Contingent Capital）の要求
7. 公的開示の強化
8. 短期借入の制限
9. 総体リスク管理の要求

注）Contingent Capital とは自己資本が毀損された場合など、一定の条件で資本に転換される債券。

ることができる。FSOC は Sec.115の要求に従い、ノンバンクを含めた SIFIs の監督強化と、より高度なプルーデンシャル基準の適用を FRB にリコメンドすることができる（図表 4-3）。

　Sec.113の規定に従い、2012年 4 月 3 日に FSOC はノンバンク金融会社を SIFIs に指定する基準をファイナル・ルールとして公表した。また2013年 7 月 9 日には、初のノンバンク SIFIs として AIG と General Electric Capital Corporation, Inc. の 2 社を指定している（2015年になり、GE は GE キャピタルの売却を公表）。このノンバンク SIFIs の指定は、大手プライベート・エクイティや資産運用会社などへの適用も検討されている。これらノンバンク SIFIs は、Sec.114により FRB に登録されることで、法的に FRB の監督対象下となる。FSOC は SIFIs 以外にも、Sec.804に基づいて「システム上重要な金融市場ユーティリティ（FMU）」の指定規則を作成し、2015年 4 月時点で 8 つの機関を FMU に指定している。

　この他 FSOC は、連邦監督機関等の上位組織として、メンバーである連邦監督機関にある程度の影響を及ぼしている。FSOC は、DF 法の Sec.112に従い、いわゆるボルカー・ルール（DF 法 Sec.619、第 5 章を参照）に関するリコメンド（2011年 1 月）や、SEC に対して MMF 改革のリコメンド（2012年11月）を行っている。

　このように FSOC は、DF 法に規定された権限や責任に沿った活動を行っている。しかしながら GAO［2012］などのように、その組織および活動内容には不透明な部分が多いことも問題視されている。例えば GAO［2012］では、

図表 4-4　FSOC 内の委員会および業務

1. Deputies Committee（メンバーの代理人によって構成）
2. Systemic Risk Committee
   システミックリスクの監視およびその原因の精査
   ① Institutions Subcommittee
      中長期的な視点で金融機関に影響を与える問題の認識および分析
      レバレッジ、資金調達構造、新たな金融商品、エクスポージャー等の構造的問題
   ② Markets Subcommittee
      中長期的な視点で金融市場に影響を与える問題の認識および分析
      ボラティリティ、流動性、市場構造、資産評価等
3. Standing Functional Committees（常設委員会）
   ①ノンバンク金融会社の指定
   ②FMU および支払い（Payment）、清算（Clearing）、決済（Settlement）の指定
   ③より厳格な健全性基準（Heightened Prudential Standards）
   ④整然清算、解体計画（Resolution Plans）
   ⑤データ（Data）

FSOC 内の委員会のうち（図表 4-4）、中核となる金融システム安定に関するリスクを取り扱うシステミック・リスク委員会（Systemic Risk Committee）には体系的なアプローチが欠けている点が指摘されている。また、FSOC にはメンバー間での共同行為や協調に関する公式な手段をより明確にすることが求められている。FSOC の透明性や組織行動の明確化に関する問題は、2013年3月の連邦議会下院の議会証言（GAO［2013］）でも繰り返されているが、2014年の中間選挙によって共和党が上院と下院の多数政党となって以降、FSOC に透明性を求める声が強くなっている。ただし、このような不透明に関してはFSOC のリソースが限定的である点も考慮すべきであろう[25]。

2．金融調査局（OFR）の役割

OFR の構想は、新たな情報レジームを提案した French et al.［2010］にみることができるが、上記のホワイト・ペーパーにその概念はなく、また DF 法の法案審議の段階でも、当初の下院案（H.R.4173）には含まれておらず、上院案（S.3217）より盛り込まれた[26]。これら下院案および上院案については第2章を参照願いたい。

DF 法の Sec.112(a)(2)が定める14項目のうち、項目(A)は FSOC に対して市場に関連する情報の収集を命じている。必要な情報は FSOC のメンバー等から

提出されるほか、OFRを通じて銀行持株会社やノンバンク金融会社からも収集される。FSOCの効果的なマクロ・プルーデンス政策にとって、収集された市場情報の分析や市場調査は次なる危機の予見や軽減の基盤となるが、この機能の中核はOFRが担っている（同項目(B)）。

OFRはDF法のSec.152によって米財務省内に新設されているが、その局長（Director）は大統領の指命と上院の助言と同意によって任命される。OFRのスタッフの人事権は局長にあり、OFRの予算はFRBが監督対象とするSIFIsより供出された金融調査ファンド（Financial Research Fund）を財源とする[27]。従って、OFRは組織的には米財務省の内部組織ではあるが、実質的には独立した機関となっている。

OFRの目的および義務はSec.153(a)で明記されている（図表4-5）。OFRは、Sec.154に基づき組織内にデータ・センターと調査・分析センター（Research and Analysis Center）を保有し、米国金融市場のデータ・バンクとしての役割と、調査・分析機関としての役割を同時に課せられている[28]。またSec.153(c)では、FSOC議長（財務長官）との相談の上で、情報の収集や標準化にとって必要な規則（Rule）、規制（Regulation）、指令（Order）を発行する独自の権限も与えられた。この強制的な情報収集の権限によって、幅広く金融会社の金融取引や保有ポジションに関するデータまでも収集が可能であり、またFSOCのメンバーに対しても権限が及ぶことから、米国の金融システムの安定に関する情報はOFRに集中すると言える。

しかしながら、OFRの活動内容にも不透明な部分が多いことが指摘されている。個別問題に対して発行される調査レポート（Working Paper Series）も外部の識者への依存が多く、その分析対象も戦略的に選別されているのかは不明

図表4-5　Sec.153(a)が定めるOFRの目的と義務

1. FSOCに代って収集したデータをFSOCとメンバーに提供
2. データの標準化
3. （長期的な調査を含む）調査の実施
4. リスクマネジメントおよびリスク監視ツールの開発
5. 他の関連業務
6. OFRの活動結果を金融規制を担当する機関が利用可能とする
7. FSOCメンバーの支援

である。GAO［2012］やGAO［2013］では、OFRの戦略フレームワーク（Strategic Framework FY2012-FY2014）に関して、戦略の策定（Strategic Planning）とパフォーマンス管理システム（Performance Managing System）が欠けている点を問題視している。

3．FRBの権限の見直し

（1）新たな権限の付与

　上述したように、DF法のSec.113(2)の定めによりFSOCが指定するノンバンクSIFIsも、FSOCの要求に従って新たにFRBの監督対象に含められた。米国の金融安定に対するリスクを防止・軽減する目的の下、DF法は総資産がUS$50 billion以上の銀行持株会社をSIFIsとするが、新たにノンバンクSIFIsに指定されたノンバンク金融会社をも対象とした、より高度な監督および規制の権限をFRBに与えている。

　第1にDF法のSec.165は、より高度な監督およびプルーデンシャル基準（Enhanced Supervision and Prudential Standards）の策定と適用をFRBに求めている。FRBが適用する高度なプルーデンシャル基準に関して、Sec.165(b)がFRBに要求する内容は、Sec.115（前掲図表4－3）の記述内容と比較して遙かに詳細になっている。Sec.165の記述の一例として「破綻処理計画（Resolution Plan）および信用エクスポージャー報告の要求」（一部FDICと協同）を図表4－6で掲示した。この他、例えばSec.165(g)の「短期借入の制限」や同(j)の「レバレッジの制限」において、FRBは規制を制定する権限を与えられている。このようにFRBは、Sec.165によりSIFIsを対象とした高度なプルーデンシャル基準の運用に関する広範な権限を新規に獲得した。

　第2にSec.166では、FSOCおよびFDICからの助言を受けて、FRBが金融的窮地に立たされたSIFIsに対して早期改善要求（Early Remediation Requirements）を行うことを認めている。Sec.166(c)が示す要求基準等には、配当や保有資産に関する制限の他、より深刻なストレスな場合は、資本増強要求や回復計画、関連会社との取引の制限、経営陣の変更、資産売却までも含まれている。すでにFRBは、破綻処理計画（FDICと共同、2011年10月承認）およびストレス・テスト（2012年10月承認）の規則作成を終えている。また、SIFIsに適用さ

図表4-6　Sec.165がFRBに要求する「破綻処理計画および信用エクスポージャー報告」（要約）

1. 破綻処理計画
   FRBはSIFIsに対して、重大な金融的困難や失敗時に迅速かつ秩序だった破綻処理を規定した計画をFRB、FSOC、FDICに定期的に提出することを要求しなければならない
   その計画には以下が含まれなければならない
   （A）ノンバンク子会社の活動が引き起こすリスクから、預金保険の対象となる機関が適切に保護されるための方法および影響範囲に関する情報
   （B）会社の所有構造、資産と負債および契約上の義務に関する十分な記述
   （C）異なった証券に付随する相互保証の確認、主要な取引相手の確認、
   （D）FRBおよびFDICが規制や指令で要求する他の情報
2. 信用エクスポージャー報告
   （A）当該会社が他の重要なノンバンク金融会社や銀行持株会社に対して保有している信用エクスポージャーの性質および程度
   （B）他の重要なノンバンク金融会社や銀行持株会社が当該会社に対して保有している信用エクスポージャーの性質および程度
3. レビュー
   FRBおよびFDICはSIFIsがこの小節に従って提供した情報をレビューしなければならない
4. 追徴の通知（小節(A)(B)含めて）
   レビューによって提出された破綻処理計画が信用できない、または連邦倒産法に照らして秩序だった破綻処理を容易としない場合、FRBおよびFDICは当該会社にその旨を通知し、当該会社はFRBおよびFDICが定める期間内に再提出をしなければならない
5. 信用に足る計画が再提出できない場合
   （A）SIFIsが定められた期間内に要求された見直しをともなった破綻処理計画の再提出ができない場合、FRBおよびFDICは改善された計画が提出されるまで当該会社および子会社に対して、より厳格な資本、より厳格なレバレッジ、より厳格な流動性を課す、もしくは、成長、取引、業務の制約を課すことができる
   （B）企業分割
   FRBおよびFDICは、FSOCと相談のうえで、失敗が生じた場合に、FRBおよびFDICが連邦倒産法に照らして当該会社の秩序だった破綻処理を容易とすると認識する、ある程度の資産や業務の分離売却を命じることができる
   （ケースⅰおよびⅱは省略）

注）6.7.8は省略。

れる高度なプルーデンシャル基準（①リスク・ベース資本規制、②レバレッジの制限、③流動性の規制等）については、2011年12月のプロポーズド・ルールの公表を経て[29]、2014年2月にファイナル・ルールを発布している。ただし、このファイナル・ルールは高度なプルーデンシャル基準のノンバンク金融会社への適用を見送っている。これらノンバンク金融会社に対しては各社毎にビジネスモデルや資本構造等を鑑みて、規則（Rule）ないし命令（Order）を用い

て高度なプルーデンシャル基準を適用する考えであることがファイナル・ルールの公布時に表明されている。

この他、DF法のTitle Ⅱで導入された整然清算（Orderly Resolution）制度（第3章を参照）やSec.619のボルカー・ルール（第5章を参照）の執行においてもFRBは中心的な機関として位置づけられている。これらから、DF法が導入したマクロ・プルーデンス政策において、FRBがFSOCの代行執行機関であると言えよう[30]。本章の第2節で述べたように、マクロ・プルーデンス問題へ対応したFRBの権限強化はブッシュ政権が提示したブループリントの考えとも共通であり、また、過去の同問題への施策の流れの延長にあるとも言える。

（2）最後の貸手機能の制約と議会による監視の強化

しかしながら、マクロ・プルーデンス政策に関連してFRBの権限が拡大された一方で、FRBの一部の権限は制限され、その機能に対する連邦議会の監視も法制面で強化が試みられた。

DF法のSec.1101(a)（Title XI）は連邦準備法（Federal Reserve Act）Sec.13を修正し、緊急時のFRBによる貸付に関して、財務長官の助言を受けてその方針や手法を別途定めることを盛り込んだ。この方針ならびに手法には、緊急時の貸付（Emergency Lending Program/Facility）は①流動性の供給を目的とし、②失敗した金融会社の救済ではなく、③緊急時の貸付の担保が納税者を損失から守るために十分であること、④当該プログラムが適時に整然と修了されることが保証されなければならない。また連邦準備法のSec.13が修正され、FRBは財務長官の事前の承認を得ずに、緊急時の貸付に該当するようなプログラムやファシリティを作ることができなくなった。

このような緊急貸付を実行した場合、FRBは上院の銀行・住宅・都市問題委員会および下院の金融サービス委員会に対して、金融支援の承認の7日以内に報告書を提出するとともに、融資残高やその他の支援について30日ごとに報告書を提出しなければならない。このような制限は、例えば2008年9月に連邦準備法のSec.13(3)を根拠としてニューヨーク連銀よりAIGへ最大US$85 billionの貸付が行われたことへの批判に対処するものであるが[31]、次の危機時にFRBが即座に対応することが困難になるとの指摘もある。

また、権限の拡大に合わせてFRBの監督や規制に対する新たな監視体制も導入された。DF法のSec.1108は、連邦準備法のSec.10を修正し、新たなFRBの副議長職としてVice Chairman for Supervisionを取り入れた[32]。この新たな副議長職は既存の副議長職と同様に、大統領の指名と上院の助言と同意をもって任命されるが、その役割はFRBの監督や規制を監視し、FRBに対してこれら政策に関してリコメンドをすることにある。この監視を担当する副議長は、上院の銀行・住宅・都市問題委員会およびに下院の金融サービス委員会で半年ごとに開催されるFRBの活動等に関する公聴会への出席が求められる。この副議長職は、実質的なマクロ・プルーデンス政策の権限の相当部分がFRBに集中することに対する連邦議会の新たな監視機能を担う[33]。しかしながら、2015年9月時点でもオバマ大統領による指名がなく、この新たな副議長職は空席となっている。この理由については公式な説明もない。

FRBは、例えばSECやCFTCと同様に独立した連邦監督機関であるが、SECやCFTCが連邦議会による年間予算の承認を必要とするのに対して、FRBは予算においてSelf-Budgetingが認められている。FRB議長は大統領の指名と上院の助言と同意をもって就任するとは言え、第111回連邦議会におけるDF法の審議においても、FRBの権限が拡大することには少なからず抵抗があった[34]。上記の連邦議会の監視を担う副議長職が半ば放棄されていることもあり、連邦議会からはFRBの金融政策等をGAOの監査とする連邦法案が提案されるなど、FRBに対する連邦議会の直接的な監視メカニズムを導入すべきとの声も根強い。

IV. 第4章のまとめ：新体制の評価と懸念

DF法が導入した新たなマクロ・プルーデンス体制は如何に評価されるべきか。

評価軸の第1は、FSOCの機能および組織にある。FSOCに与えられた最も重要な責務は、マクロ・プルーデンス政策の方向性の決定である。しかしながら、この意志決定には、常にメンバー間で生じる利害等の調整が付随する。その主要なメンバーはそれぞれが連邦法による権限と義務を課せられた独立した

連邦機関であり、ガバナンスの構造、予算の獲得や執行の形態も異なる。これは合成の誤謬とも言えるが、FSOC と似通った会議体である PWG は、若園［2012］や第 7 章で論じるように円滑な利害調整の場とはならなかった。FSOC の機能が不全となる場合、DF 法の下での改革は、従来のミクロ・プルーデンス政策の見直しと、影の銀行（Shadow Banking）部門への規制・監督対象の拡大だけに留まる恐れもある。さらに、マクロ・プルーデンス政策の実行体である FRB には、金融政策との間で利益相反問題が生じる恐れも指摘されている。

　第 2 の評価軸は、新たな規制カテゴリーである SIFIs の指定にある。FSOC の意志決定の不透明性は既に指摘しているが、特に FSOC がノンバンク金融会社 SIFIs の資産運用会社への適用拡大を検討するにあたり、その論理的な根拠について、下記の OFR の問題と合わせて十分な説明責任が求められている。さらに DF 法は、総資産を持って銀行持株会社の SIFIs 指定を記述しているが、例えば地域金融に特化した商業銀行への一律適用については FDIC などの連邦監督機関からも見直しを求める声もある。

　第 3 の評価軸は、金融システムに関する情報収集および分析能力の構築となろう。新体制の中心となる FSOC は DF 法の Sec.112 が列挙する義務を負うが、その機能は OFR に大きく依存している。OFR のリソースの充実は進められているものの、現段階で DF 法が想定する水準に達しているとは言い難い。

　最後に財務長官が果たす役割について。Wilson［2011］も指摘する通り、DF 法は米財務省（財務長官）に顕著な規制の役割を与えた[35]。財務長官は FSOC 議長（調整役）を兼ね、前節のノンバンク SIFIs の指定（メンバーの 3 分の 2 の賛成が必要であるが財務長官の賛成が必須、Sec.113(a)(1)）や FRB による緊急時の貸付の他、破綻処理（Sec.203(b)）でも重要な意志決定に関与する。Paulson［2010］を読む限り、金融危機時においても財務長官は実質的にこれらの役割を果たしていたとはいえ、DF 法の規定は財務長官に新たな人的資質（資本市場および金融規制に関する知見）をも要求している[36]。

注
1) 例えば IMF［2011］。また Clement［2010］によれば、Macroprudential という用語

は1978年3月に発行されたBISの第47期年次報告書で使用されている。1970年代は単に国際的な銀行の貸付け行動に関連する用語であった。1986年のECSC報告書（BIS）において、金融システム全般の安全性と健全性を促進する政策と位置づけられ、デリバティブや証券化などの新たな金融技術を含めた報告が行われている。Clement [2010] によれば、アジア通貨危機が契機となりIMFなどでマクロ・プルーデンス分析に関する議論が活発となった。

2) フォーラムの議長はBIS（当時）のアンドリュー・クロケット（Andrew Crockett）。2000年9月21日に開催されたクロケットの講演「Marrying the Micro- and Macro-Prudential Dimensions of Financial Stability」を参照。

3) 資産売却がマクロ経済に与えた影響はShleifer & Vishny [2010] を参照。

4) 例えば、先行研究をサーベイしたGalati & Moessner [2011] やIMF [2011] など。

5) 例えば、ブルッキングス研究所カンファレンスにおけるダニエル・タルーロ（Daniel Tarullo）FRB理事のスピーチ（2012年12月4日）。

6) シカゴ大学で開催されたBecker Friedman Instituteのフォーラムにおける講演（2010年12月15日）。ルイス・アレキサンダーはOFR（次節参照）の設立に努め、現在ではOFRの金融調査アドバイザリー委員会（Financial Research Advisory Committee）の議長を兼任。当該委員会にはアンドリュー・ローなども所属している。

7) アンドリュー・ローはMIT Sloan School & Management教授。2009年10月19日の連邦下院議会の金融サービス委員会での議会証言。タイトルはThe Feasibility of Systemic Risk Measurement。

8) 当該ブループリントの内容は第1章を参照。注意すべきは、ブループリントの当初の目的は米国金融の国際的な競争力強化であった点である。2007年夏頃より不動産価格の下落とサブプライム層向けの住宅ローンを組み入れた証券化商品の問題が深刻化したことにより、金融市場の混乱への対応であるミクロ的施策が短期的提言として含まれた。

9) トマス・ホーニング（Tomas Hoenig、現FDIC副総裁、当時はカンザスシティ連銀総裁）はBISの講演において、大恐慌以降の金融危機に対応してFEDが監督フレームワークを変化させてきたことを述べ、マクロ・プルーデンス的監督について、金融政策担当者であり監督者でもある中央銀行の活動の重要性について論じている。詳しくはHoenig [2004] を参照。

10) 金融規制に関するスクアム湖ワーキング・グループについては第2章を参照。the Squam Lake Reportの内容は、上・下院の両党議員会合、米財務省、FRB、ニューヨーク連銀などでブリーフィングが行われている。

11) 中央銀行がシステミック・レギュレーターとして最適とされる理由として、①金融政策を通じて市場参加者と日々関係を持っている、②マクロ経済の安定と金融システムの安定は調和的である、③他の政府機関に比べて独立性が高い、④最後の貸手機能を持っている、を挙げている。

12) 金融危機において、カウンター・パーティー・リスクと投げ売り（Fire-Sale）リスクをシステミック・リスクの形態として問題視している。金融会社から特に収集を要す

る情報としては、①デリバティブ保有残高と②より全般的な資産保有残高を挙げている。
13）この他、上院の両党議員が委員となる上院常設調査委員会も金融危機の原因を調査している。しかしながら、当該委員会の委員は必ずしも金融や経済の専門家ではなく、また調査対象も限定的である。
14）この最終報告書には多数与党である民主党系委員のみが署名し、共和党系委員からは別途複数の反論書を提示するなど、全委員によるコンセンサスは得られなかった。また当該最終報告書が公開されたのは DF 法の成立後であり、この調査結果を踏まえて DF 法が作成されたわけではない。しかしながら連邦議会における DF 法の審議において、金融危機調査委員会の活動が与えた影響は無視できない。
15）市場の情報収集に関して、通貨監督庁（OCC）はデリバティブに関する情報を商業銀行と銀行持株会社から収集するも、その対象からは大手投資銀行や AIG は外されており、基本的な情報収集に欠如がみられた。
16）第 1 章および第 2 章で述べたように、このホワイト・ペーパーの基本概念は、バラク・オバマが大統領選挙期間中に抱いていた構想が元になっている。
17）Tier 1 FHC には、他の金融会社よりも厳格かつ保守的なプルーデンシャル基準（資本、流動性、リスク管理等）が適用される。
18）DF 法はその序文において、この金融安定化の促進以外に、① Too Big To Fail の終焉、②財政を用いた救済を終わらせることにより米国納税者を保護する、③不公正な金融サービスから消費者を保護するなどの目的を列挙している。
19）Willson［2011］p.76.
20）PWG については第 1 章を参照。1988年 3 月にロナルド・レーガン大統領が発令したExecutive Order（大統領令）12631により設立された。大統領令の発令は憲法により認められた大統領の権限であり、連邦議会の承認を必要としない。金融市場に関する大統領ワーキング・グループは、①財務長官（議長）、② FRB 議長、③ SEC 委員長、④ CFTC 委員長から構成されている。
21）FSOC の義務は、ドッド・フランク法の Title Ⅰ の Sec.112(a)(2)(A)〜(N)で規定されている。このうち項目(D)は、米国金融市場に関して FSOC が連邦議会に対してアドバイスないしリコメンドする対象として市場の公正性、効率性、競争力と安定性を挙げており、その義務は非常に幅広い。
22）GAO［2013］p.7.
23）FSOC の議長である財務長官に金融機関等の監督や規制を制定する法的な権限はない。例えば、証券取引委員会（SEC）は、1933年証券法、1934年証券取引所法、1940年投資会社法および1940年投資顧問法などの複数の連邦法を根拠法として広範囲な規則制定の権限を与えられている。組織としての FSOC が制定する規則は、例えば DF 法の Sec.113のノンバンク SIFIs の指定基準や Sec.804のシステム上重要な FMU（金融市場ユーティリティ）の指定要件など、むしろ基準やガイダンス的なものである。
24）この Systemically Important Financial Institutions の用語は、French et al.［2010］でも使用されている。著者が調べたところ、米国内でこの用語を公式に使用したのは、

2002年5月の連邦議会予算局の報告書「U.S. Bank's Exposure to Foreign Financial Losses」まで遡ることができる。また国際的には、Financial Stability Board（FSB）が、世界の上位30社程度をG（Global）-SIFIsとして公表している。

25）FSOCの当初予算は2011年度の約US$2.9 millionから、2012年度に約US$10.8 million、2013年度は約US$15.4 millionまで増額される予定であった。FSOCの専属スタッフは発足直後の2011年末時点で僅か17名であった。予算に占める人件費から推定すると、2012年末で45人、2013年末で71人となる。またFSOCの会合はDF法の定めでは四半期に1回以上の開催が求められているが、2011年の開催は12回、2012年の開催は13回、2013年は14回、2014年は11回であった。ただし、メンバーの代理人による会合（the Deputies Committee）は2週間に1度のペースで開催されている。

26）DF法は、下院法案としてH.3996（廃案）を経由したH.R.4173（the Financial Stability Improvement Act of 2009）と、上院法案であるS.3217（Restoring American Financial Stability Act of 2010）が一本化（法案番号はH.R.4173を使用）され、成立した。

27）金融調査ファンドは米財務省の管理下にある。また、SIFIsからの資金供出はOFRの設立より2年間以降であり、当初の2年間はFRBが資金を供出する。OFRによれば、最終的にOFRの専任スタッフは275～300名程度となり、その内、データ・センターの所属が約60％、調査・分析センターの所属が約20％とすることを予定している。

28）例えば、LEI（Global Legal Entity Identifier）の導入など。また、2012年4月には外部の専門家から構成される金融調査アドバイザリー委員会（Financial Research Advisory Committee）を設置した。

29）FRBは2013年7月にOCCやFDICと共同でバーゼルⅢの資本フレームワークを米国内で適用するファイナル・ルールも承認している。

30）例えば、Sec.622の金融会社の集中制限（すべての金融会社の総負債の10％を超えての合併等を禁止）はFSOCの管轄であるが、一定の条件を満たしFRBが認可した場合に、この集中制限は回避することができる。

31）2008年から2009年にかけて、連邦準備法Sec.13を根拠とした貸付は約US$2 trillionにのぼった。

32）この他、Sec.1107でも連邦準備法のSec.4を修正し、地区連銀の総裁（President）の選出は、当該地区連銀のクラスB取締役（銀行業以外の従事者）とクラスC取締役（学識経験者）による任命とされ、クラスA取締役（加盟銀行の代表取締役）が除外されている。

33）FRBの権限が強化されることに対して、連邦議会の懸念は強い。その主な理由として、連邦準備制度（FRS）の議長・副議長を含めた理事は大統領の指命と上院の助言と同意をもって任命されるものの、国民による選挙を経た選出ではなく、また、各地区連銀の総裁や取締役会会長の選出は、FRBと各地区連銀によるため、国民の同意をともなわないFRBや地区連銀の権限集中に対しての批判である。特に一部の連邦議会議員において、FRBの権限を金融政策に限定すべきとの主張も根強くみられる。

34）例えばSECは、証券取引所法のSec.31などに定められた手数料収入などが運営資金

となるが、これらは大統領の予算要求と連邦議会の予算決議によって承認されなければならない。従って SEC 委員長の選任以外にも、予算面でも連邦議会の関与がある。一方で、FRB の予算は SEC などと同じく Self-Funding であるが、その予算の執行も自らが決定できる（Self-Budgeting）連邦監督機関である。

35) Wilson［2011］p.73.
36) 大統領より財務長官に指名されたジャック・ルー（Jack Lew）に対する上院のファイナンス委員会（Committee on Finance）でのヒアリングでは、共和党議員より金融市場での経験の浅さが指摘されていた。この他、DF 法自体も多くの問題を内在している。詳しくは若園［2009b］を参照のこと。

第5章

ボルカー・ルールの本質と評価

I. はじめに

　米国資本市場を対象とする研究にとって、ドッド・フランク法（DF法）がもたらす制度改正やその影響は欠くことができない分析要因であると言えよう。DF法の成立過程や全体像は第2章や第3章で検討している、本章と合わせて参照願いたい。

　DF法に基づいて各連邦監督機関が作成する規則数は膨大であるが、その中でも本章が考察する同法の Sec.619 が記すいわゆるボルカー・ルール（Volcker Rule）は、細則化にあたり、その審議過程が最も注目された規則の1つであろう。次節以降で説明するように、ボルカー・ルールは DF法が定義する銀行事業体（Banking Entity）および別途指定されたノンバンク金融会社の自己勘定取引（Proprietary Trading）やヘッジファンド等との関係を新たな規制の対象とした。

　このうち、本章が主に取り扱う自己勘定を用いたトレーディング業務やプリンシパル・インベストメント業務は、金融市場の技術革新を背景に、特に投資銀行においてビジネスモデルの中核に位置づけられてきた（例えば、Skeel [2010]）。また、小林［2014］によれば、このような業務は80年代末ごろから大手商業銀行による投資銀行の買収が進むにつれて大手金融機関の主要な収益源へと変貌していった。預金保険の対象となる商業銀行が本体で危険度の高い業務を行うことは現行法でも禁じられているが、CRS［2010］が指摘するように、1999年の金融サービス現代化法（通称 Gramm-Leach-Bliley Act）により解禁された金融持株会社を通じて自己勘定取引が容易となったことも、当該業務が普及した要因に加えることができる。金融危機を公的に調査した FCIC［2011］においても、自己勘定取引を用いた業務は、商業銀行を中心とする金融コング

ロマリットにとって、危機が発生するまでは成長性をともなった収益源に位置づけられていたと認められている。

　本章は、DF 法の Sec.619および5つの連邦監督機関が共同で作成したファイナル・ルールを分析対象とし、これら法令の評価を行うことを目的とする。下記で述べるように、DF 法段階でのボルカー・ルールは銀行事業体等の行為の禁止ないしは制約を基本としながら、許容される業務を指定することが本質である。その一方で、ファイナル・ルールは、DF 法の法文に基づいているものの、その本質は銀行事業体のガバナンス体制の整備を促す、いわばガバナンス・ルールへと軸足を変化させている。このような規制的転換を分析することは、米国の金融規制の成立過程を明確にするばかりでなく、規制体系そのものを理解することに有益となる。

II．ドッド・フランク法が定めるボルカー・ルール

1．ボルカー・ルールの成立過程

　第2章でも述べたが、第111回連邦議会（2009年1月から2011年1月）で行われたボルカー・ルールに該当する法案の審議は、2010年1月にバラク・オバマ大統領がその検討を連邦議会へ要請した以降に始まったといえよう。前年12月に下院を通過した改革法案である Wall Street Reform and Consumer Protection Act（H.R.4173）には、下記のボルカー・ルールの内容を明示する法文は含まれてはいない[1]。

　この大統領による要請は、2010年1月21日の President's Economic Recovery Advisory Board のメンバーとの会合後に行われた[2]。当日の大統領声明文を読むと、オバマ政権は、預金保険などの公的なセーフティーネットの恩恵（安価な資本調達など）を受けている商業銀行が、組織内部に抱えたヘッジファンドやプライベートエクイティ・ファンドのような機能を通じて巨額で危険な賭け事（Huge. Risky Bets）を行っていることを問題視している。オバマ大統領はこのような商業銀行の行為に対して規制の抜け穴があることを指摘し、大統領自らがボルカー・ルールと呼称する改革法の追加検討を連邦議会に対し

て要請した。具体的な内容として、商業銀行が自己利益のみのために①ヘッジファンドやプライベートエクイティ・ファンドの所有と投資、スポンサーとなることや、②自己勘定取引業務を許容しないことが指定されている。これらは後述する DF 法の Sec.619および Sec.619に基づいて FRB 等の連邦監督機関が作成した新規則として成立している（2013年12月）。

大統領声明文では、ボルカー・ルールを提示した背景として、大きすぎて潰せない（Too Big To Fail, TBTF）金融会社の失敗が米国納税者の負担となり、これら金融会社と米国納税者の間の利益相反関係への懸念があることが挙げられているが、これらは DF 法全体の問題意識とも共通である。しかしながら、連邦議会における DF 法の審議に先立ち、2009年6月に公開されたオバマ政権の包括的金融規制改革の原案（米財務省のホワイト・ペーパー、第1章等を参照）では、ボルカー・ルールに該当する提言にはほとんど触れられていない[3]。また、投資銀行を含めた銀行と傘下のヘッジファンドやプライベートエクイティ・ファンドとの関係が不明瞭である問題は指摘されていたが、これらヘッジファンド等が直接に金融危機を引き起こしたとはみなされていなかったこともあり、オバマ大統領によるボルカー・ルールの要請は唐突感を持って受け止められた。

オバマ大統領が連邦議会に要請した追加法案は、第111回連邦議会の上院で審議された Restoring American Financial Stability Act（S.3217）の Sec.619に盛り込まれた[4]。しかしながら、2010年5月20日に上院委員会を通過した時点で、S.3217の Sec.619は上記の大統領が求める内容を含んではいるものの、後述する DF 法の Sec.619と比較して緩やかな記述に留まっており、詳細な部分は後日 FRB 等によって作成される規則に依存している。つまりは、上院案（S.3217）が商業銀行等の自己勘定取引やヘッジファンド等との関係に求めた制約では、金融業界へのコンサルティング等を踏まえて、より実務的な面を考慮したアプローチが可能であったと言えよう。

Wilson［2011］によれば、最終的な DF 法の Sec.619は、上院と下院が法案の一本化をはかった両院協議会において、上院審議で提案されていたマークリー・レビン修正条項（Merkley-Levin Amendment, S.3217の修正条項）を基本として書き換えられた[5]。当該修正条項に関する上院および両院協議会での審

議過程については Merkley & Levin［2011］が詳しい。また、下院および上院で審議された法案における自己勘定取引の扱いについては、CRS［2010］を参照されたい。

2．DF 法 Sec.619の構造と内容

DF 法の Title Ⅳ（Bank and Savings Association Holding Company and Depository Institution Regulatory Improvements Act of 2010）が含む Sec.619は、既存の BHC Act に Sec.13を追加するとともに、5つの連邦監督機関（FRB，FDIC，OCC，SEC，CFTC）に対して共同で規則の作成を求めている。これら FRB 等の連邦監督機関は、2011年10月のプロポーズド・ルールを経て、2013年12月にファイナル・ルールを発布している。この新規則の構成および内容については第4節で検討するが、比較を目的として本節では Sec.619の重要項目の要点を確認したい。まず、Sec.619が記述する BHC Act の Sec.13の項目を図表5-1で挙げた。この BHC Act に追加された主要な項目について、以下で内容を整理する。

（1）(a)総則

Sec.619が加える BHC Act の Sec.13が総則で記すのは、第1に、銀行事業体に課する行為の禁止（禁止事項の設定）である。銀行事業体は、原則として自己勘定取引が禁止され、ヘッジファンドやプライベートエクイティ・ファンドの株式（Equity）やパートナーシップなどを所有する行為や、これらファンドのスポンサーとなる行為も禁止対象とされた。

図表5-1　銀行持株会社法（BHC Act）に追加された Sec.13

(a)　総則
(b)　調査および規則作成
(c)　施行期日
(d)　許容される業務
(e)　脱法行為の監督（Anti-Evasion）
(f)　ヘッジファンドならびにプライベートエクイティ・ファンドとの関係の制限
(g)　解釈準則（Rules of Construction）
(h)　定義

第2に、FRBによって監督されるノンバンク金融会社（Nonbank Financial Company）に対しては、銀行事業体に禁止された上記の行為を営む場合に、別途連邦監督機関によって定められる規則により、追加的な資本が要求され、同行為に実質的な制限が設けられる[6]。

　この総則から明らかなように、DF法が定めるボルカー・ルールの大枠は極めて単純であり、米国の金融システムへの影響度が大きな金融機関や金融会社に対して、一部業務の禁止や制約を課す法文自体は明確でもある。しかしながら、第111回連邦議会の上院および両院協議会における審議の議事録を読む限りにおいて、同項が及ぼす影響についての十分な議論は見あたらない。Sec.619がFSOCに要求した調査・分析（「(b)調査および規則作成」）（下記FSOC [2011]を参照）を見ると、ボルカー・ルールの実務への適用は容易ではないことが懸念されている。これは、この総則が実際の業務における影響分析を欠いたままで、特定の行為の禁止や制約を明記していることが理由の1つである。適用の柔軟さの観点から述べるならば、上述した上院案（S.3217）の法文の方が優れているといえよう。さらに、次の「(d)許容される業務」にも、総則と同様な問題がみられる。

（2）(d)許容される業務

　「(a)総則」が銀行事業体やノンバンク金融会社に対して禁止・制約する上記の業務には、別途「(d)許容される業務（除外規定）」が設けられている[7]。

　原則として禁止もしくは制約の対象となる自己勘定取引に関してSec.619は許容される業務を規定しているが、この除外規定は①取引が許容される証券と②取引の性質の2つの条件で分類することができる。第1に、自己勘定での取引に許容される証券は、①米国（合衆国）の債務（米国債）、②ジニー・メイおよび政府支援企業（GSEs、第8章を参照）が発行する証券（エージェンシー債）[8]、③州および地方行政機関（Political Subdivision）の債務、が対象とされた。第2に自己勘定で取引が許容されるための条件として、①顧客（Client, Customer）や取引相手による合理的な期待における短期的な需要を超えない範囲での引受けやマーケット・メイキング、②保有するポジションや契約に関連するリスク・ヘッジ、③顧客（Customer）の代理として行う取引、が挙げられている。

図表 5-2　銀行事業体によるヘッジファンド等の組成や募集を許容する条件

1. 信義誠実（Bona Fide）な管理、受託者としての業務、投資アドバイスを提供する。
2. 上記をともない、銀行事業体の顧客に対して当該ファンドが組成・募集される。
3. 些細な投資（De Minimis Investment）を除いて、当該ファンドの株式持分、パートナーシップ持分やその他所有持分を獲得・保持しない。
4. Sec.619（BHC Act の Sec.3(f)(1)・(2)）が定める制約に従う。
 （本文(f)ヘッジファンドおよびプライベートエクイティ・ファンドとの関係の制限）
5. 直接あるいは間接に、当該ヘッジファンド等、もしくは当該ヘッジファンド等が投資をするファンドの負債やパフォーマンスに対して、直接的・間接的に保証、（負債の）引受け、その他保険を行わない。
6. 当該ファンド等と法人組織、マーケティング、プロモーションや名称（もしくはそのバリエーション）を共有しない。
7. 当該ヘッジファンド等に直接投資アドバイス等を提供する者を除き、銀行事業体の取締役や従業員は当該ヘッジファンド等の株式持分等を取得・保持しない。
8. 当該ファンドの見込まれる（Prospective）投資者や現投資者に対して、文書により、銀行事業ではなく投資者のみが被る損失を開示する。
 （その他、FRB 等の連邦監督機関の追加的規則に従う）

　銀行事業体によるヘッジファンド等の組成（Organizing）ないし募集（Offering）も、図表5-2の条件を満たす限りにおいて許容されている[9]。この中の「些細な投資（De Minimis Investment）」については、第3章を合わせて参照されたい。

　この他の許容される業務として、①Small Business Investment Act の定義に従う中小企業投資育成会社（Small Business Investment Company）への投資、②規制対象の保険会社が発行する証券、③米国（合衆国）や州の法律によって組織された銀行事業体によって直接的もしくは間接的にコントロールされていない銀行事業体が国外で行う取引、④FRB 等の連邦監督機関が規則によって定める取引、が認められている[10]。また BHC Act の Sec.13(g)(2)・(3)は、銀行事業体および FRB の監督対象となるノンバンク金融会社が行うローンの売却および証券化（別途法律で定める）に対して、ボルカー・ルールが影響を及ぼさないことを明記している。

　次項および次節で詳しく述べるが、このような総則が記す禁止・制約行為に関する除外規定は複数の問題を抱えており、また、ボルカー・ルールの適用を困難とする原因ともなっている。例えば、許容される業務として挙げられるマーケット・メイキング等は、実際の業務においてボルカー・ルールが禁止す

る行為と区別して取り扱うことが容易ではない。これは、後述する「(h)定義」が原因の1つとなっている。それ以外でも、第8章で分析するように、DF法はGSEsへの直接的な規制の明記を回避しているが、ボルカー・ルールにおいてもGSEsが発行する証券の取扱いを無条件で許容される業務に含めている。一方で、FRB等の連邦監督機関が作成した規則では回避されているものの、DF法の段階では米国以外の国債等が除外規定には含まれてはいないことは、例えば米系の商業銀行による日本国債などの取引に多大な影響が及ぶことが懸念されていた。

(3) (f)ヘッジファンド等との関係の制限

銀行事業体とヘッジファンドおよびプライベートエクイティ・ファンドとの関係については、(f)項によっても定められている。(これらファンドは、FRB等の連邦監督機関が作成する規則ではCovered Fundと呼称されている。)

直接的ないし間接的に、ヘッジファンド等に対して投資運用や投資アドバイスを提供し、スポンサーを務める、もしくは、(当該銀行事業体の)顧客に対してヘッジファンド等の組成や募集を行う銀行事業体および関係会社は、当該ファンド、ないしは当該ファンドによってコントロールされる他のヘッジファンド等との間で、連邦準備法(Federal Reserve Act)のSec.23Aが定義する「カバー取引」(Covered Transaction)が禁止される。また、上記の銀行事業体および関連会社は、同法Sec.23Bの適用対象となる[11]。一方で所定の条件を満たす場合、FRBは銀行事業体がプライム・ブローカレッジ業務を提供することを容認できる[12]。

また、FRBの監督対象となるノンバンク金融会社に対しても、銀行事業体に関する同様の内容について、FRB等の連邦監督機関が追加的資本要求や他の制約に関する規則を作成する。

(4) (h)定義

Sec.619は、本文で用いられる7つの用語に定義を与えている[13]。後述するFRB等の連邦監督機関がボルカー・ルールの細則化を検討する際に障害となったのは、銀行事業体等の実際の業務と照らし合わせて、禁止や制約の対象

となる業務の範囲を特定・区別する困難さである。その一因は、Sec.619の定義にも求めることができる。特に、「自己勘定取引」と「トレーディング勘定（Trading Account）」に関しては、第4節で指摘するように、2013年12月に5つの連邦監督機関が発布したファイナル・ルールにおいても定義は明確ではなく、この問題が解消されているとは言い難い。

　Sec.619によれば、銀行事業体やFRBの監督対象となるノンバンク金融機関にとっての自己勘定取引とは、銀行事業体等が取引の主体（Principal）となり、そのトレーディング勘定を通じて売買や取得（Acquire）、処分（Dispose）に関与することと定義されている。また当該行為は、証券（Security）やデリバティブ、商品先物、オプション、その他FRB等の連邦監督機関が規則によって定める証券や金融商品などが対象とされる。

　自己勘定取引の定義で用いられるトレーディング勘定とは、自己勘定取引が対象とする証券や金融商品を原則として短期的に売却する目的で取得、あるいはポジションを形成する勘定であり、またFRB等の連邦監督機関が規則によって定める勘定も含まれる。

　この他の用語について注意を要するのは、ヘッジファンドならびにプライベートエクイティ・ファンドの定義であろう。これらは従来から一般的な用語として使用されていた。Sec.619は公式に、1940年の投資会社法およびFRB等の連邦監督機関が定める規制が定義する発行体（Issuer）をヘッジファンド等とした[14]。

3．Sec.619の評価軸

　そもそもボルカー・ルールの概念は、ポール・ボルカー（Paul Volcker）元FRB議長の持論である。例えば、オバマ政権が発足する直前に、ボルカー等が中心となるグループ・オブ・サーティ（Group of Thirty）は金融規制改革の提言書を公表している[15]。このGroup of Thirty［2009］を読むと、巨大でシステム上重要な金融機関（Banking Institution）の自己勘定取引には高いリスクと利益相反の懸念があり、より厳格な資本や流動性の要求によって制約すべきとの考えが示されている。また、金融機関が資本を保有するヘッジファンド等に対しては、これら金融機関による運営やスポンサーとなることを原則的に禁止

すべきとの提言も含まれている。上述したように、第111回連邦議会上院で審議されたS.3217のSec.619はむしろGroup of Thirty［2009］の提言に近く、それに対して両院協議会を通じてDF法のSec.619に導入されたマークリー・レビン修正条項は行為の禁止を基礎としており、これらよりも厳格な内容となっている。

当該修正条項を提案した2人の連邦議会上院議員が執筆したMerkley & Levin［2011］によると、この条項は米国納税者を保護することが目的であり、自己勘定取引等から生じるリスクや顧客との利益相反を制限する効果が期待されている。ここからはボルカーの問題意識を共有した条項であると言える。その一方で、Merkley & Levin［2011］はその冒頭で、自己勘定取引が近年の世界的な金融危機やその後のリセッションにとって重大な役割を果たしたと述べており[16]、Group of Thirty［2009］よりも自己勘定取引等をより危険視している。つまりは、DF法のSec.619を評価するにあたり、金融危機において自己勘定取引等が果たした役割の分析は評価軸の1つとなろう。

Senate Report No.111-176を通じて、ボルカー・ルールが導入された上院におけるS.3217の審議をみると、自己勘定取引やヘッジファンド等との関係は、①公的なセーフティーネットを享受する銀行が行っていた、②顧客の利益ではなく専ら自らの利益のための行為、③顧客との利益相反、④金融危機時における損失計上、などが問題視され、同規則を求める共通認識であったようである。しかしながら、これらは関係者による議会証言が根拠であり、連邦議会による経済的な分析が行われたわけではない[17]。この点に対して、いずれも実施はDF法の成立後となるが、同法はSec.111で新設したFSOC（Sec.619）およびGAO（Sec.989(b)）に、ボルカー・ルールに関する調査分析を命じている。

このうちFSOC［2011］は、FRB等の連邦監督機関がボルカー・ルールを規則化する際の手引き書的な存在であり、DF法Sec.619の詳細な解説と、銀行事業体に要求すべき事項などの提示に留まっている。これに対してGAO［2011］は、6つの大規模銀行持株会社に関して自己勘定取引やヘッジファンド等に関連する収益を分析している[18]。その分析は、2006年6月から2010年12年までの各四半期の収益データ等を用いて行われた。

GAO［2011］の分析によると、これら6つの銀行持株会社において、平常

時に自己勘定取引等から得られていた収益は相対的に小さいものの、金融危機時に同業務からは大きな損失が生じている。例えば上記期間において、独立した（Stand-Alone）自己勘定取引は2007年第4四半期や2008年第4四半期など5つの四半期で損失が生じており、ヘッジファンド等への投資業務では2008年第4四半期など4四半期で損失を計上している。しかしながら、これら銀行持株会社の収益全体からみた場合、これらの業務から生じた損失は銀行持株会社の安定性を著しく損ねている大きさであるとはいえないと指摘されている。また、金融危機時には、むしろ貸付業務や引受け業務（Underwriting）がより大きな損失を計上していた。DF法におけるGSEs問題を取り上げた第8章でも指摘しているが、政権や連邦議会による金融危機への対処において、自己勘定による取引を特別に危険視する考えには経済的分析を欠いていると言わざるを得ない。GAO［2011］は、その結論においてこれら自己勘定取引等に関する包括的情報を収集する必要性を挙げながら、自己勘定取引等が小規模であれば安定的な収益をもたらしていると述べ、また、大規模な金融機関のトレーディングや投資業務を監督するにあたり、連邦監督機関は難問に面している（Challenge）と述べている。

Ⅲ. 先行研究を用いた評価の補填

いわゆるTBTF問題は、個別の金融機関の経営破綻が金融システム不安（外部不経済）をもたらす可能性への対応である。当該問題への規制的対応としては①規制資本の追加的要求と、②破綻要因となることが危惧される業務の直接的な規制が考えられる。DF法のSec.619が示すボルカー・ルールは、銀行事業体や指定されたノンバンクの自己勘定取引やヘッジファンド等との関係を原則的に禁止ないしは制約することにより、この外部不経済への対処を試みていると言えよう。

Richardson［2012］などが指摘するように、新たな資本要求による対応は、通常時に過剰資本を保有することで資本の効率性が低下する問題があり、またDuffie［2012］が述べるように、資本や流動性の要求による対応が機能するためには、当該業務に対する適切な監督やモニタリングを備えなければならない。

その一方で、特定の行為を規制により禁止・制約する場合には、適用される金融機関の収益性の他にも市場機能に及ぼす影響など、特に規制を導入する以前には、慎重な分析が求められる（いわゆるコスト・ベネフィット分析）。

前節で述べたように、第111回連邦議会において十分な影響分析が行われたとはいい難い。本節では、ボルカー・ルールに関連する先行研究をサーベイすることにより当該規則の評価の補填を試みるが、GAO［2011］でも問題視するように、対象とした自己勘定取引やヘッジファンド等との関係に関して、当該分野のデータを収集することは容易ではない。そのため、実証的な分析を試みた先行研究は少ない。現時点での先行研究の多くは DF 法の Sec.619 を基本としながら、FRB 等の連邦監督機関が公開した規則についての解釈や評価が中心となっている。

1. ボルカー・ルールの問題意識

上述した GAO［2011］の報告をみると、マークリー・レビン修正条項の経済的な根拠（Merkley & Levin［2011］）には疑問が生じる。当該修正条項が導入されたのは、連邦議会における審議で、銀行等の自己勘定取引やヘッジファンド等との関係が米国の金融システムにとって脅威であると判断されたためと推測される[19]。しかしながら、ポール・ボルカー自身も商業銀行が自己利益のために投機的活動を行うことを問題視するものの、Merkley & Levin［2011］のように金融危機の中心に自己勘定取引があったとは考えてはいない[20]。また、Whitehead［2011］でも引用されているが、当時の財務長官であったティモシー・ガイトナーも金融機関の損失の主な要因として不動産に関連した貸付を挙げ、自己勘定取引を主因とする説を否定している[21]。むしろ、ガイトナー財務長官は、新たな規制によって自己勘定取引などの業務を禁止するよりも、追加的な資本要求などで過剰な行為を制約すべきと考えており、当時の国家経済会議（National Economic Council）の委員長であったローレンス・サマーズ（Lawrence Summers）も同様の考えであった[22]。法案の検討を連邦議会に求めたオバマ政権側においても、ボルカー・ルールに関して意見の違いがあったことは興味深い。

金融危機時における銀行の行為を分析した先行研究には、例えば Richard-

図表 5-3　近年に金融機関で発生した主なトレーディング損失

	発生年	損失額 (US$million)[注]	対資産 比率(%)	対自己資本 比率(%)	対 Tier1 比率(%)
モルガン・スタンレー	2007年	9,605	0.9	28.8	26.2
ソシエテ・ジェネラル	2008年	7,546	0.4	12.0	15.4
JPモルガン・チェース	2012年	7,500	0.5	6.1	8.5
UBS	2011年	2,300	0.1	3.8	5.3
ドイチェ・バンク	2008年	1,879	0.1	4.0	3.9

注）2011年の為替レートで換算。
出所）Barth & McCarthy ［2013］ table 2.

son et al. ［2010］のように、GSEs を含めた大規模な金融機関の主な損失原因は、保有する MBS などから生じていたことを指摘する文献は多い。しかしながら、この MBS はサブプライム・ローンを証券化したプライベート・レイブル（Private Label）が多く、確かにリスク管理に不備は認められるものの、ボルカー・ルールが問題視するような投機的な短期売買が主な保有目的ではなく、満期までの持ちきりも多かったようである[23]。また Barth & McCarthy ［2012］と Barth & McCarthy ［2013］は、金融機関を含めた法人の自己勘定取引を分析対象とし、歴史的に見て自己勘定取引により大きな損失を出しているのは銀行以外の法人が多かったことを指摘している。わが国でも、例えば1996年の住友商事や1993年の昭和シェル石油、1994年の鹿島石油などが挙げられている。図表 5-3は、近年の金融機関で生じた主な自己勘定取引（トレーディング業務）からの損失ケースをまとめているが、モルガン・スタンレーなどで損失が経営の安定性を損ねる可能性は認められるものの、当該業務からの損失は同業態の固有かつ経営を揺るがすような問題であったとはいえない。

金融危機時に銀行の自己勘定取引がもたらすリスクが増大していたとの報告もあるが[24]、Merkley & Levin ［2011］が主張する危機と自己勘定取引の関係を明確に証明した先行研究はみあたらない。

2．規則適用の困難性

上記の FSOC ［2011］は、DF 法の Sec.619が禁止する行為と許容する行為を区別することは容易ではなく、規則を管轄する連邦監督機関がデータを基盤と

してアプローチをすることにも限界があることを懸念している。FSOC［2011］はこのような規制の困難性に対して、内部監査などのプログラム化された管理やCEOによるコンプライアンス宣言などを銀行等にリコメンドするが、これらのみでは監督機関が自らによる直接的な規制の運用を回避しているようにもみえる。先行研究においてもRichardson et al.［2010］やChatterjee［2011］のように、Sec.619が与えた定義の不明瞭さがボルカー・ルールの適用を困難とするとの指摘は多い。例えば、マーケット・メイキングの機能について言及したThakor［2012］でも、実際の業務において、許容されたマーケット・メイキングと禁止行為とを区分けすることは困難であると述べている。Chow & Surti［2011］は、Sec.619が許容するリスク・ヘッジやマーケット・メイキング業務を挙げて、実務上において監督機関がこれらの業務と禁止業務との区別を行うことは困難であると指摘している[25]。

3. 市場機能への影響

 ボルカー・ルールの効果自体を疑問視する先行研究も多い[26]。Chow & Surti［2011］などが指摘するように、明らかに禁止に該当する業務はすでに影の銀行（Shadow Banking）部門などへスピンオフされている。一方で、ボルカー・ルールが対象とする社債やプライベート・レイブルABSなどの証券に関しては、その市場流動性が低下することを懸念している。同様に、Duffie［2012］でも銀行にとってマーケット・メイキング業務は本質的に自己勘定取引であると指摘し、規制が効果的であるほど、①顧客に対するサービスが減少し、②市場流動性の低下と価格発見機能が阻害され、③市場取引の諸コストを増加させると指摘している。また、Duffie［2012］は銀行のマーケット・メイキング機能の低下はヘッジファンドなどの規制が緩やかな業態によってある程度の代替が期待される一方で、金融市場全体のシステミック・リスクは増加することも予想する。さらに、Duffie［2012］は、マーケット・メイカーに対する追加的な資本要求の方が金融市場に与える悪影響は少ないと結論づけている。この他にも、ボルカー・ルールはむしろ銀行の倒産確率を増加させるとの研究報告もある[27]。

 ボルカー・ルールが対象とする業務が影の銀行部門によって代替されるとの

予測は Whitehead［2011］でも同様であるが、他方でボルカー・ルールが金融市場の変化に対応できない可能性も挙げ金融市場全体のリスク総量は増加すると予測し、単に銀行等にコストを課すだけの規制であると結論している。さらには、Thakor［2012］のように、ボルカー・ルールは市場の流動性や価格発見機能を低下させるだけではなく、投資活動の資本コストを増加させることで、短期的かつ危険度が高い投資を促すことを指摘する研究もある。

DF法のSec.619を対象とした先行研究をみると、同条項の銀行事業体等の業務への適用には相当の困難があるように思われる。これらの認識の多くはFSOC［2011］でも同様に指摘されており、次節で扱うFRB等の5つの連邦監督機関が作成する規則において、同法Sec.619がどのように細則化されるのかが注目された。

Ⅳ. ファイナル・ルールの解析

DF法のSec.619（BHC ActのSec.13(c)(1)）は、当該条項の施行について、①FRB等の連邦監督機関がファイナル・ルールを発布してから12ヶ月後、もしくは、②DF法の成立から2年後、のどちらか早い期日をもって施行されると明記している。この規定に従い、DF法段階でのボルカー・ルール自体は、2012年7月から施行されている。

一方でSec.619は、5つの連邦監督機関（FRB, FDIC, OCC, SEC, CFTC）に対して、上述したFSOCの調査結果を踏まえながら（FSOC［2011］は2011年1月に公表）、当該調査の終了後9ヶ月以内に新規則の作成を命じている（BHC ActのSec.13(b)(2)(A)）。この命に従い、5つの連邦監督機関は2011年から2012年にかけてプロポーズド・ルールを公開し広くコメントを求めた後、2013年12月にファイナル・ルールを発布している[28]。このファイナル・ルールの施行日は2014年4月1日であるものの、銀行事業体に対して与えられた移行期間（Conformance Period）がFRBによって延期されたこともあり、その遵守の期限は2015年7月21日となっている[29]。

本節では前節における先行研究等のサーベイを踏まえて、銀行事業体の自己勘定取引（Subpart B）に焦点を絞りファイナル・ルールの内容を検討する[30]。

さらにプロポーズド・ルールと比較しながら、ファイナル・ルールで新たに加えられた Subpart D および、内部コンプライアンス・プログラムに対する追加基準を示した Appendix（補論）B を取り上げ、その要点をまとめる。

1. 銀行事業体による自己勘定取引の禁止

　ファイナル・ルールは共通規則（Common Rule）において、自己勘定取引を「銀行事業体がトレーディング勘定を通じて、1つ以上の（One or More）金融商品（Financial Instruments）の売買に主体（Principal）として従事すること」と定めて、これを原則的に禁止している。ただし、この禁止事項には、DF法の本則と同様に別途許容される業務（除外要件、下記参照）が設けられている。

　ファイナル・ルールが提示した自己勘定取引の定義はDF法のSec.619とほとんど変わらず、明確な（Bright Line）定義は与えられていない。第2節および第3節でみたように、自己勘定取引への禁止事項の適用は規則の有効性にとって中核となるため、その定義の取扱いには相当の注意が払われたようである。

　ファイナル・ルールの前文では、プロポーズド・ルールに対して寄せられたコメントを整理しているが、その中には、注意を欠いて自己勘定取引を定義した場合に、市場の流動性や資本の形成など、DF法の審議段階では考慮されていなかった経済への影響が起きる懸念が含まれている。その一方で、銀行事業体の法令遵守に確実性が増すことや禁止事項の実務への適用が容易となることから、自己勘定取引の定義を明確にすることへの要望もあった[31]。これはFSOC［2011］が指摘するように、主要な銀行事業体は、ボルカー・ルールの禁止事項に明らかに該当するような組織内の独立した自己勘定取引部門をすでに売却や切り離しないしは閉鎖しており、むしろオペレーショナル・リスクの観点から定義の明確化には利点があったと思われる。これらプロポーズド・ルールに寄せられたコメントを踏まえて、FRB等の連邦監督機関は、共通規則における定義をDF法の法文を踏襲するに止めている。

　さらにGAO［2011］の分析を用いてこの理由を推測すると、第1に、明確に定義することが比較的容易な狭義の自己勘定取引については、独立（Stand-Alone）した自己勘定部門自体による収益は相対的に小さく、また、すでに主

要な銀行事業体は当該部門を組織内に持っていないことから、現時点では、規制の効果が期待できないことが挙げられる。第2の理由としては、より広い概念で定義した自己勘定取引は他の業務との密接性や親和性が高く、明確な定義の導入は禁止行為以外の業務への影響が予想されるが、その影響を事前に予測することは困難であることが挙げられる。

　この結果、ボルカー・ルールの運用を担う連邦監督機関は、自己勘定取引を原則として禁止対象としながらも、この禁止行為自体を自らが直接的に監視・監督することを避けて、後述する許容される業務や禁止事項から除外される行為の提示と、新たに銀行事業体に課すコンプライアンス体制や定期報告の監視と管理に依存する方式を選択したものと思われる。これはFSOC［2011］の提言にそった内容と言えよう。

2．銀行事業体に許容される業務について

　ファイナル・ルールのSubpart Bは、銀行事業体の自己勘定取引に許容される業務として①引受け業務（Underwriting Activities）、②マーケット・メイキング関連業務（Market Making-Related Activities）、③リスクを軽減させるヘッジ行為（Risk-Mitigating Hedging Activities）、④その他、を定めて列挙している[32]。この内、自己勘定取引として許容されるその他の業務には、①内外政府関連債務、②顧客の代理としての取引、③規制対象である保険会社による取引、④外国銀行事業体の取引行為が含まれている。外国政府関連の債務の取扱いなど、規則化にあたり新たに追加された項目はあるものの、これら許容される業務は、DF法のSec.619を基本的に踏襲している。このようなSubpart Bが挙げる自己勘定取引に許容される業務の中から、①引受け業務、②マーケット・メイキング関連業務、③リスクを軽減させるヘッジ行為を取り上げ、以下でその条件等について細部を見ていこう。

（1）許容される引受け業務について

　銀行事業体の引受け業務は、大きく以下の3つの条件を満たす場合に許容されている。その第1の条件は、証券の割当て（Distribution）のためのアンダーライターとして活動し、そのトレーディング・デスクの引受けポジションが割

当てに関連していることである。
　第2に、トレーディング・デスクのポジションは、顧客（Client, Customer）や取引相手による合理的な期待における短期的な需要を超えない範囲と定められ、そのポジションは証券の流動性や市場の状況などを鑑みて、合理的に売却ないし減少させることが求められる。
　これら2つの条件は、DF法の法文の範囲内と言えるが、ファイナル・ルールは、さらに3つめの条件として、上記2つの条件の遵守を担保すべく、合理的に設計された内部コンプライアンス・プログラムの設定と実施、および維持と執行を銀行事業体に要求する事項を加えている。当該内部コンプライアンス・プログラムには、①文書化された方針と手段、②内部統制、③分析や独立した検査（Independent Testing）が求められるとともに、トレーディング・デスクにかかる4つの要件が別途明記されている[33]。
　このトレーディング・デスクに関する規定は、下記のマーケット・メイキング関連業務に関する規定とほぼ同様な記述となっている。

（2）許容されるマーケット・メイキング関連業務について

　銀行事業体のマーケット・メイキング業務は、以下の大きく4つの条件を満たすことによって許容される。この内、3つの条件はトレーディング・デスクに関するものである。
　第1の条件は、トレーディング・デスクが関連金融商品の流動性、満期および市場の厚み（Depth of the Market）から基本として妥当であり、営利上正統な数量かつ市場サイクルを通じて、自己の勘定をもって金融商品の気配値の提示や売買を行う、もしくは、その他の長短ポジションを形成する意図と能力を持っていることである。
　第2の条件は、トレーディング・デスクのマーケット・メイカーとして抱える在庫としての金融商品の数量、種類やリスクが、継続的に顧客（Client, Customer）や取引相手の合理的な期待における短期的な需要を超えないことが定められている[34]。
　また、第3の条件として、定められた制限を超えた場合に、トレーディング・デスクには可能な限り速やかに遵守すべき制限まで戻るよう行動すること

が求められる。これら銀行事業体のトレーディング・デスクに関する規定に加えて、第4の条件として、上記の引受け業務と同様に内部コンプライアンス・プログラムが課せられている[35]。

このようにファイナル・ルールを読むと、銀行事業体の引受け業務およびマーケット・メイキング関連業務は、ともにトレーディング・デスクに関する規定を条件として付随させて許容されていることがわかる。しかしながらプロポーズド・ルールの段階での規定は、例えば顧客等の需要を超えないなどの内容が含まれているものの、それぞれの業務単位での記述に止まっていた。つまりはファイナル・ルールでは、トレーディング・デスクに対して特定の機能を要求しながら、銀行事業体の内部コンプライアンスによりトレーディング・デスクを管理する仕組みを新たに提示したといえる。

第3節で複数の先行研究をサーベイし、特にマーケット・メイキング業務への規制の適用と監督の困難さを指摘しているが、ファイナル・ルールでは結局のところ、連邦監督機関による銀行事業体の内部コンプライアンス体制の監督に留めて、このような困難さを直接的に扱うことを放棄したようにもみえる。

ここで問題となるのは、トレーディング・デスクの定義であろう。ファイナル・ルールにおいてトレーディング・デスクとは、銀行事業体のトレーディング勘定を通じて金融商品を売買する最小の個別単位（Smallest Discrete Unit）と定義されている。しかしながら、第2節でも指摘したように、トレーディング勘定自体の定義は必ずしも明確ではない[36]。また、第3節で見たように、定義の不明確さはボルカー・ルールの問題として挙げられるが、ファイナル・ルールのトレーディング・デスクを経由した管理にも、同様な問題が指摘されよう。

（3）許容されるリスクを軽減するヘッジ行為について

銀行事業体のポジションや契約、その他の保有に関連するリスクを軽減するヘッジ行為や、これらポジション等に関連する当該銀行事業体にとって特定のリスクを減少させるよう計画されたヘッジ行為は、自己勘定取引の禁止事項に適用されない。このようなリスクを軽減するヘッジ行為が許容される条件として、銀行事業体には、引受け業務やマーケット・メイキング関連業務と同様に、

リスクを軽減させるヘッジ行為に関する文書化された方針、その手法や内部コンプライアンスが要求されている。

　ヘッジ行為自体に関しては、当該ヘッジは各種リスク（市場リスク、信用リスク、通貨・金利リスク、商品価格リスク等）を削減ないし顕著に軽減させる行為であることが求められ、当該ヘッジ行為が新たな、ないしは追加的なリスクを生じさせないことが求められている。また、この許容されるヘッジ行為は、文書化された方針等に基づいて、銀行事業体による継続的な調査（Review）、監視、管理に服する。

　プロポーズド・ルールからの主な修正点として、ファイナル・ルールは銀行事業体に要求される内部コンプライアンスのプログラムに関して、含むべき3つの項目を新たに追加していることが注目される。その第1は、トレーディング・デスクを含めて、ヘッジ行為に利用可能なポジション（その上限や期限を含む）、テクニックや方法（Strategy）について、合理的に立案した文書による方針と手段が求められている。第2に、内部統制、継続的な監視と管理、承認手続き等が含まれており、第3に、当該ヘッジ行為による対象リスクの軽減に関して、相関分析（Correlation Analysis）を含んだ分析および独立した検定の実施である。

　このように、銀行事業体が持つべき内部コンプライアンス・プログラムへの要求は、プロポーズド・ルールの段階よりも詳細かつ厳格なものとされた。つまるところ、銀行事業体は特定の機能に絞った内部コンプライアンス・プログラムを維持することを条件に、ヘッジ行為が認められたといえる。ただし、追加リリース（Adapting Release）などを合わせて読むと、ポジション等と直接に関係がない、例えばマクロ・ヘッジなどは許容されていない。また、マクロ経済や市場全体の急変などから生じるリスクや、銀行事業体のバランス・シートに関連したヘッジ行為は許容対象外になるようであり、これらはマクロ・プルーデンスの観点から問題を生じさせる恐れもある。

3．銀行事業体に要求されるプログラムと報告

（1）ファイナル・ルールによる厳格化

　このように、銀行事業体の自己勘定取引に関して導入された新規則は、許容される複数の業務を提示しながら、それらが許容される条件として、トレーディング・デスクに付随すべき機能と対応する内部コンプライアンス・プログラムの設定を銀行事業体に求めている[37]。連邦監督機関は、DF 法の Sec.619 が原則的に禁止する自己勘定取引を直接的に監督することを避け、その代替として、各銀行事業体内のプログラムの適切性とその維持等に関する報告を管理することで、ボルカー・ルールを担保しようとしているように見える。

　ファイナル・ルールは、共通規則の Subpart D で銀行事業体の内部コンプライアンス・プログラムの内容と報告について規定しており、その内容はプロポーズド・ルールと比較してより厳格となっている。

　ファイナル・ルールの Subpart D は、活動やビジネス構造の特徴（タイプ、規模、範囲、複雑さ）に応じたコンプライアンス・プログラムの設定を銀行事業体に求めており、合わせて当該プログラムに最低限含まれるべき6つの項目を提示している。この6つの事項は図表5-4を参照されたい。これらは基本的にプロポーズド・ルールを踏襲した内容であるが、ファイナル・ルールでは3番目の管理フレームワーク（Management Framework）を記述する項目において、トレーディングの制限や戦術、ヘッジ活動、投資、報酬インセンティブなどについての管理者による調査（Review）を要求内容に追加している。

　プロポーズド・ルールの Subpart D と比較し、ファイナル・ルールでは銀行事業体が保有する許容された自己勘定業務の資産・負債に関する「報告の要求（Reporting Requirements under Appendix A）」などが追加されている[38]。

　コンプライアンス・プログラムに対する6つの事項は、ファイナル・ルールが Subpart D に加えた3つの基準を満たす銀行事業体が対象とされる。つまり、自己勘定取引において許容される業務（Subpart B）を行い、前年末時点での連結資産規模が US$50 billion 以上となる銀行事業体（外国銀行は米国内での資産）に要求される。更にこの3つの基準に該当する銀行事業体は、ファイナル・ルールで大幅に加筆された Appendix B（許容される業務の判断基準）を

図表5-4　コンプライアンス・プログラムに求められる事項

1. 方針や手段の文書化
    ファイナル・ルールのSubpart B（自己勘定取引）およびSubpart C（カバード・ファンド）に従い、合理的に設計され、その方針や手段が文書化されていること。
    その中には、許容される業務（引受け、マーケット・メイキング、リスクヘッジ）で示された、制限の設定、監視および管理が含まれる（Subpart Cで規定される活動と投資を含む）。
    銀行事業体の総ての活動と投資がBHC ActのSec.13に従っていることが保証されなければならない。
2. 内部統制システム
    BHC ActのSec.13等の遵守を監視し、禁止されている活動や投資が起きること防止するために内部統制システムが合理的に設計されていること。
3. 管理フレームワーク
    BHC ActのSec.13の遵守に関する責任と説明責任を明白に叙述する管理フレームワーク。
    当該フレームワークには、トレーディングの制限、戦術、ヘッジ活動、投資、報酬インセンティブおよび本パートもしくは管理者が配慮する他の問題について、管理者による調査（Review）が含まれる。
4. 独立した検定や監査
    銀行事業体の適格者もしくは適正な外部機関による、コンプライアンス・プログラムの効率性についての定期的な独立した検定や監査（Audit）。
5. 教育
    コンプライアンス・プログラムの効果的な実行や執行を目的とする、トレーディング部門の人員や管理者などの教育。
6. 記録の提出と保持
    銀行事業体は、BHC ActのSec.13の遵守を論証するのに十分な記録を当局の求めに応じて即座に提出し、また、当該記録を少なくとも5年間、もしくは当局が求める更に長期にわたって保持する。

満たすことも求められる[39]。

　つまり銀行事業体は、下記のAppendix Bの基準を採用した内部コンプライアンス・プログラムの保持と管理を条件として、複数の自己勘定取引が許容される。これはつまるところ、ファイナル・ルールが提示するボルカー・ルールとは、銀行事業体の一部の業務を禁止する規則と言うよりも、実質的にはこれら業務に対する管理体制の見直しを銀行事業体に求めるガバナンス・ルールであることを意味している。

（2）Appendix Bの要点

　このファイナル・ルールに添付されたAppendix Bは、「コンプライアンス・プログラムに対する高度な最小基準（Enhanced Minimum Standards for

図表 5-5　Appendix B の構成

1. 概観
2. 高度なコンプライアンス・プログラム
   a. 自己勘定取引活動
   b. カバード・ファンドの活動もしくは投資
3. コンプライアンス・プログラムに対する責任と説明責任
4. 独立した検定（Independent Testing）
5. 訓練
6. 記録の保管

Compliance Programs)」を記述しており、プロポーズド・ルールで提示された内容と比べて大幅に加筆・修正されている[40]。つまりは Appendix B の内容をもって、ファイナル・ルールがガバナンス・ルールとしての性格を確立しているといえよう。

　図表 5-5 は Appendix B の全体の構成であるが、高度なコンプライアンス・プログラムとして、自己勘定取引やカバード・ファンドに関連して求められる詳細な基準を列挙している他、当該プログラムの管理や責任についても、共通規則の本文よりも踏み込んだ内容となっている。

　また、Appendix B はその概観で、図表 5-4 の最小基準に加えて、対象となる銀行事業体の内部コンプライアンス・プログラムに関して要求される 5 つの要件（図表 5-6）を列挙している。これらは、当該プログラムの全体に関与する要件であるが、特に、下記の CEO 等による立証（Attestation）や証明が求められている点は注目されよう。Appendix B の本文は、自己勘定取引およびカバード・ファンドに関する高度なコンプライアンス・プログラムを初めとした 6 つの分野（図表 5-5）において、それぞれに基準を定めている。これらの内、本項では自己勘定取引に関する記述を取り上げるが、その基準は①トレーディング・デスクが備えるべき機能と②ヘッジ行為の方針と手段から構成され、それぞれに階層的な内容となっている。

　すでに、本節第 2 項で、銀行事業体の自己勘定業務においてその引受け業務とマーケット・メイキング業務が許容される条件の 1 つがトレーディング・デスクに関する規定の付随となっていることを指摘し、共通規則ではトレーディング・デスクにかかる 4 つの要件が明記されていることを述べた（注33参照）。

図表 5-6　Appendix B がコンプライアンス・プログラムに求める追加的要件

1. 銀行事業体の対象となる取引およびカバード・ファンドの活動と投資を合理的に確認（Identify）、証明（Document）、監視（Monitor）し報告しなければならない。
   これら対象となる取引や投資および、コンプライアンスを遵守しない潜在的な部門のリスクを確認、監視し、即座に正さなければならない。
   BHC Act の Sec.13 および本規則により禁止されている、もしくは従っていない活動や投資を防止しなければならない。
2. 銀行事業体の対象となる取引および投資に、適切な制限を設定し、それを守らなければならない。
   そこには BHC Act の Sec.13 および本ルールの要求に適合した個々の活動や投資の規模や範囲、複雑さとリスクについての制限が含まれる。
3. 定期的な独立した調査や検定にとって、コンプライアンス・プログラムが有効的でなければならない。
   また、調査や検定を含んで、事業体の内部監査、企業コンプライアンスや内部統制機能が有効かつ独立していることが保証されなければならない。
4. コンプライアンス・プログラムの有効な実行に対して、上級管理職等が適切かつ責任あるようにしなければならない。
   また、銀行事業体の取締役や CEO（もしくは同等の）は、コンプライアンス・プログラムの有効性を調査（Review）することが保証されなければならない。
5. 連邦監督機関が銀行事業体の対象となる取引やカバード・ファンドの活動および投資を監視し、検査することが容易となるものでなければならない。

　このトレーディング・デスクに関して、Appendix B では12の要件を追加的に挙げて、銀行事業体が個々のトレーディング・デスクを管理するための文書化された方針と手段に、これら12の要件が記述として含まれていることを求めている。これらトレーディング・デスクに関する12の要件を図表 5-7 で要約した。この12の要件は、トレーディング・デスクの厳格な管理を銀行事業体に求めたものであるが、ボルカー・ルールにおける銀行事業体の自己勘定取引を考える上で中核であると言えよう。

　さらに Appendix B は、このような基準を含めた内部コンプライアンス・プログラムの履行について適切な人材による責任と説明責任を含めた管理フレームワークを銀行事業体に求めている。ファイナル・ルールでは、上級管理者（Senior Management）による定期的な調査を銀行事業体に要求するとともに、銀行事業体の CEO に対して、定められたコンプライアンス・プログラムの制定（Establish）、維持（Maintain）、実施（Enforce）、調査（Review）、検査（Test）、修正（Modify）に関して、文書での年次の立証を要求（監督当局への提

図表5-7　トレーディング・デスクに関する要件（Appendix B）

1. 個々のトレーディング・デスクが売買する金融商品を、確認（Identify）、許可（Authorize）、記録（Document）する手続き（Process）。
    それらは、共通規則が規定するマーケット・メイキング関連業務とヘッジ活動とで分けて記録される。
2. その活動や監督に責任を持つ、部門、ビジネス・ラインもしくはその他の組織構造への個々のトレーディング・デスクのマッピング。
3. 個々のトレーディング・デスクごとの任務（取引活動のタイプ）および戦略（認められた取引活動を遂行する方法）。
4. トレーディング・デスクに許可された金融商品ならびに、許可されたヘッジ戦略、ヘッジの技法および手段を含めた、トレーディング・デスクの活動状態。
5. トレーディング・デスクの任務および戦略を実行するために、銀行事業体が個々のトレーディング・デスクに配分したリスクの種類および量。
    それには、トレーディング・デスクに許可された活動から生じる、重大な影響をおよぼすリスク（Material Risk）の計数が含まれる。
    （このリスクには、価格リスク、ボラティリティ、相関リスク、取引相手の信用リスクなどが含まれる。）
    リスク評価は、トレーディング活動に固有のリスクと、これらリスクを軽減するための制御（Control）の効力（Strength）と有効性（Effectiveness）に固有のリスクの両方を考慮しなければならない。
6. 個々のトレーディング・デスクに配分されたリスクを測定する方法。
7. 許可されたトレーディング・デスクの活動にとって配分されたリスク水準が適切であることの理由。
8. トレーディング・デスクの責任の下での、金融商品の保有期間およびリスクの制限。
9. トレーディング・デスクの管理、制限の見直しや例外を認めることを支えるために要求される分析の管理、これらの例外を独立して見直したり記録することの手続きの管理など、これら管理についての制限、もしくは方針・手段について例外を認める場合のより高度な手段（Procedure）とともに、新たな制限の設定や制限を見直すことの手続き、および根本的な分析。
10. 新しい商品、新しい取引方法（Strategy）、新しいヘッジ方法を確認、記録、承認（Approve）する手続き。
11. トレーディング・デスクが取引をする顧客（Client, Customer）および取引相手。
12. トレーディング・デスクの従業員に対するインセンティブの取り決めを含んだ報酬の取り決め（Compensation Arrangement）。
    （その取り決めは、禁止された自己勘定取引や過度もしくは無謀なリスク・テイクに対する報酬やインセンティブであってはならない。）

出）することが、新たに追加された[41]。

　このように、自己勘定取引（Subpart B）を業務として持つ一定規模の銀行事業体には、ファイナル・ルールのSubpart Dに加えてAppendix Bの基準を満たした内部コンプライアンス・プログラムを保持するとともに、当該プログラムに対するCEOの立証責任が課せられた。これらをもって、ファイナル・

ルールはガバナンス・ルールとしての要件を満たしているといえる。

V. ボルカー・ルールの影響

最後に、ボルカー・ルールが銀行事業体や資本市場に与える影響について、若干の考察をしてみたい。

繰り返し述べたように、主要な銀行事業体は、ボルカー・ルールの禁止事項に明らかに該当するような組織内の自己勘定取引業務については、すでに売却や切り離しないしは閉鎖しており、これら業務の一部はヘッジファンドなどの影の銀行部門によって代替されている[42]。また前節で見たように、FRB 等の連邦監督機関が発布したファイナル・ルールの本質は、内部コンプライアンス・プログラムを基盤とした内部統制の整備を銀行事業体に求めるガバナンス・ルールといえる。このため、ボルカー・ルールがもたらす新たなコストを考えると、第1に銀行事業体が負担する直接的なコストとして要求されるガバナンス体制の構築と維持に関するコストを挙げることができる。この中には、コンプライアンス・プログラムや自己勘定取引等において許容される業務のモニタリング・コストが含まれることになる。第2に、資本市場で発生するコストは銀行事業体に許容される業務と同分野の従来の業務との相違が源となり、これはボルカー・ルールがもたらす間接的なコストといえよう。

ボルカー・ルールを発布した連邦監督機関の1つである OCC は、自らが監督対象とする46の銀行事業体に生じるコストを試算している[43]。このうち OCC が試算した銀行事業体のコンプライアンス関連コストを図表5-8で掲げる。OCC によれば、マーケット・メイキングを行う7大銀行事業体に予測される2014年のコンプライアンス関連コストの88％は、ボルカー・ルールが各トレーディング・デスクに要求する、顧客（Client, Customers）や取引相手の合理的な期待における短期的な需要の予測に関連する。このコストには範囲の経済による低下効果はあまり期待できず、また前節でみたように、その業務には、銀行事業体の内部コンプライアンス・プログラムによって制限が加えられているため規模の経済も働かない。このため、銀行事業体にとっては固定費用に近く、個々のトレーディング・デスクの収益性に従い該当する業務の選別が行わ

図表 5-8　OCC が試算する銀行事業体のコンプライアンス関連コスト

(US$ millions)

	トレーディング・デスクの数	2014	2015	2016	2017
マーケット・メイキングを行う 7 大銀行	1,100	402	365	365	365
その他39銀行	491	0	176	167	161
合計 (46銀行)	1,591	402	541	532	526

出所) 2014年 OCC 報告書 (Analysis of 12 CFR Part 44) Table 2.

れる可能性がある。

　これに対して、資本市場では間接的なコストとして市場の流動性の減少や低下した流動性が資産価値や企業負債の発行費用に及ぼす影響などが予想される。しかしながら、OCC の試算報告も述べるように、これらを事前に見積ることは困難である。

　BIS［2014］は、金融危機の前後を比較対象とし、米国を含めた諸市場におけるマーケット・メイク活動の変化を分析している。BIS［2014］では、①相対的に流動性が低い社債市場の取引が不活発になっている、②多くの市場で銀行はマーケット・メイキング業務への資本割当を減らし、流動性の低い資産の在庫を減少させていることが報告されており、これらは資本市場におけるマーケット・メイキング機能が低下していることを意味している。また、銀行等のマーケット・メイカーは、③コアとなる顧客へとサービスを集中する傾向があり、また④顧客に提供するサービスの選別を行っている。さらに、⑤銀行の自己勘定取引は減少するとともに、同取引にはより多くのマージンが要求されていることと、⑥マーケット・メイカーが要求するリスク・プレミアムは増加傾向にあることが報告されている。

　米国市場においても、例えばSEC は、プライマリー・ディーラーが保有する社債の在庫が低下していることを報告している[44]。2014年 1 月に SEC が公表した IM Guidance Update によると、プライマリー・ディーラーが保有する社債の在庫は金融危機が深刻化する前の2007年 9 月時点がピークであり、US$250 billion (市場規模の 4 %) の在庫を保有していたものの、2013年 9 月時点では US$50 billion (市場規模の0.5%) まで減少した。これは明らかに米国市

場でのマーケット・メイキング機能が低下していることを示しており、その原因としてプライマリー・ディーラーの自己勘定取引部門の構造変化（減少）と、規制により持株会社レベルでの資本要求が増加したことが挙げられている。さらに、マーケット・メイキング機能が著しく低下することによる市場流動性の低下と、債券市場のボラティリティの増大も懸念されている[45]。

　この他、DF 法の Sec.153 が米財務省内に設置した OFR（第 4 章を参照）の 2014年版年次報告書でも、市場における流動性の減少（価格のボラティリティが増加し、コストを増加させる）と、市場参加者が市場価格で売買する能力の減少が懸念されている[46]。これら資本市場で観察される変化について個別の規制が及ぼす影響を特定するのは困難ではあるが、銀行事業体に課せられるコストの度合いによっては、マーケット・メイキング機能と流動性の供給能力を低下させ、市場の取引コストを増加させることが懸念される[47]。

VI. 第 5 章のまとめ

　本章では、DF 法 Sec.619 および FRB 等の 5 つの連邦監督機関が発布したファイナル・ルールを対象として、その要点の整理および評価を試みた。最後に、これらボルカー・ルールに残る問題点を簡潔に提示する。

　ボルカー・ルールの本質を、大手金融会社が引き起こした外部不経済への対処と捉えるならば、立法を通じて行為を是正する試みは正統であろう。その規制的な選択肢としては、①資本や流動性の追加的要求による内部化と、②該当する行為自体を禁止ないし制約する、が考えられる。前者には平常時の過剰資本による非効率性の問題が付随する一方で、後者には多様化する金融サービスへの適応性と追随性の問題が生じる。さらに、例えば2011年に英国のビッカーズ・レポート（Vickers Report）で提唱された、いわゆるリング・フェンシング（Bank Ring-Fencing）（ユニバーサル・バンクを商業銀行部門と投資銀行部門とに隔離）を米国に適用するのであれば、③銀行法を修正し、商業銀行の証券業務を制約したグラス・スティーガル法（1933年銀行法）の現代的再検討も選択肢に含まれよう。

　しかしながら本章でみたように、第111回連邦議会における法案の審議は

2010年1月の大統領による法案の概要の提示と議会への審議の要請を踏まえて行われている。つまりは、ボルカー・ルールに代替する規制は公式には検討されていない。この議会での審議について、上院案（S.3217）での銀行事業体等の業務の多様性を認める寛容さは評価されるものの、そもそもボルカー・ルールが上記の外部不経済への対処として最適な選択であったのかとの第1の疑問が生じる。

　第2に、ボルカー・ルールの基礎となったマークリー・レビン修正条項を考えると、セーフティーネット下でのモラルハザードの防止とシステミック・リスクの管理が当該修正条項の基本的な理念となろう。しかしながら、禁止・制約の対象とされた業務とシステミック・リスクとの関係が証明されているとはいえない。これはボルカー・ルールの基本的な評価を揺るがす。

　第3に、2013年12月に発布されたファイナル・ルールについて、幾つかの定義が不明確である点については既に述べているが、内部コンプライアンス・プログラムに関して、当該規則は含むべき要件を列挙しているに過ぎず、コンプライアンス・プログラムを含めた銀行事業体のガバナンス・プログラムの効率性などが考慮されていない。また、ファイナル・ルールが追加したCEOに課す立証責任についても、具体的に証明すべき事項が含まれている訳ではない[48]。これらの問題は、今後に具体例が示されることも期待されるが、ファイナル・ルールの段階では銀行事業体に丸投げされているといえ、ガバナンス・ルールの欠落している部分として指摘される。

　最後に規則の運用に関して、現実の業務への適用には複数の困難が指摘されていることを述べた。ファイナル・ルールの本質はガバナンス・ルールであるとはいえ、DF法の本則と同じく禁止される業務と許容される業務を列挙している以上、これら業務に対する監視を欠くことはできない。しかしながら、ファイナル・ルールを適用しても、これら業務の区分は容易ではなく、監督機関の直接的な監視手法も不明である。さらに、相当の業務が規制の対象外である影の銀行部門により代替されることが予想されていることから、結果としてボルカー・ルールは形骸化する可能性がある。第5節で、現状の資本市場で観察される影響をみたが、先ほどのガバナンス・ルールに関連する問題と合わせて、社会的なコストを増加させるだけとなる恐れがある。

注

1) 第111回連邦議会における DF 法の審議過程については、第 2 章を参照願いたい。ただしこの下院法案の Sec.1116 では、個々の金融持株会社の自己勘定取引について、米国の金融安定等に鑑みて脅威であると判断される場合について、FRB に当該会社の自己勘定取引を禁止させる権限を与えている。

2) 当該アドバイザリー・ボードは、Federal Advisory Committee Act およびオバマ大統領の権限に基づき設立された。米国経済の強化と競争力の促進を目的とし、大統領に対して助言を行う。議長を含めて大統領が指名したメンバーで構成され、米財務省が運営および資金的助成を行う。2014年 9 月時点でメンバーは17名であり、議長であるポール・ボルカー（元 FRB 議長）の他に、ウイリアム・ドナルドソン（William Donaldson, 元 SEC 委員長）やマーチン・フェルドスタイン（Martin Feldstein, ハーバード大学）など、金融・経済や企業経営の専門家が含まれる。2010年 1 月21日にオバマ大統領と会合したのは、ボルカーとドナルドソンの 2 名である。当該アドバイザリー・ボードは、2009年 6 月にオバマ政権に対して銀行の自己勘定取引に関する事項を含むドキュメントを提出している。またボルカーは、2010年 2 月 2 日に上院の銀行・住宅・都市問題委員会で議会証言を行っている。

3) 2009年 6 月に米財務省が公表したホワイト・ペーパーの概要については、第 1 章および図表 1 - 7 を参照願いたい。ただしホワイト・ペーパーでは、銀行等の傘下にある自己勘定取引ユニット（Proprietary Trading Unit）やヘッジファンドによって引き起こされる潜在的な利益相反に関して、FRB 等の銀行監督機関が監督や規制を強化することを提言している。しかしながら、同年 8 月に米財務省が議会に提出した金融制度改革法の草案には、ボルカー・ルールに該当する法文は含まれてはいない。

4) 該当する法文は、法律として成立した DF 法と上院案（S.3217）ともに同じビル・ナンバーであることに注意願いたい。この S.3217 は、上院の銀行・住宅・都市問題委員会の委員長（当時）であったクリストファー・ドッドが提出した法案であり、後に下院法案である上記 H.R.4173 と統合され、DF 法として成立している。当初の S.3217 の Sec.619 は、2010年 3 月 4 日に米財務省が提出した草稿を基本として作成された。合わせて第 2 章を参照願いたい。

5) マークリー・レビン修正条項は、2010年 3 月10日に民主党のジェフ・マークリー（Jeff Markley）上院議員等が委員会に提案した Protect Our Recovery through Oversight of Proprietary Trading Act（S.3098）を基本としているが、上院における S.3217 の審議では採用が見送られた。最終的に成立した DF 法の Sec.619 において、銀行事業体や FRB の監督対象となる金融会社の行為を禁止・制約する項目や許容される業務は、基本的にマークリー・レビン修正条項の該当部分が用いられている。ただし DF 法 Sec.619 の「(d)許容される業務」において、(1)(G) の 銀行事業体がヘッジファンド等の組成ないし募集を許容する項目や(1)(J)(4)の些細な投資（De Minimis Investment）の項目

はマークリー・レビン修正条項には含まれておらず、両院協議会で新たに追加されている。また、ヘッジファンド等との関係の制限を規定する(f)において、銀行事業体のプライム・ブローカー業務を可能とした(3)項も両院協議会で追加されている。
6) 銀行事業体およびFRBの監督対象となるノンバンク金融会社については、第4章を参照願いたい。
7) ただし、これらの許容される業務に対しても、①銀行事業体と顧客や取引相手との間で重大な利益相反とはならない、②銀行事業体にとってハイリスクな資産や取引とはならない、③銀行事業体の安全や安定にとって脅威とはならない、④米国の金融安定にとって脅威とはならない、などの制約がある。また、主要な連邦銀行監督機関（FRB, OCC, FDIC）ならびにSECやCFTCが定める規制に従う。
8) 対象となるGSEsには、Federal Home Loan Mortgage Corporation, Federal Home Loan Bank, Federal Agricultural Mortgage Corporation, Farm Credit Systemが含まれている。DF法とGSEsの問題については第8章を参照願いたい。
9) この組成や募集には、ファンドのゼネラル・パートナーや業務執行社員（Managing Partner）、受託者（Trustee）となることも含まれている。また、ファンドの取締役の過半や受託者、運用担当者（Management）を選出することや、そのコントロールなども含まれる。
10) 3つの主要連邦銀行監督機関（Appropriate Federal Banking Agencies）（FRB, OCC, FDIC）および、SECとCFTC。
11) 連邦準備法のSec.23Aは、連邦準備制度などの加盟銀行（Member Bank）が関連会社に対して行う信用の制限を規定している。Sec.23Aが定義するカバー取引には、関連会社への貸付、関連会社の発行する証券の購入、関連会社の代理としての保証など7つの取引が列挙されている。またSec.23Bは、関連会社の取引が非関連会社（市場取引）と同じ条件で行われることを義務づけている。
12) この条件とは、①銀行事業体が「(d)許容される業務」の(d)(1)(G)（図表5-2）を遵守する、②銀行事業体のCEO等が毎年文書によって同じく(d)(1)(G)(v)（図表5-2の5）が満たされていることを証明する、③FRBがこのような取引が銀行事業体の安全で健全な業務等と一致していると判定する。
13) Sec.619が定義を与えているのは、①銀行事業体（Banking Entity）、②ヘッジファンド等（Hedge Fund, Private Equity Fund）、③FRBの監督対象となるノンバンク金融会社（Nonbank Financial Company Supervised by the Board）、④自己勘定取引（Proprietary Trading）、⑤スポンサー（Sponsor）、⑥トレーディング勘定（Trading Account）、⑦非流動性ファンド（Illiquid Fund）の7つ。
14) DF法におけるヘッジファンドに関連する規制については、第6章を参照願いたい。
15) グループ・オブ・サーティは1978年にロックフェラー財団によって設立され、世界的な金融市場の問題分析や提言などを行っている。そのメンバーは、各国の中央銀行総裁経験者や経済学者などから構成されている。2009年当時の議長はポール・ボルカーが務めており、この金融規制改革の提言書は2009年1月15日に公表された（オバマ政権は同

年1月21日に発足)。
16) Merkley & Levin [2011] は、例えば、自己勘定取引が世界的な金融危機と経済後退にとって重大な役割を果たしていると述べ、その注記において米財務省要人のコメントや報道などの3つの引用元を示しているが、これらの引用元では、金融危機と銀行等の自己勘定取引についての関係は触れられていない。また、その Graph 1 では2002年から2007年までの6つの大手金融機関のトレーディング勘定の資産残高が増加していることを示しているが、これら金融機関の合併等の影響が考慮されていない。つまりは、Merkley & Levin [2011] では、当該修正条項を正当化する経済的な分析や合理的な説明が提示されているとはいえない。
17) Senate Report No.111-176では、ニール・ウォリン (Neal Wolin, 当時の米財務省次官) およびボルカー (上記注2を参照) の議会証言を引用している。
18) この6つの銀行持株会社は、バンクオブアメリカ、シティ・グループ、ゴールドマン・サックス・グループ、JPモルガン・チェース、モルガン・スタンレー、ウェルス・ファーゴ。これら持株会社はいずれも DF 法が新設した SIFIs に指定されている。SIFIs については第4章等を参照されたい。
19) 例えば、2010年7月15日の上院におけるジェフ・マークリー (Jeff Merkley) 上院議員の発言など (Congressional Record Volume 156, Number 105)。
20) 2010年3月30日のロイター社の報道「Volcker: Proprietary Trading not Central to Crisis」を参照。
21) 2009年9月10日に第111回連邦議会で開催された Congressional Oversight Panel におけるヒアリング (S. Hrg. 111-146)。
22) 2010年7月26日のニューヨーカー紙の報道「The Volcker Rule: Obama's Economic Adviser and His Battles over the Financial-Reform Bill」を参照。
23) プライベート・レイベル MBS の発行等については第8章を参照されたい。
24) 例えば、2013年の第26回 Australasian Finance and Banking Conference で報告されたミッシェル・キング (Michael King) 等による推計 (*Does Bank Trading Activity Deliver Alpha or Just Higher Pay?*) によると、特に金融危機時において、銀行のトレーディング業務はリスクを高めており、逆に収益性を低下させていた。
25) 例えば、当時の OCC の通貨監督官代行 (Acting Comptroller of the Currency) であったジョン・ウォルシュ (John Walsh) は、ボルカー・ルールが許容する取引は自己勘定取引と類似しており、規制当局が許容される取引と禁止される取引に明確な線引きすることは不可能であると述べている (2011年6月21日にロンドンで開催された Centre for the Study of Financial Innovation におけるスピーチ)。また、ウォルシュは、グループ・オブ・サーティのメンバーでもあったが、当該スピーチおいて、過剰な資本要求や規制が経済成長にとって脅威であるとも述べている。
26) 例えば Jussi Keppo と Josef Korte の推計 (*Risk Targeting and Policy Illusions-Evidence from the Volcker Rule*) によると、主要銀行の総資産に対するトレーディング・ブックの比率はボルカー・ルールの通過前が10%であったのに対して、その通過後は

3％に減少している。その一方で、トレーディング業務のリターンとボラティリティには変化がみられない。さらに許容された自己勘定取引では、そのトレーディングはより投機的となっている傾向がみられる。この推計を掲載したワーキング・ペーパーは、SSRN（http://papers.ssrn.com/sol3/papers.cfm?abstract_id=2466477）からダウンロードが可能。

27) 例えばソーヒュン・チャン（Sohhyun Chung）とジュッシー・ケッポ（Jussi Keppo）の推計（*The Impact of Volcker Rule on Banking Profits and Default Probabilities*）では、ボルカー・ルールは銀行の時価総額（Equity Value）を平均で4.1％減少させ、その倒産確率は平均で8.6％上昇させるとの結果が提示されている。この推計を掲載したワーキング・ペーパーは、SSRN（http://papers.ssrn.com/sol3/papers.cfm?abstract_id=2167773）からダウンロードが可能。

28) 先に、FRB，OCC，FDIC，SEC の4つの連邦監督機関が2011年10月にプロポーズド・ルールを公開し、CFTC は自己勘定取引に独自案を入れたプロポーズド・ルールを2012年1月に公開している。ファイナル・ルールによれば、プロポーズド・ルールに対して1万8,000件以上のコメントが寄せられた。ファイナル・ルールも、先に FRB，OCC，FDIC および SEC が連名で公表し、CFTC は独自のコメント（IV．CFTC-Specific Comments）を追加した規則を公表している。

29) ファイナル・ルールにおいて、カバード・ファンド（DF 法ではヘッジファンドおよびプライベートエクイティ・ファンドと呼称）に関連して銀行事業体が自己資金を投資する行為は CLO については2017年まで適用が猶予されている。例えば、2014年12月18日のロイターの記事「Fed Expands Scope of Volcker Rule Delay until 2017」などで FRB 等が DF 法で認められた権限を行使し、この猶予対象とする資産を CLO 以外にも拡大させる方針を持っていることが報道されている。

30) カバード・ファンドについては Subpart C で記載されている。このカバード・ファンドへの投資等についても銀行事業体には一部の業務が許容されており、特にファイナル・ルールでは自己勘定取引と同様に、一定の制限に従って、カバード・ファンドの所有持分（Ownership Interest）に関する引受け業務とマーケット・メイキング関連業務が認められている。また、プロポーズド・ルールではすべてのコモディティ・プールをカバード・ファンドとしていたのに対して、ファイナル・ルールではこの定義を限定し、高度基準（Heightened Sophistication Standard）に適合した投資者に対して私募でオファーされたコモディティ・プールをカバード・ファンドとしている。この他外国ファンド（Foreign Fund）に関して、ファイナル・ルールはプロポーズド・ルールの定義を明確化し、外国ファンドの定義に追加的なガイダンスを与えている。カバード・ファンドの定義については、ファイナル・ルールは「一定の事業カテゴリー（Certain Categories of Entities）」をカバード・ファンドの定義から除外した。

31) ファイナル・ルールによれば、クレディスイスや JP モルガン・チェースなどの金融機関の他に、アメリカ銀行協会（American Bankers Association）などから同様なコメントが寄せられている。

第5章　ボルカー・ルールの本質と評価　139

32) 許容される業務であっても禁止対象があり、これは別途定められている。
33) この4つの要件とは、①引受け業務として売買、管理することが可能な商品、エクスポージャーであること、②顧客等の合理的な期待を含めて、引受けポジションの数量やリスクファクターに関連したエクスポージャーおよび証券保有期間、③トレーディング・デスクに課された制限の遵守に関する内部統制や継続的なモニタリングおよび分析、④制限を超過する場合のレビューおよび承認手続き、制限を拡大（暫定的、恒久的）することに対する論証可能な分析、それらに対する分析や独立したレビューを含んだ承認の手続きなど。また、本文の3つの条件の他に、引受け業務に従事する者の報酬について、そのアレンジが禁止対象の自己勘定取引の報酬やインセンティブとならないことや、適用される法律に基づいて銀行事業体が引受け業務を行うための免許や登録をしていることなども列挙されている。
34) この第2の条件には、別途、金融商品に対するこれまでの顧客の需要、現在の在庫、金融商品の数量、市場などのリスク等に関する要因について論証可能な分析が求められる。これには、ブロック・トレードを通じるものも対象となる。
35) さらには、従事する者の報酬についての制限や、適用される法律に基づいて銀行事業体が引受け業務を行うための免許や登録をしていることも、引受け業務に関する規定と同様である。
36) ファイナル・ルールにおけるトレーディング勘定は、基本的には60日以内での保有金融商品の取引を行う勘定としながら、幾つかのトレーディング活動をその除外として挙げている。
37) 当該プログラムは、Subpart Cが規定するカバード・ファンド等との関係にも適用される。
38) この他、ファイナル・ルールのSubpart Dには、「カバード・ファンドに対する追加書類（Additional Documentation for Covered Funds）」と「活動が活発ではない銀行事業体に対する簡易プログラム（Simplified Programs for Less Active Banking Entities）」も追加されている。
39) この資産要件は、DF法が導入したシステム上重要な金融機関（SIFIs）と同額である。SIFIsについては第4章を参照願いたい。
40) プロポーズド・ルールでは、Appendix Cが該当箇所であるが、その段階では単なるMinimum Standardsであったが、ファイナル・ルールでEnhancedが加えられた。
41) 外国銀行事業体の支店や代理店（Agency）には、米国内の当該事業体の上級管理者（Senior Management Officer）により、米国内での事業全体についての立証が求められている。
42) G20の方針に従い、FSBなどが影の銀行部門の規制のあり方についての検討を進めている。例えば、FSB［2014］などを参照願いたい。
43) 2014年3月21日に公表したAnalysis of 12 CFR Part 44. OCCの試算によれば、ボルカー・ルールに関連するコストは総額でUS$413 millionからUS$4.3 billionと幅広い。OCCは、このように試算コストが幅広い理由として、ファイナル・ルールが銀行事業

体のカバード・ファンドへの投資活動、特にCDOやCLO関連への投資活動に及ぼす影響が不明確であることを挙げている。このOCCの試算について、SECの共和党系の委員からは、さらに46の銀行事業体には2014年からの4年間でUS$ 2 billionのコンプライアンス関連コストが追加されると指摘されている（ブルムバーグ社の2014年3月21日の記事「Volcker Rule Will Cost Banks Up to $4.3 Billion, OCC Says」）。

44) この他、社債を含めた債券市場の流通速度が減少しているとの指摘もある。例えばウォール・ストリート・ジャーナル紙の2014年7月6日の記事「The Bond Market is a Drag These Days」など。

45) 2013年4月16日に開催されたRoundtable on Fixed Income Marketsで議論されている。

46) 特に米国債（Treasury Bond）やABSなどに関する貸付の減少がボラティリティを増加させていると指摘されている。

47) 例えば、ロイター社の2014年12月9日の記事「Regulators Concerned at Banks Scaling Back Market Making Commitments」など。ただしBIS [2014] では、市場の取引コストについて懸念されているものの、同コストの増加は観察されていない。

48) ニューヨーク・タイムズ紙の2011年10月21日の記事「Volcker Rule, Once Simple, Now Boggles」では、連邦監督機関の規則に対するボルカーの懸念が掲載されている。

第6章

ヘッジファンド関連規制の導入

I. はじめに

　本章ではヘッジファンドに焦点を当て[1]、これまでの米国における規制の状況および、ドッド・フランク法（DF 法）が導入したヘッジファンドに関連する規制について考察する。DF 法におけるヘッジファンドに関連する記述は、① Title Ⅳ（Sec.401〜Sec.419）でヘッジファンド・アドバイザーに対する新たな規制の導入を促し、② Title Ⅵ（Sec.619）で銀行事業体等によるヘッジファンドへの投資制限（通称ボルカー・ルール）を盛り込んでいる[2]。

　今回の Great Panic とも呼ばれる金融危機を分析した報告書等は多数公開されているが、第2章や第8章でも取り上げる FCIC［2011］を代表例として[3]、ヘッジファンド自体は危機を引き起こした直接的な要因として捉えられてはいない[4]。第4章で説明したように、FSOC が大規模なヘッジファンドを SIFIs に指定し、FRB の監督対象とする可能性があるとはいえ、危機当時の投資銀行や大手商業銀行、保険会社（AIG）などが金融システムに及ぼした影響と比較すれば、ヘッジファンド自体の危険性は喫緊の課題であるとは言えない。また、第5章で分析したボルカー・ルールによる規制も、銀行などの健全性を担保することが目的であり、ヘッジファンドの業や行為に関する規制ではない。

　しかしながら、①欧米の大手銀行等と傘下のヘッジファンドとの関係が不透明で、金融規制当局によるシステミック・リスクの監視にとって障害となっていたことは指摘されてきた。次節で述べるように、本来はファンドの運用スタイルは多様であるものの、その運用スタイル間のパフォーマンスの相関性は増しており、システミック・リスクの観点から、ヘッジファンド全体に対する監視も求められている。また、②金融危機時に、顧客からの換金要請への対応と流動性確保のため、多数のヘッジファンドが一斉に保有資産の投げ売り（Fire

Sale）に動いたことが大幅な資産価格下落の一因になったと指摘されている。さらに米国内では、③2008年に露呈したバーナード・メイドフ事件（第9章を参照）が代表的であるが、近年ヘッジファンドが絡む詐欺事件が増加していること、④ファンド・オブ・ヘッジファンズの普及によって個人投資家がヘッジファンドへ間接的に投資する機会が増えていることから、投資者保護の観点から規制を求める声も強まっている。

次節で述べるように、ヘッジファンドの運用の中心地は米国であり、金融危機後も高い成長性が期待される金融仲介ビークルである。そのため、主としてSECやCFTCが管轄するヘッジファンドに関連した新規制の導入は、米国内に留まらず、世界的なヘッジファンドの動向にも影響を与えると予想される。

本章では以下で、①ヘッジファンドの現状を把握し、②DF法が導入した規制およびSEC規則を整理するとともに、DF法施行の前後を比較しながら、③米国を中心としたヘッジファンドの業および行為の変化について考察する。

II．ヘッジファンドの現状と米国の規制アプローチ

1．ヘッジファンドの推移

第III節以降で述べるように、私募ファンドであるヘッジファンド自体は米規制当局への登録が免除され、本来投資会社に課せられる大半の規制の対象外となっている。登録外であるため公式なデータは少なく、ヘッジファンドの動向は主に民間のリサーチ会社などが独自に収集したデータに頼らざるを得ない。また、データの出所先によっても差異があるため、下記で紹介するヘッジファンドの推移は、総体的な流れを把握することに留める。

The City UKが公表したデータによると[5]、世界的なヘッジファンドの数および運用資産額は2000年前後より伸びを加速し、2007年まで順調に増加していた（図表6-1）。同データを見ると、ヘッジファンドの設立は規制や税制の有利さからオフショア地域も多く、2012年時点では約半数のファンドがオフショア地域（うちケイマン諸島が全体の34％、英領バージン諸島が6％など）で登記されている。一方でオンショア地域では、米国（全体の24％、その多くがデラウェ

ア州)やルクセンブルク (10%) での登記が多い。

SECは1968年に215のInvestment Partnershipを対象としたサーベイ調査を実施している。同調査によると、米国内でヘッジファンドとして認識された数は僅か140であった[6]。また、別のリサーチ会社であるHedge Fund Researchの調べでは、1990年時点で世界のヘッジファンド数は610に過ぎなかった。1998年にLTCMが破綻したことによりヘッジファンドは一時的に減退したものの、2000年前後を境として、ファンドの数や運用資産額の増加速度は増しており、2008年の金融危機の深刻化および同年末にメイドフ事件が露呈するまで、ヘッジファンド業界の成長性は持続していたと言えよう。しかしながら、米国の投資信託協会 (Investment Company Institute) が公表するミューチュアル・ファンドの運用資産額 (2013年末でUS$30 trillion、2012年末ではUS$26.8 trillion) と比較すると、ヘッジファンドの運用資産額 (2012年末でUS$2.1 trillion) はミューチュアル・ファンドの10%にも満たず、その絶対水準自体は高いとはいえない。

図表6-1 ヘッジファンドの推移

	ファンド数	運用資産 (US$ bio)
2000年	4,800	408
2001年	5,500	564
2002年	6,420	600
2003年	6,800	850
2004年	8,100	1,050
2005年	8,800	1,350
2006年	9,500	1,750
2007年	10,070	2,150
2008年	9,600	1,500
2009年	9,400	1,700
2010年	9,550	1,955
2011年	9,860	1,936
2012年	10,100	2,054

出所) The City UK.

図表6-2では、世界の地域別に見たヘッジファンドの運用を表した。米国での一極集中は弱まる傾向にあるが、依然としてファンド運用の中心地は米国であることがわかる。特に、ニューヨーク州における資産運用額は全体の約40%を占めている。The City UKの調査レポートによれば、コネチカット州やマサチューセッツ州における運用も合わせると、米国全体におけるヘッジファンドの運用は依然として世界総額の約70%を占め続けている。ただし金融危機の発生以前は、ヘッジファンドによる資金借り入れの中心は米国ではなく、英国などの欧州で主に行われていた。これは、米国においては転担保 (Rehypothecation) に規制があり、1934年証券取引所法のRule15c3-3およびFRBのRegulation Tによって、担保を差し入れた顧客勘定における負債バランスの

図表6-2　ヘッジファンド運用資産

(単位：％)

	地域別				都市別	
	米国	欧州	アジア	その他	ニューヨーク	ロンドン
2000年					52	8
2001年					52	9
2002年	82	13	4	1	50	12
2003年	76	22	1	1	46	17
2004年	72	25	2	1	44	21
2005年	67	23	7	3	41	21
2006年	66	27	5	2	40	22
2007年	67	26	5	2	41	23
2008年	67	25	6	2	41	23
2009年	67	21	9	3	41	19
2010年	68	22	7	3	41	18
2011年	69	22	6	3	42	19
2012年	70	21	6	3	42	18

出所）The City UK.

140％までの制限がプライム・ブローカー等に対して課されていることが要因の1つと考えられる[7]。ただしIMF［2009］によれば、リーマン・ブラザーズの欧州現地法人（Lehman Brothers Int'l）の破綻後は、特に英国において転担保自体は減少傾向に転じた。

　次に、個別のヘッジファンドの運用資産額を見てみよう。図表6-3は、2012年12月末時点での運用資産額上位のヘッジファンドである。ニューヨーク州を運用拠点とするヘッジファンドが7つ計上されている。2003年末の同調査によれば、最も運用資産額が多かったCaxton Associates（ニュージャージー州）でも運用資産額はUS$12 billionであり、US$10 billionの運用額を超えたヘッジファンド自体が僅か3つしかなかった。図表6-1で示したヘッジファンド業界のみならず、単体ファンドも成長・巨大化する傾向にあるようにみえる。しかしながら、破綻したLTCMは最盛期で約US$140 billionの資産を運用し、さらに、デリバティブの想定元本が総額で約US$1.25 trillionであったことを考えると、ヘッジファンド業界自体は成長しているものの、LTCMの破綻以降、LTCMに匹敵するような巨大ヘッジファンドは出現していない

図表 6 - 3　運用資産額上位ファンド (2012年末)

ファンド名	所在地	US$ billion
1. Bridgewater Associates	米 Westport	76.1
2. JP Morgan Asset Man.	米ニューヨーク	53.6
3. Man Group	英ロンドン	36.5
4. Brevan Howard Asset Man.	英ロンドン	34.2
5. Och-Ziff Capital Man. Group	英ロンドン	30.0
6. BlackRock Advisors	米ニューヨーク	28.8
7. BlueCrest Capital Management	米ニューヨーク	28.8
8. Baupost Group	英ロンドン	28.6
9. AQR Capital Management	米ボストン	25.2
10. Paulson & Co.	米グリーンウイッチ	23.2
11. Angelo, Gordon & Co.	米ニューヨーク	22.6
12. Renaissance Technologies Corp.	米ニューヨーク	22.1
13. DE Shaw & Co. (NY 州)	米 East Setauket	20.0
14. Ellion Management Corp.	米ニューヨーク	19.5

出所) Institutional Investor.

(現時点でのデリバティブ取引の額は不明であるが)。

さらに図表 6 - 4 から、2000年以降のヘッジファンドの平均的なレバレッジは 2 倍にも満たないことがわかる。LTCM のレバレッジは25倍から30倍であったこと、金融危機直前の米国投資銀行 (30倍前後のレバレッジを記録) や、欧州ユニバーサル・バンク (一部は50倍程度までレバレッジを増やしていた) のレバレッジと比較すると、平均的ではあるが、近年のヘッジファンドのレバレッジの使用は低いレベルに留まっている。

多くのファンドには募集金額に上限が設けられていることを考慮しても、LTCM 破綻以降は、個別ファンドの規模拡大に対して、一定の市場規律が働いているようにみえる。

図表 6 - 4　ヘッジファンドのレバレッジ

年	倍
2000年	1.38
2001年	1.17
2002年	1.21
2003年	1.41
2004年	1.48
2005年	1.55
2006年	1.61
2007年	1.67
2008年	1.10
2009年	149
2010年	1.50
2011年	1.35
2012年	1.30

出所) UK-FSA, The City UK.

2. 米国の規制アプローチ

 ヘッジファンドに対する米国規制の詳細は次節以降で述べるが、これまでの規制アプローチは市場を通じた間接的規制（Indirect Regulation）であったと言えよう。例えば、LTCM の破綻を受けて、PWG が公表した報告書（PWG [1999a]）や[8]、2006年5月のアトランタ連銀コンファレンスにおけるベン・バーナンキ FRB 議長（当時）のスピーチをみると[9]、LTCM の破綻以降、債権者や取引相対者等によるリスク管理が厳格となり、ヘッジファンドに対する市場規律が機能し、個別ヘッジファンドの巨大化や過剰なレバレッジ使用が制約されていた旨の分析が行われている。ヘッジファンドに対しては、このような間接的規制の有効性を認めており、法規制等による直接的規制（Direct Regulation）には、むしろモラル・ハザードを発生させる危険性をも指摘されていた。

 しかしながら近年のヘッジファンドの変化により、これまでの間接的規制へ偏重した規制アプローチでは、マクロ・プルーデンスの健全性を十分に確保することが困難になりつつあるとの指摘もある。ヘッジファンド間のリスク溢出（Spillover）効果を実証的に分析した欧州中央銀行（European Central Bank）の報告書（ECB [2009]）によれば、ヘッジファンド間の運用パフォーマンスの相関性が低い場合、あるヘッジファンドの失敗が他のファンドへと伝播する主なルートは投資者やプライム・ブローカーによる換金請求に限られるが、相関性が高くなるに従い、投資者等による換金請求のルートに加えて、ファンドの失敗が直接に他のファンドへ伝播するルートが大きくなることが示されている。本来であれば、運用スタイルの多様化はファンド間の相関性を低め、総体としてシステミック・リスクを引き起こす可能性を減少させるはずである。しかしながら、Brown et al. [2009] の分析によれば、ヘッジファンドの運用スタイルは多様化する一方、運用スタイル間のパフォーマンスの相関性は増していることがわかる（図表6-5）。

 ヘッジファンドの成長と相関性の高まりは、将来の新たな金融的混乱の引き金となる可能性を高める。金融危機以降、DF 法を含めて連邦議会に提出されたヘッジファンド規制に関連する複数の法案に共通する背景として、マクロ・

図表6-5　ファンド間の相関性の高まり

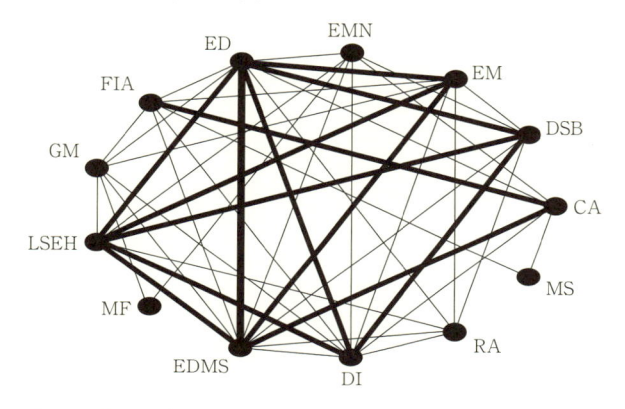

Return Correlations across different hedge funds from 1994-2000.

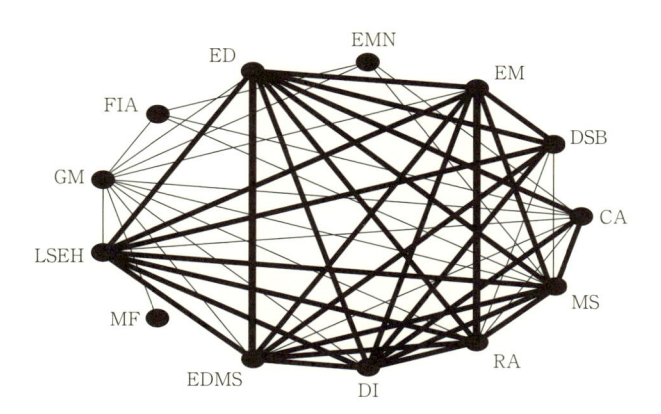

Return Correlations across different hedge funds from 2001-2007.

注）上図は1994年から2000年にかけてのリターンの相関性。下図は2001年から2007年にかけてのリターンの相関性。太くなるほど、相関性が強いことを示す。
　記号はヘッジファンドのスタイル（EMN：エクイティマーケット・ニュートラル、EM：エマージング・マーケット、DSB：デディケイティッド・ショートバイアス、CA：コンバーチブル・アビトラージ、MS：マルチ・ストラテジー、RA：リスク・アービトラージ、DI：ディストレスト・インデックス、EDMS：イベントドリブン・マルチストラテジー、MF：マネージド・フューチャー、LSEH：ロングショート・エクイティヘッジ、GM：グローバル・マクロ、FIA：フィックスドインカム・アービトラージ、ED：イベントドリブン）。

出所）Khandani and Lo [2007].

プルーデンス問題への対応ニーズが挙げられる。米国の規制アプローチは、これまでの市場規律を用いた間接的規制への偏重を見直し、規制当局による直接的な監視や必要時の業・行為規制の権限などの直接的規制の付加を求める方向へと変化した。

Ⅲ．ドッド・フランク法以前のヘッジファンド

本節では、ヘッジファンドに関連する米国規制について、DF法成立以前の状況を把握する。

これまでの連邦証券諸法において、ヘッジファンドの明確な定義は無かった。形態としては私募ファンドであり、その本来の性質は1940年投資会社法が扱う投資会社であるものの、下記に述べるようなファンドの登録免除規定などに該当するため、多くの規制の適用除外となっている。それゆえヘッジファンドをあえて定義するならば、「詐欺的行為や市場阻害行為等を除いて多くの規制の適用を免除されており、投資戦略などの柔軟性を持った私募ファンド」となろう。新たにDF法のSec.619ではヘッジファンドの定義を試みているが、詳細はFRBなどの銀行規制当局、SECやCFTCが作成する規則に依存している（第5章を参照）。

米国のヘッジファンド関連の規制を見るために、DF法が施行される以前の連邦証券諸法の主たる状況を図表6-6でまとめた（条番号等はDF法以前）。私募ファンドとして図表6-6で示した条件を満たすならば、ファンド自身やヘッジファンドに対する投資アドバイザーの行為の多くは、基本的に連邦証券諸法の適用免除であったことがわかる。以下でヘッジファンド本体とファンドへのヘッジファンド・アドバイザーとに分け、DF法以前の状況をより詳細に整理してみよう。

1．ファンド本体の規制

(1) ファンドの設立規定：米国内とオフショア地域

米国内で設立されるヘッジファンドは、登記される州法に従う。国内で設立されるヘッジファンドの形態は、パススルーの適用など税制上有利であること、

図表6-6　連邦証券諸法における主な免除項目等

証券法　証券の登録免除（適用除外取引）
(Securities Act of 1933)
- Sec. 4 (2)　発行者による公募を含まない取引
SECが定めるRegulation DのAct Rule 506はセーフ・ハーバールールとして参照されたい
- Sec. 4 (6)　専ら自衛力認定投資家（Accredited Investor）に対してのみ発行者により募集または売付が行われる取引であって、募集総額がUS$ 5 million（Sec. 3 (b)で規定）を超えず、発行者によってまたは発行者のために行動するものによって当該取引に関して広告または公の勧誘がなされることがなく、かつ発行者がSECの定める通知書を届け出ているもの

証券取引所法　持分証券の登録請求およびSECへの報告義務
(Securities Exchange Act of 1934)
- Sec.12(g)　総資産がUS$1 millionを超え、かつある一種の持分証券（適用除外証券を除く）の所有者が名簿上500人以上である発行者（500人未満の場合は登録免除）
- Sec.13(d)　Sec.12に基づき登録された証券の5％を超える実質所有者となった者
- Sec.13(f)　Sec.13(d)(1)に定める持分証券を総額US$100 million以上、または、SEC規則が定める額以上保有するマネージャー

投資会社法　ファンドの登録免除
(Investment Company Act of 1940)
- Sec. 3 (c)(1)　その社外証券が100名以下の者により実質的に所有されており、かつその証券の公募を行っておらず、また現時点で行おうとしていない発行者
- Sec. 3 (c)(7)　その社外証券がその取得時点において専ら適格購入者（Qualified Purchaser）によって所有され、かつ当該取得時点において当該証券の公募を行っていない、または行おうとしていない証券発行者
　　適格購入者に加えて、（掲示条件を満たす）社外証券が適格購入者でない100名以下の者により実質的に所有されている場合

投資顧問法　アドバイザーの登録免除
(Investment Advisers Act of 1940)
- Sec.203(b)(3)　過去12ヶ月間における顧客数が15未満であって、一般公衆に対し自己が投資顧問であることを一般的に表示せず、かつ投資会社法に基づいて登録された投資会社、……であることを選択し、その選択を撤回していない会社に対して、投資顧問として活動を行わないもの

注1）DF法以降は、条番号等が修正されている法文がある。
　2）自衛力認定投資家：証券法Sec. 2 (15)で規定。適格購入者：投資会社法Sec. 2 (51)(A)で規定する自然人および会社。34年法Sec.13(f)は、国内証券取引所で取引される持分証券等が適用されるため、国内証券取引所で取引されていない持分証券等の保有は対象外となる。

投資者（ゼネラル・パートナーを除く）が有限責任（拠出金の範囲に限定）であることなどから、通常は① Limited Partnership もしくは② Limited Liability Company のどちらかであり、それぞれはほとんどの州で統一法として採用されている Uniform Limited Partnership Act や Uniform Limited Liability Company Act を根拠法とする。従って、ヘッジファンド本体は、例えばデラウェア州で設立される場合であれば、Delaware Code の Limited Partnerships か Limited Liability Company Act の規定に、ニューヨーク州で設立される場合であれば、New York Code に含まれる Limited Liability Company Law の規定に従わなければならない。

　オフショア地域においてヘッジファンドが設立される場合でも、当該地域のオフショア法に従う必要がある。ケイマン諸島や英領バージン諸島に代表されるオフショア地域でヘッジファンドを設立する場合、例えばケイマン諸島であれば、Companies Law や Exempted Partnership Law などに従って、Corporation（Exempted Company）の他に Limited Partnership や Unit Trust の形態をとる。またケイマン諸島においては、オープンエンド型で投資者が15以上等の条件を満たしている場合、そのミューチュアル・ファンド法（Mutual Fund Law）に従ってケイマン諸島通貨庁（CIMA）へ登録される。

　2014年時点で、1万1,010の稼働ミューチュアル・ファンド（Master を含む）のうち、約71％が CIMA に登録されたファンドである。CIMA への登録は、Mutual Fund Law の Sec. 4(3)に該当する登録ファンドがもっともポピュラーであるが、このほか、Sec. 4(1)(a)のライセンスド・ファンドや Sec. 4(1)(b)のアドミニスタード・ファンドとしての登録もある。ヘッジファンドが CIMA へ登録された場合、2人以上の取締役（Director）と CIMA が定める監査人による年次監査などが求められる。

（2）連邦証券諸法における規制

　DF 法が成立する以前の連邦証券諸法においては、図表6-6で示した複数の規定を適用することにより、ヘッジファンドにはレバレッジの使用や投資戦略の決定において相当の自由が与えられてきた。

　SEC は発行や売買が行われる証券に対して、管轄する1933年証券法に基づ

く登録と情報開示を求めている。しかしながらヘッジファンドが、①公募や広告を行わない、②専ら自衛力認定投資家（Accredited Investor, DF法Sec.413で基準を見直し）に募集や売付が行われる等の条件を満たす場合、証券の登録は免除され、情報開示規制の適用は受けない。また、証券取引所法では、企業支配に関連するSec.12(g)、Sec.13(d)・(f)などに該当しない場合、ヘッジファンドには証券登録やSECへの報告義務が課せられない。

　ファンドなどの投資会社を対象とするのは投資会社法である。しかしながら図表6-6で示すとおり、Sec.3(c)(1)・(7)に該当する場合、投資会社としての定義自体からはずれ、SEC登録も免除される。下記でミューチュアル・ファンドを例として挙げるが、SECに登録された投資会社には、①投資方針の変更、②証券の空売り（本章執筆時点で、ネイキッドの空売り自体はSECにより禁止されている）、③借り入れ、④デリバティブ（Certain Derivative）取引などに制約がかかるため、投資戦略の柔軟性を考えると登録免除となるメリットは大きい。ヘッジファンドに関する連邦証券諸法上の取扱いは、ヘッジファンドの投資戦略において大いなるメリットをもたらす。

（3）登録ミューチュアル・ファンドとの比較

　では、連邦証券諸法で規定されている規制が適用された場合、ヘッジファンドの投資戦略にどのような影響が考えられるのか。同じくファンドの形態をとり、投資会社法の下で投資会社としてSECへの登録が求められるミューチュアル・ファンドを比較対象として例に挙げ、登録ファンドが課せられる主な規制を見てみよう。

　図表6-7で、投資会社としてSECへの登録が行われたミューチュアル・ファンドの投資戦略に関連する主な規制をまとめた。このようにミューチュアル・ファンドには、例えば、空売りやデリバティブ取引を行う際には、当該取引をヘッジするポジションの保有や同等の価値を持つ流動性の高い証券の保有が必要となるなど、①投資戦略・手法に制約がかかり、②投資の分散化や、③流動性の確保、などが求められる。

　個人投資家の保護を主な理由としてミューチュアル・ファンドに対するこれらの規制は、直接的なファンドへの投資が原則としていわゆるプロ投資家に限

図表6-7　ミューチュアル・ファンドの投資戦略に関する主要な規制

1．**投資の分散化**：投資会社法 Sec. 5 (b)(1)
　ミューチュアル・ファンドが利益の分配金を損金として算入させるためには、内国歳入法典 Sec.851(b)(3)が求める「規制された投資会社」の定義に従う必要がある。
　しかしながら、投資会社法 Sec. 5 (b)(1)の分散型ファンド（Diversified Fund）の定義は、内国歳入法典の定めよりも厳しく、純資産のうち少なくとも75％は現金および現金項目、政府証券等に投資しなければならない。
　また、1発行者の証券への投資は純資産の5％を超えてはならず、当該発行者の社外議決権証券の10％以下に保有が制限される。

2．**空売りおよびデリバティブ取引の制約**：投資会社法 Sec.12(a)、SEC による No-Action Letter
　登録投資会社であるミューチュアル・ファンドによる証券の空売りは投資会社法 Sec.12(a)(3)で基本的に禁止されている。
　（証券の空売りおよびデリバティブ取引は、投資ポジションのヘッジ目的［取引の相殺］であるか、もしくは、別勘定で同等の価値がある流動性の高い証券を保有している場合は可能）
　投資会社法 Sec.18(f)および、SEC が1987年に Dreyfus 社へ宛てた No-Action Letter、ならびに1989年の Hutton Options Trading 社に宛てた No-Action Letter 等を参照されたい。

3．**借り入れの制限**：投資会社法 Sec.18(a)・(f)
　クローズドエンド型ミューチュアル・ファンドが確定金銭債務である上位証券を発行する場合、資産担保率が300％を下回ってはならない。
　オープンエンド型ミューチュアル・ファンドは上位証券の発行・売付はできない。
　銀行借り入れは可能であるが、借入金の資産担保率が300％を下回ってはならない。

4．**ロックアップ期間**：投資会社法 Sec.22(e)
　登録投資会社のミューチュアル・ファンドは、顧客の払い戻し要求に対して原則として7日以内に対応する必要がある。
　（ヘッジファンドの場合、新投資に対するロックアップ期間は約3ヶ月から長期で2年間に及ぶ。）

5．**流動性の低い証券への投資制約**：投資会社法 Release No.18612
　オープンエンド型ミューチュアル・ファンドは流動性の低い証券へ投資する場合、投資額はファンドの純資産の15％を超えてはならない。

6．**投資方針の変更**：投資会社法 Sec.13
　登録投資会社であるミューチュアル・ファンドが投資方針を変更する場合、その社外議決権証券の過半数による議決が必要となる。

注）その他、投資顧問法 Sec.205(a)-1は、投資アドバイザーによるパフォーマンス・フィー契約を基本的に禁止している。
出所）Shadab［2009］を参照して筆者が作成。

定されているヘッジファンドと比べ、その投資戦略全般に大きな制約を課していることがわかる。ヘッジファンドの最大の特徴であり、高い運用利回りの源泉でもある投資戦略の柔軟性は、個人投資家の直接参加を制約することによる各種規制の免除によってもたらされているとも言えよう。

このようにヘッジファンド本体に関して、その設立における州法等の規定や詐欺的行為の防止等に関する行為規制の適用はあるものの、少数のプロと見なされる機関投資家や富裕層に証券の販売や勧誘が限定される場合、ファンドの仕組みや行為に関する連邦証券諸法の多くは適用が免除され、結果としてヘッジファンドの投資戦略に柔軟性をもたらしている。下記でSECの行動をみながら明らかとするが、これまでの米国の規制には、ヘッジファンドの成長性への強い配慮があったことがわかる。しかしながら各種規制の適用免除は、ヘッジファンドの透明性を低下させる原因でもあった。

例えば前掲した The City UK の調査によると、2012年末で世界的に約2,600のファンド・オブ・ヘッジファンズがあり、ヘッジファンドの総資産の約25%を占めている。このようなファンド・オブ・ヘッジファンズは、SECへ登録され、上記の制約や透明性の確保が行われても、ファンドの投資先であるヘッジファンドの不透明性が払拭されているわけではない。ミューチュアル・ファンドとして個人投資家による直接投資が可能であることから、個人投資者保護の観点から問題があることを指摘されている。特に米国では、メイドフ事件以降、このファンド・オブ・ヘッジファンドの普及がヘッジファンドに直接的な規制を求める根拠として挙げられるようになった[10]。

2．ヘッジファンド・アドバイザーの規制

証券取引における投資アドバイザーは、基本的に、連邦監督機関であるSECもしくは州の証券当局（ワイオミング州は特異）に登録が必要となり、業規制を受けることになる[11]。

DF法以前、投資アドバイザーに関する州証券当局の管轄は、1940年投資顧問法やSEC規則が定める業行為に該当せず、その業行為が15州未満で行われ、かつ運用総額が US$25 million（もしくはSEC規則による金額等で規定）を下回る小規模業者であった。しかるに、相当規模以上で業務を行う投資アドバイ

ザーは、投資顧問法の対象となり、基本的にはSECへの登録対象となる。

　しかしながら図表6-6で示すように、投資顧問法のSec.203は、一般公衆を対象とせず、なおかつ顧客数が限定されている場合に限りSECへの登録を免除している。DF法以前の米国において、ヘッジファンド・アドバイザーは、投資顧問法の登録免除規制を適用することが可能であった。ただし、エリサ法（ERISA）が対象とする企業年金等が特定のヘッジファンドに対し自らの基金の25％を超えて投資する場合、ヘッジファンドのマネージャーはERISAに従い、SECもしくは州の証券当局へ投資アドバイザーとして登録する必要がある。

　SECへ登録された場合、登録アドバイザーには投資顧問法のSec.203(b)が定めるレコード・キーピングならびに情報の開示が求められる。SECへの登録が免除されれば、①Form-ADVによりSECならびにファンド投資家に対して投資ストラテジーを含む基本情報を開示することが不要となり、②詐欺的行為などを除いて、SECによる直接的な検査（Examination）や査察（Inspection）の対象にもならない。また登録免除となった場合には徴収するフィー体系にも制約がかからない（第Ⅳ節参照）。ヘッジファンド本体と同様に、ヘッジファンド・アドバイザーに関してもSEC登録の免除を受けるメリットは大きい。

　また、ヘッジファンドが先物やコモディティ・オプションの取引を行うCommodity Poolである場合、Commodity Pool Operators（CPOs）やCommodity Trading Advisors（CTAs）は、商品取引所法（CEA）によりCFTCへの登録と全米先物協会（NFA）への加入が基本的に義務化されている。しかしながら図表6-8で示すとおり、商品取引所法やCFTC規則にも、CPOsやCTAsの登録を免除する項目がある。

　このように、これまでの米国におけるヘッジファンド関連の規制は、連邦証券諸法において複数の適用免除項目を設けることにより、連邦規制当局が監督・監視を行う直接的な規制ではなく、商業銀行や大手投資銀行がヘッジファンドに提供するプライム・ブローカー業務や、取引のカウンター・パーティとしてのリスク管理を通じて監視する、いわば市場機能を活用した間接的な規制に依存していた。ヘッジファンドやヘッジファンド・アドバイザーを個別に見た場合、この間接的な規制は、業界の成長性と安定性にとって有利となる規制

図表6-8　主な CFTC への登録免除規定

商品取引所法（CEA）における CTA 登録の除外
CEA Sec.4m(1)　過去12ヶ月間における顧客数が15人未満であること
CEA Sec.4m(3)　SEC に投資アドバイザーとして登録されている者
主たる業務が CTA ではない者
コモディティ先物や登録デリバティブ取引を行う投資信託等に対して CTA 業務を行っていない者
CFTC 規則における除外規定
Rule 4.12(b)　CPO に関して、C.F.R Title17, Chap 1, Part 4 の適用を除外
Rule 4.13(a)(3)　Pool への参加者が適格投資家、QEP（Qualified Eligible Person）である場合 CPO の登録を免除
Rule 4.13(a)(4)　Pool へ参加する自然人がすべて QEP であり、残りの参加者が自衛力認定投資家か QEP である場合、CPO の登録を免除
Rule 4.14　CTA 登録の除外要件
Rule 4.5　CPO および Pool に関する定義からの除外、従業員年金プラン等
Rule 4.7　登録 CPO に関して、C.F.R Title17, Chap 1, Part 4 の適用を除外 Pool への参加が Qualified Eligible Person のみに限定される場合

注）QEP、適格投資家、自衛力認定投資家は CFTC Regulation 4.7(2)ないし4.7(3)で規定。

体系であったと言えよう。

3．SEC とヘッジファンド規制：LTCM 破綻を契機とした行動

前節で紹介したように、DF 法以前は、ファンドの設立に関する州法等に従うものの、ファンド本体やヘッジファンド・アドバイザーは、連邦証券諸法や商品取引所法が定める条件を満たす場合、SEC や CFTC への登録を免除されている。特に SEC へのヘッジファンド・アドバイザー登録は、下記に述べる2006年のゴールドステイン判決以降、あくまでも自発的な登録を推奨しているに過ぎなかった。

一方で SEC は、図表6-9でまとめたようにファンドのガバナンスやヘッジファンド・アドバイザーに関する規制手段の検討を進めてきた。諸説あるが、1949年にアルフレッド・ジョーンズ（Alfred Jones）が設立したパートナーシップがヘッジファンドの第1号であると言われていることを鑑みると、かなり初期の段階から SEC はヘッジファンドに関心を持っていたと言える。また SEC の活動を時系列で見ると、米国におけるヘッジファンド関連規制に対す

図表6-9　SECによるヘッジファンドに関連する主な活動

1969年	第35年次報告書でヘッジファンドのレバレッジと空売りに関する調査を掲載
1972年	機関投資家のヘッジファンド利用に関して調査
	(Institutional Investor Study, Report, H.R. Doc. No.92-64, 92 Cong., 2d Sess)
1991年	574の投資アドバイザーを査察
1992年	連邦証券法下でのヘッジファンドの規制に関して、議会小委員会へ報告書、6月
	(Breeden Letter)
1999年	LTCM破綻を受け、PWGによる報告書、4月
	(金融の安定性と投資者保護に関する分析と提言)
2003年	ヘッジファンド・ラウンドテーブルを開催、5月
2003年	SECスタッフレポート、9月
	(Implications of the Growth of Hedge Funds)
2004年	Large Internationally Active Securities Firmsを監督するプログラム、4月
	(CSE Program)
2004年	ヘッジファンド・アドバイザーのSEC登録を求める規則を公表、12月
	(File No. S7-30-04)
	(2006年6月のゴールド・スタイン判決により無効化)
2005年	SECスタッフレポート、5月
	(Exemptive Rule Amendments of 2004: The Independent Chair Condition)
	投資信託やヘッジファンドのガバナンスに関する調査
2006年	議会証言で、ヘッジファンドへの投資アドバイザーの登録の必要性および、登録アドバイザーに対して必要と思われる検査項目を提示
	(5月16日、上院銀行・住宅・都市問題委員会)
2007年	投資アドバイザーによる不正行為を防止するルールを公表、8月
	(File No. S7-25-06)
2008年	バーナード・メイドフを告発、12月
2009年	ポスト・メイドフ・リフォームを発表、9月
	(ブローカー・ディーラーと投資アドバイザーに対する検査を統合)

る活動が、①1998年のLTCM破綻と、②2008年のメイドフ事件の2時点を境に、活性化していることがわかる。

　LTCM破綻時のヘッジファンドに関する規制の問題点は、PWG［1999a］や、政府説明責任局（GAO）が1999年10月に議会へ提出した報告書（GAO［1999］）が参考となろう。特にPWG［1999a］は、米国規制担当当局自身によるヘッジファンド規制の総括を行い、ヘッジファンド等に関する情報収集の必要性の高まりを指摘し、議会に対してヘッジファンドを規制する法的権限の付与を求めた。

　SECはスタッフレポートの形式で、ヘッジファンドの実態を調査した「Implications of the Growth of Hedge Funds」を2003年9月に公表し、またSEC

自身の規制方針を明確に打ち出している[12]。当該レポートはSECの懸念事項として、①ヘッジファンド等への規制が不十分、②ヘッジファンドの情報把握が不十分、③ファンド・オブ・ヘッジファンズの普及により、間接的に個人投資家がヘッジファンドへ投資する機会が増えている、④ヘッジファンドを巡る詐欺事件の増加、などを挙げている。さらに、当該レポートは、①ヘッジファンド・アドバイザーのSEC登録を義務化、②公募ファンド・オブ・ヘッジファンズの情報開示基準を投資会社法に合致させる、③プライム・ブローカーの業務に対する監視(その後当時のNASD、現FINRAにより、ヘッジファンド商品の販売勧誘ルールは明文化され、販売資料に過去の運用成績を表示しないことなどが再確認されている)、などをSECに対して勧告している。

翌2004年7月に、SECはヘッジファンド・アドバイザー登録に関する新たな規制案を公表した。投資顧問法では「過去12ヶ月間以内の顧客数が15未満」(図表6-6)をSECへのアドバイザー登録免除の条件として記載されているが、投資顧問法上の「顧客(Client)」の概念は必ずしも明確ではなく、慣習的に1つのファンドが1つの顧客にカウントされていた。SECは新規制案において、顧客としてファンドへの投資者数をカウントすることを提示した結果、1つのファンドへのアドバイスであっても、当該ファンドの投資者が15以上であれば、SECへの登録義務が生じることになった。DF法によって達成されたが、ヘッジファンド本体ではなく、ファンド・アドバイザーのSEC登録を通じて、ヘッジファンドを規制対象とする試みは、いわばSECの宿願でもあった。2004年7月のウイリアム・ドナルドソンSEC委員長(当時)による議会証言からは、SECは過去2年以上の時間をかけて、新たな規則の検討を行っていたことがわかる。

このようにSECが自身の権限による対応を強行しようとした背景には、当時のホワイト・ハウスや連邦議会が自由取引を重視し、連邦法による規制が難しかったことがあると思われる。例えば第106回連邦議会(1999年9月)で、ヘッジファンドに対し、貸借対照表やレバレッジの状況、ポジションの市場価値などを含んだレポートを四半期毎にFRB等へ提出させるHedge Fund Disclosure Act of 1999 (H.R.2924)が法案として提出されたが、ほとんど審議も行われなかった。PWG [1999a]などが指摘する規制強化の指摘の下で、投資

顧問法を改正しSECの法的権限を明確化することに対して、議会の賛同を得ることは困難であったと思われる。

　SECはパブリック・コメントの公募を経て、2004年12月には、新たなRule203(b)(3)-2の付与およびRule203(b)(3)-1などの既存のSEC規則の修正と、SECへの報告様式であるForm-ADVの修正を主とするファイナル・ルール（17CFR Part275・279）を公表した。SEC規則の採決は委員長を含む5名の委員によって行われるが、このファイナル・ルールの裁決時に2人の委員（Cynthia A. Glassman と Paul S. Atkins, 共に共和党員）から異議の申し出があった点は注意すべきであろう。2003年5月にSECが開催した2日間に亘るヘッジファンド・ラウンドテーブルの内容も合わせて考えると、SECは新たな規制を実践しようとしていたものの、ヘッジファンド業界の成長性を損なうことにはSEC内部でも異論があり、新規則もこのような成長性に配慮した内容となったことが推測される。

　新規則は2005年2月10日に施行されたものの、2006年6月のいわゆるゴールドステイン判決（Goldstein v. SEC, ワシントンD.C.巡回区連邦控訴裁判所）により当該規則を無効とする判決が下されたことにより短命に終わっている[13]。しかしながらGAO［2008］によると、この時点でSECには1,991のヘッジファンド・アドバイザーが登録され、うち49のアドバイザーで米国内でのヘッジファンド運用資産の3分の1を占めていた。また、DF法成立時点で、米国におけるヘッジファンド・アドバイザーの約6割がSECに登録されていたと言われており、SECによる上記アドバイザー登録の試みには、一定の効果があったとも言える。

Ⅳ．ドッド・フランク法の成立とヘッジファンド規制の見直し

1．アドバイザーの登録と情報収集権限の確立（Title Ⅳ）

　DF法は主に、①ヘッジファンド・アドバイザーの登録、②ヘッジファンドによる記録保持およびSECへの報告義務、③銀行によるヘッジファンドへの投資抑制の3点で新たな規制の付与と見直しを行っている。ただし、DF法は

ヘッジファンドが発行する持分証券や、ヘッジファンド自体に投資会社登録を求めておらず、ヘッジファンドの利点である投資戦略の柔軟性を損なう規制は見送られた。

　前節で、LTCM 破綻以降の規制行動として、SEC がヘッジファンド・アドバイザーの登録義務化を試みたことを紹介した。また、メイドフ事件などのヘッジファンドに関連した詐欺事件への対応や、ファンド・オブ・ヘッジファンズの増加にともなった個人投資者保護の強化が求められてきた。その対応策として、SEC にとっては宿願とも呼べるヘッジファンド・アドバイザーのSEC 登録義務化は、DF 法の Title Ⅳ（Private Fund Investment Advisers Registration Act）により投資顧問法の修正が行われることで実現している。Title Ⅳおよびその他ヘッジファンド・アドバイザーに関連する主な項目を図表6-10でまとめた。

　ヘッジファンド・アドバイザーの SEC 登録に関して、DF 法の Sec.403で、登録の主要な免除規定であった1940年投資顧問法の Sec.203(b)(3)に、"other than an investment adviser who acts as an investment adviser to any private fund" の一文が挿入された。この投資顧問法の修正により、ベンチャー・キャピタルへのアドバイザーや外国プライベート・アドバイザー（Foreign Private Adviser）を除いて、ヘッジファンド・アドバイザーは顧客数等に関係なく、原則として SEC ないしは州の証券当局への登録が義務づけられた。

　また DF 法の Sec.410は、投資アドバイザーに対して SEC 等への登録を明記している。従来は運用資産額が US\$25 million 以上のアドバイザーが SEC の監督対象となっていたが（未満は州が管轄）、DF 法はその境界を US\$100 million まで引き上げている（2009年末時点で、ヘッジファンドの56％が運用資産額US\$25 million 以下であった）。ただし DF 法 Sec.408は SEC に対して、運用資産額が US\$150 million 未満のプライベート・ファンド・アドバイザーの登録を免除する権限も与えている（同じく2009年末時点で運用資産額 US\$150 million は全体の82％をカバーしている）。従って、アドバイザーの業行為環境や今後のSEC 規則によって異なるが、運用資産額が US\$100 million から US\$150 million を境として、運用資産額が少額のヘッジファンド・アドバイザーは州の証券当局の管轄とされた。このように DF 法は、ヘッジファンド・アドバイザー

図表6-10　ヘッジファンド・アドバイザーに関する主なDF法の項目

Sec.403	プライベート・アドバイザー登録免除の見直し等
	投資顧問法 Sec.203(b)の修正
Sec.404	システミックリスクデータ等の収集、報告、検査、開示
	投資顧問法 Sec.204の修正
Sec.406	SECおよびCFTCの規則策定権限の明確化
	投資顧問法 Sec.406の修正
Sec.407	ベンチャーキャピタル・ファンド・アドバイザーの登録除外等
	証券取引法 Sec203の修正
Sec.408	プライベートファンド・アドバイザーの登録除外と報告
	投資顧問法 Sec203の修正
Sec.409	ファミリー・オフィス
	投資顧問法 Sec.202(a)(11)の修正
Sec.410	州と連邦の責任
	投資顧問法 Sec.203A (a)の修正
	投資アドバイザーの連邦登録に関する資産的境界
	運用資産額がUS$25 millionからUS$100 millionまでのミッド・サイズファンドを州の管轄へ移行[注]
Sec.411	顧客資産の保管
Sec.413	自衛力認定投資家基準の調整
	証券法下のSECルールの見直し
Sec.414	商品取引所法に関連する解釈基準
Sec.418	適格顧客基準の修正
	投資顧問法 Sec.205(e)の修正
Sec.619	ボルカー・ルール
Sec.913	ブローカー・ディーラーおよび投資アドバイザーの義務に関する分析とルール作成
Sec.914	投資アドバイザーの検査およびエンフォースメントの分析
Sec.919B	投資アドバイザーおよびブローカー・ディーラー情報への投資家アクセス改善に関する分析

注）US$150 million未満ならば、SECが州の管轄へ移行させることができる。

の登録を原則義務化したと同時に、結果として従来よりも州が管轄するアドバイザーの対象を拡大している。これは、SECの監督リソースを中規模以上のアドバイザーに集中させる意図であろうが、後述するような新たな問題を引き起こす可能性もある。

　ヘッジファンド・アドバイザーに対するSEC登録は、SECが登録アドバイザーに対する監督権限を得たことを意味する。Sec.404では、SECが登録アドバイザーに対して報告やデータの提供を要求する権限が明記されている。SECやFSOCがシステミック・リスクや投資者保護等に照らして必要と思わ

れるデータ等が対象となり、基本的には、①運用資産額、②レバレッジの使用、③クレジットリスク総量、④ポジション、⑤評価方法、⑥保有資産の種類、⑦投資手法等が含まれている。

　ヘッジファンドに関連する投資者保護に関しては、Sec.411で顧客資産の保護措置が登録アドバイザーに義務づけられている他、Sec.413やSec.418では、SECに対して自衛力認定投資家（証券法で規定）や適格顧客（Qualified Client, 投資顧問法で規定）の基準を適宜見直すことが求められている。

　このようにDF法は、ヘッジファンドの優位性を保ったまま、ヘッジファンドへの投資アドバイザーに対するSECの監督権限および登録アドバイザーを経由した情報収集権限の設定を通じて、ヘッジファンドに対する新たな規制を試みている。DF法によって、SECが求めていたヘッジファンド・アドバイザーのSEC登録が実現し、登録アドバイザーへの監督権限とアドバイザーを経由したヘッジファンドの情報収集権限が明確化されたと言えよう。個人投資者保護の強化、ヘッジファンドの成長性やファンド間の相関性の増大を考えると、このような米国規制の措置は妥当であろうと思われる。DF法を受け、SECは次で述べるように、ヘッジファンド・アドバイザーに関連する複数の規則を公表している。

2．DF法下で提示されたSEC規則

　DF法の定めに従い、SECが提示した規則を図表6-11でまとめた。

　これらの内容をみると、①新たなる登録除外要件の明確化、②レコード・キーピングおよびSEC等への報告義務、③システミック・リスクに関連するデータ報告手法の整備、④投資者保護の強化などが、SEC規則によってはかられている。DF法のTitle ⅣがSECに求める規則整備のほとんどは、図表6-11で示すSECの規則提示に含まれている。これらSEC規則をみると、登録されたヘッジファンド・アドバイザー、ならびにRule204-4が対象とする登録免除アドバイザーに対して、ファンドの情報収集ルートを整備するとともに、必要時の検査や考査の法的権限を明確化したに過ぎないことがわかる。

　上述したように、DF法はファンド本体の設立に対して、新たな規制を導入するものではない。また同法は、Sec.406でSECやCFTCの連邦法上の権限を

図表6-11　主なSEC規則の新設と修正

内容	新設・修正規則	対応するDF法
Form ADV の見直し		Sec.403
Form PF の新設		Sec.404
プライベート・ファンド・アドバイザー等の Form PF による報告	Rule204(b)-1 (CFTC Rule4.27(d))	Sec.404 Sec.406
外国プライベート・アドバイザーの定義と登録除外	Rule202(a)(30)-1	Sec.407
VCファンド・アドバイザーの定義と登録除外	Rule203(l)	Sec.407
SEC登録除外アドバイザーへの報告要求	Rule204-4	Sec.408
AUM US $ 150 million 未満の登録除外要件	Rule203(m)-1	Sec.408
ファミリー・オフィスの定義	Rule202(a)(11)(G)-1	Sec.409
ミッドサイズ・アドバイザーを州へ移管	Rule203A-5	Sec.410
自衛力認定投資家基準の調整	Rule215	Sec.413
適格顧客の定義変更および登録投資アドバイザーの成功報酬	Rule205-3	Sec.418

注）DF法 Sec.411が求める内容は、すでにSECが2009年3月に公表したポスト・メイドフ・リフォームに含めており、同年12月にファイナル・ルール（Rule204(6)-2）を発行している。
VC：ベンチャー・キャピタル（Venture Capital），AUM：運用資産額（Asset Under Management）

明確化しているが、「顧客（Client）の定義」を権限から除外し、SEC等が顧客の解釈を変更することを防いでいる[14]。つまりは、FSOCによってSIFIsに指定された場合の特定のヘッジファンドを除き、登録されたアドバイザーの行為等を別段に抑制するものではない。例えば現行の投資顧問法 Sec.205(a)(1)により、SECへ登録された投資アドバイザーは基本的にパフォーマンス・フィー契約を締結することが出来ない。しかしながら同法 Sec.205(e)の下、SEC は Rule205-3により適格顧客との契約については、登録アドバイザーがパフォーマンス・フィー契約を締結することを認めている[15]。DF法によって、SECへのアドバイザー登録の対象となるファンド規模が引き上げられたにもかかわらず、2011年5月にSECが提示したRule205-3の修正案は、適格顧客の基準をインフレ率に連動させる程度に留め、その適用基準の引き上げは僅かである[16]。

3．ボルカー・ルールによって予想される変化

(1) ボルカー・ルールとヘッジファンド

第5章で述べたように、ボルカー・ルールは金融システムに影響を与える大手金融会社を対象としており、ヘッジファンドを直接規制するものではない。

しかしながら、これまで規制の枠外であったヘッジファンドに対して、米国の規制体系が市場を通じた間接的規制が中心であったことを考えれば、以下の通りにボルカー・ルールによって銀行事業体等の活動が制約された結果、ヘッジファンドの監視機能にも影響が出る可能性がある。

　DF 法の Title VI で示されたいわゆるボルカー・ルールは、銀行事業体および、新たに FSOC の指定を受け FRB の監督下に置かれる金融システム上重要なノンバンクを対象にしている。Title VI の Sec.619 は、銀行事業体や上記ノンバンクのヘッジファンド等への投資に関して新たな制約が加えている。

　銀行事業体に関しては、Sec.619(d)(1) で定められた10の「許容される業務」に含まれるヘッジファンドの組成・募集を除いて（図表 5－2 は同業務が許容される条件）、ヘッジファンドの持分証券やパートナーシップ持分等を獲得・保持することが原則禁止された。投資アドバイスの供与やプライマリー・ブローカー業務などは可能ではあるが、銀行事業体による自己勘定でのヘッジファンド投資は原則的に不可能となった。また、ヘッジファンドの組成・募集を行う場合も、①出資比率を設立後 1 年以内にファンドの持分の 3 ％以内に抑え、②ファンドへの全出資額が事業体の Tier 1 自己資本の 3 ％を超えてはならない、③組成・募集したヘッジファンドは、連邦準備法（Federal Reserve Act）の Sec.23A および Sec.23B の対象とされ、銀行の子会社と同等の扱いを受ける、④ FRB などの銀行規制当局や SEC、CFTC が定める定量的制限（分散投資の強制）や自己資本の追加要求に従う必要があり、⑤ファンドへの出資額は事業体の有形株主資本から控除され当該控除額は出資先ファンドのレバレッジと比例して大きくなるなど、相当の制約を受ける。

　ノンバンクに対しては、銀行事業体とは異なり、ヘッジファンドへの出資等は禁止行為ではない。しかしながら上記の許容された活動を除いて、ヘッジファンドの持分証券等の獲得や保有を行う場合は、銀行事業体と同様に定量的制限や追加自己資本の要求に従う必要が生じる。

(2) ヘッジファンド・ビジネスは変化するのか？

　DF 法の施行により、ヘッジファンド・ビジネスはどのように変化するのであろうか。

本節の整理から明らかなように、ヘッジファンド本体や発行する持分証券などに関する登録除外規定は、従来と変わりがない。詳しくは第5章を参照願いたいが、ボルカー・ルールによって、銀行事業体によるヘッジファンドへの投資は原則的に禁止され、金融システム上重要であると認定されたノンバンクによる投資は一定の制約が行われた。しかしながら、銀行事業体によるヘッジファンドの組成・募集は、期限があるものの可能であり、また条件付ではあるが、ヘッジファンドに対するプライム・ブローカー業務に制約は加えられていない。

　DF法のSec.404によって、登録アドバイザーはSEC等にデータの提供が求められるが、当初懸念されていたような、ヘッジファンドの投資戦略そのものの提供は見送られている。このためDF法以降も、ヘッジファンドは最大の利点である投資戦略の柔軟性を保証されている。

　一方で、ヘッジファンド・アドバイザーの登録義務化により、様々な制約やコスト負担が課せられる。報酬体系に関しては、図表6-11で示したSECのRule 205-3に該当しない場合、キャピタル・ゲイン等を基準としたパフォーマンス・フィーを徴収することが実質的に困難になる。また、新たに負担するコストとして、①取引記録等の保管とSEC等による検査への対応、②投資顧問法が定めるカストディ・ルールの適用（ただし、その多くは回避が可能）、③株主総会での代理投票ポリシーおよびその手法、④投資顧問法が定める政治献金の禁止、⑤コンプライアンスの整備（コンプライアンス・オフィサーの設置とコンプライアンス・プログラムの制定）、⑥倫理コードの保有、などを挙げることができる。これらのコスト増加は、ヘッジファンドの新規参入にとってある程度の障壁となるかもしれない。しかしながら、投資戦略の柔軟性確保と比較すれば、これらの制約やコストは、既存のヘッジファンドの優位性を揺るがすほどではない。

　SEC等の規制当局は、登録されたアドバイザーを通じて、ヘッジファンドに関する基本的な情報収集ルートの確立と、必要時の監督・規制権限を手に入れた。これらDF法によって新たに導入された規制は、ヘッジファンドの成長性に留意しつつ、システミック・リスクに関する規制当局の権限の法制化と投資者保護の強化をはかったに過ぎない。むしろ銀行事業体等とヘッジファンド

とを比べると、それぞれに課せられる規制の格差は相対的に広がったと言えよう。

　銀行事業体の自己勘定取引（Proprietary Trading）を原則的に禁止したボルカー・ルールを受け、ゴールドマン・サックス、JPモルガン・チェース、モルガン・スタンレーは、同部門のスピンオフを公表したが、第5章で述べたように、これらの業務の一部は影の銀行（Shadow Banking）部門へと転じている。DF法の施行によって、以前は銀行事業体が行っていた自己勘定取引などの一部は、ヘッジファンドの形態で独立させ、銀行事業体自身は当該ファンドに対するプライム・ブローカー業務によって収益を得るビジネス・モデルも考えられる。いずれにしても、銀行事業体等が自己勘定部門で提供していた市場機能の一部は、ヘッジファンドが担うことになろう。また、銀行事業体等の行動が抑制された結果、市場における裁定機会の増加も予想され、市場仲介者としてのヘッジファンドが提供する、流動性やリスクマネジメント・サービスの価値は高まるのではないか。

　一方でEUにおけるヘッジファンド（代替投資ファンド）規制の強化を受け、米国でも金融規制のグローバル・スタンダードを取り入れたヘッジファンドの増加も予想される。米国外の投資者へ対応すべく、欧州のUCITs指令（UCITs Ⅲ）に準拠し、KID（Key Information Document）を活用した情報開示を行うファンド（NEWCITS、UCITs-Compliant Hedge Funds）が米国でも広まることが予想される。

Ⅴ．第6章のまとめ：新たに懸念される問題

　DF法の施行により、新たに懸念される問題点を指摘しよう。第1は、州の証券当局が管轄するヘッジファンド・アドバイザーの増大である。DF法によって、SECの監督リソースが中規模以上の登録アドバイザーに集中された。米国の連邦監督機関の能力に照らして、あまりに多くのリスク管理機能を当該機関に担わせることの危険性は第1章など複数の章で指摘しているが、州の証券監督当局に対する同様の危険性はより深刻である。例えば2008年にユタ州の監査局が公表したレポートでは、州の証券当局の能力に多大な疑問が提示され

ている[17]。また、ニューヨーク州を除いて、各州の証券当局の人員は数人から30人程度であり、カリフォルニア州などの財政上の問題を抱える州では人員の増員もままならない。DF法によって州の証券監督当局が管轄するヘッジファンド・アドバイザーは数千規模で増加するとの予測もある。州が管轄する規模のヘッジファンドが金融システムに悪影響を与える可能性は低いものの、投資者保護の観点からは小規模なメイドフ事件が増加する懸念もある。

　第2は、本章で述べた通り、これまでの米国におけるヘッジファンドの監督は、ファンドの業務と関連する金融機関によるリスク管理を活用する、言わば市場を経由した間接的規制であった。例えば2007年4月に公表された仏中銀の報告書（Banque de France［2007］）などは、近年のヘッジファンドへの急激な資金流入によって、システミック・リスクに注視する必要が増しているものの、その方法は、主に商業銀行や投資銀行が債権者や取引相手として、リスクマネジメントやカウンターパーティリスク・マネジメントを行う間接的規制が効果的であると分析している。

　プライム・ブローカー業務は制約を受けないものの、ボルカー・ルールによって銀行事業体を中心にプリンシパル・ビジネスは相当の縮小が予想される。マクロ・プルーデンス重視の観点から、SECやCFTCによる直接的な監督の強化と合わせて、米国のファンド規制体系は直接的規制へと傾きつつあると言える。これまでの米国では、ヘッジファンドのリスクテイクを抑制することに間接的規制は効果があると評価されてきた。一方で、直接的規制には流動性の減少やモラル・ハザードの発生など負の効果があることも指摘されている。間接的規制と直接的規制の最適なバランスに関して必要とされる議論は、米国内で欠けていると言わざるを得ない。

注
1）　ヘッジファンドは多様であるため、法的に明確な定義は難しい。EUでは代替投資ファンド（Alternative Investment Fund）とも呼称される。IOSCO［2009］はヘッジファンドの特徴として、①マネジメント・フィーとパフォーマンス・フィーを併用、②ファンド・マネージャ自身が投資、③デリバティブを利用、④投機的な運用、⑤証券の空売りを利用、⑥投資者へは定期的に分配金を支払う、等を挙げている。（必ずしも全てがあてはまる訳ではない。）DF法では、ヘッジファンドを含めたプライベート・

ファンドの定義を提示している。
2) DF法が導入する規制はより大きな分類であるプライベート・ファンドを対象としている。この分類には、ヘッジファンドの他にプライベート・エクイティ・ファンドも含まれる。本章では、ヘッジファンドのみに焦点をあてて述べる。
3) FCICは、Fraud Enforcement and Recovery Act of 2009のSec.5の下、米国連邦議会によって設立された、10名の上下院議員から構成される超党派委員会であり、ペコラ委員会に例えられた。
4) 例えば、上院銀行・住宅・都市問題委員会のSenate Report No.111-176（2010年4月30日）など。ただし、当時のAIGが行っていたCDS取引や、投資銀行などの自己勘定取引は、ヘッジファンド的な行為と極めて類似しており、ボルカー・ルールやSIFIs指定による追加規制は、このような既存の大手金融機関によるヘッジファンド的行為を抑制するものであるとも言える。
5) 残念ながら、The City UKが公表するヘッジファンド関連のデータは2013年版（2012年末）で更新が止まっている。
6) IMF［1998］P.5.
7) 当時の転担保の状況に関しては、淵田［2009］が詳しい。
8) http://www.treasury.gov/resource-center/fin-mkts/Documents/hedgfund.pdf.
9) http://www.federalreserve.gov/newsevents/speech/bernanke20060516a.htm.
10) バーナード・メイドフ事件の概要や、事件後のSECの組織的な対応（ポスト・メイドフ・リフォーム）に関しては、第9章を参照願いたい。
11) ワシントンD.C.およびプエルトリコ等を含む。州によっては登録もしくは期限付きライセンスの発行。州当局による登録やライセンス供与に関しては、NASAAのInvestment Adviser Guideを参照されたい。ワイオミング州は特殊な例であり、投資アドバイザーに適用される州法が無い。ワイオミング州で営業する投資アドバイザーには、連邦証券法に基づいた登録が要求されている。
12) http://www.sec.gov/news/studies/hedgefunds0903.pdf.
13) ゴールドステイン判決の際、ワシントンD.C.巡回区連邦控訴裁判所は登録除外の条件として、①顧客が15未満、②投資アドバイザーとして広告等を行わない、③登録された投資会社等に対して投資アドバイザーとして活動しない、等を挙げている。
14) ヘッジファンドには、ファンドのマネージャー等が自己資金を投資するため、顧客の概念を定義することに困難性をともなう。また、上記のゴールドステイン判決の影響も推測される。
15) SECのRule205-3と同様な規定は、多くの州の規制当局によっても導入されている。
16) http://www.sec.gov/rules/proposed/2011/ia-3198.pdf.
17) http://www.le.state.ut.us/audit/08_07rpt.pdf.

第 7 章

店頭デリバティブ規制の変遷

I．はじめに

　本章では、米国の店頭（Over-the-Counter）デリバティブ規制に焦点をあて、連邦レベルでの規制アプローチの変遷を概観する。
　第 1 章および第 2 章で述べたように、店頭デリバティブは、危機を拡散させたツールの 1 つと考えられ、2009 年 9 月に米国ピッツバーグで開催された G20 の首脳声明には、店頭デリバティブの規制を国際的な協調の下で整備することが盛り込まれた。G20 で求められた規制は、①デリバティブ契約の標準化、②取引所や電子取引プラットフォームを通じての取引、③清算機関を通じての清算、④取引情報の報告等である。米国では、2010 年に成立したドッド・フランク法（DF 法）で、新たにこれらの規制を導入している。
　BIS の Quarterly Review によると、店頭デリバティブ取引は 2005 年前後より大きく増加した。1998 年 12 月末時点で世界のデリバティブ残高は約 US$80.3 trillion に過ぎなかったが、金融危機が深刻化する直前の 2007 年末では約 US$585.9 trillion まで、2014 年 6 月末時点では約 US$691.5 trillion まで拡大している。米国では、このような店頭デリバティブ市場の急成長は、大きな法規制ギャップを生んだ。
　米国金融機関のデリバティブ取引に目を向けると、金融機関が保有する店頭取引を含んだデリバティブ契約のほとんどは、一部の大手金融機関に集中していることがわかる（図表 7－1）。このような寡占状態は金融危機以前より変わっていない。証券関係のデリバティブや、金利や為替の先物やオプションの多くは取引所に上場されているとはいえ、寡占状態の継続は市場における自由競争にとっても問題であろう[1]。
　本章で述べるように、米国の規制アプローチは市場委任型アプローチから、

図表7-1 米国金融持株会社のデリバティブ契約保有残高（2014年12月末）

(単位：US$ billion)

金融持株会社名	デリバティブ契約金額（名目）	内、店頭取引によるもの			
		フォワード	スワップ	オプション	CDS
1．JPモルガンチェース	63,600	13,710	33,411	9,250	4,246
2．シティ・グループ	59,952	7,377	36,941	8,453	2,180
3．ゴールドマン・サックス・グループ	57,313	6,829	35,879	8,072	2,501
4．バンクオブアメリカ	54,224	11,688	31,873	4,735	2,274
5．モルガン・スタンレー	38,547	5,208	21,739	5,694	1,852
6．ウェルス・ファーゴ& Co.	5,302	678	3,723	494	29
7．HSBCノースアメリカ・ホールディングス	4,776	727	3,306	403	243
8．バンクオブニューヨーク・メロン	1,249	470	588	129	―
9．ステート・ストリートCo.	1,235	1,194	8	29	―
10．PNCフィナンシャルサービス・グループ	340	19	231	27	5
上位5持株会社の占有率	94.9%	92.5%	94.8%	96.7%	97.8%
上位10持株会社の占有率	99.4%	98.9%	99.4%	99.5%	99.9%
総計	288,292	48,432	168,655	37,456	13,350

出所）OCC, Quarterly Report on Bank Derivatives Actives.

SECやCFTCなどの連邦監督機関による市場監視と連邦法による行為や資本規制の混合型へと急速に変化している。下記では、これまでの米国の店頭デリバティブの規制アプローチについて、その転換点を複数挙げ、それぞれの時点で連邦監督機関や連邦議会がとった対応を述べる。また、DF法が新たに導入した規制および、SECならびにCFTCの規則的対応をまとめる。

Ⅱ．金融危機発生以前の規制アプローチ

1．店頭デリバティブに対する初期の規制アプローチ

DF法のTitle Ⅶ（Wall Street Transparency and Accountability Act）の下で、SECやCFTCが中心となり新たな規制が導入された。次節で検討するが、こ

の包括的な規制の導入によって、店頭デリバティブに対する米国の規制アプローチは大きく転換した。

米国における初期のデリバティブ市場への規制は、歴史的にみて、農産物を対象とする自然発生的な取引の拡大を法規制の整備によって支える意味合いが強かったと言える。例えば、先物やオプション取引を取り扱うシカゴ商品取引所（CBOT）は1848年に設立され、シカゴ・マーカンタイル取引所（CME）の設立（前身がCBOTから独立）が1898年であったのに対して、農産物の先物取引を対象とした（実質的に）最初の連邦法であるGrain Futures Actが成立したのは1922年であった[2]。

法整備までに相当の期間が空いている理由は、デリバティブ市場自体が小規模であったことに他ならず[3]、同市場が米国経済にもたらす影響を考慮した規制アプローチは、1990年代以降に取られたと言えよう。また、連邦監督機関ベースでのデリバティブ市場に対する規制機能を議論する場合、その根拠法は1936年に成立した商品取引所法（CEA）から捉えるべきであろう。

1974年の法改正によって規制対象が拡大されるまで、CEAの対象は農産物に限定されていた[4]。当初のCEAは、現物の受け渡しを条件とする先渡取引（Forward Contracts）などのヘッジ取引を除き、原則としてCMEやCBOTなどの規制された取引所以外での農産物に関するデリバティブ取引を禁止していた。つまりは、連邦法であるCEAによる条件が付与されることでデリバティブ取引が認可されていたことから、農産物を対象としたデリバティブ取引には、一定の制約が課せられていたと言えよう。例えば、先物取引（Futures Transactions）は規制対象である取引所等での取引とされ、原則として店頭取引は禁止されていた。Stout［2011］を援用すると、CEAによってデリバティブ取引自体に適法性が確保されていたと言える[5]。

しかしながら1980年代に入ると、取引所外での金利スワップ取引を代表例として、米コモン・ローやCEAに照らし合わせて明確な禁止行為とは言えない、いわばグレーゾーンの取引が拡大を見せていた。Stout［2011］によれば、金融機関を含めた産業界から、金利スワップ取引などへの適法性の確保が強く求められた結果、CFTCにより金利スワップを規制対象としない声明が1989年に出されている[6]。1992年には、第102回連邦議会がFutures Trading Practice

図表7-2　1993年の規制緩和以降に発生した巨額損失の主な例

露呈年	企業名等	損失額
1994年	Proctor & Gamble	US$157 million
1994年	Gibson Greeting Cards	US$23 million
1994年	カリフォルニア州オレンジ郡	US$1.5 billion
1995年	Winsconsin Investment Board	US$95 million
1996年	住友商事[1]	US$2.6 billion
1998年	LTCM[2]	US$4 billion

注1) London Metal Exchange での損失。
　　　CFTC は市場操作の罪で住友商事に US$150 million の課徴金。
　2) 名目 US$1.0 trillion におよぶ店頭デリバティブのポジションを保有。
出所) FCIC [2011] pp.45-51および1998年12月の SEC 議会証言。

Act（FTPA）を成立させ、店頭デリバティブに関して CEA が州法に優先することを連邦法に明記するとともに、特定の店頭スワップを CEA の対象外に指定する権限を CFTC に与えた（FTPA の Sec.502）。この1992年法による新たな権限を用いて、CFTC は翌1993年1月にスワップ契約およびハイブリット商品を CEA および州のアンチ・ギャンブル法の対象から除外している（詐欺行為や市場操作等を除く）[7]。FTPA に明記されているように、このような規制緩和の手続きは、米国経済の信頼性の向上や、金融市場のイノベーションおよび公正な競争の促進を目的として進められた。

金融危機の公的な調査報告書である FCIC [2011] 等が分析するように、CFTC による1993年の行為を契機として、米国の店頭デリバティブ取引は金利スワップを中心に拡大した。その一方で90年代には、1998年の LTCM を代表例として、店頭デリバティブを用いた取引で巨額の損失を出す機関も現れている（図表7-2）。このような市場委任型の規制アプローチは、米国の店頭デリバティブ市場の発展をもたらしたのは事実であろう。その背景には、米国の金融競争力強化に対する根強いニーズがあったと思われる。

2．LTCM 問題と商品先物現代化法の成立

店頭デリバティブの規制緩和以降の市場拡大に対して、連邦監督機関も懸念を持っていた。例えば、FRB（1993年）や OCC（1994年）は、監督対象である商業銀行の店頭デリバティブの販売に関してガイダンスを発行している。また

1995年には、ボランタリーながらも、6つの大手証券業者がSECとCFTCに対して店頭デリバティブに関する報告を行うことに合意している（「Framework for Voluntary Oversight」）[8]。更に、連邦下院議会からの要請により金融機関の店頭デリバティブ販売に関する調査を行ったGAO［1997b］では、米財務省を中心とした連邦監督機関で構成されるPWGに対して、店頭デリバティブ市場の体系的な監視メカニズムの創設を提案するとともに、FRB議長に対して、検査ガイダンスの見直しを求めていた。

　このように、1980年代末からはじまった店頭デリバティブ取引自由化の流れは、90年代において維持されつつも、連邦諸機関による懸念の共有の下で、主に販売面における監視努力に留まっていた。しかしながら、1997年7月のタイ・バーツ暴落から始まったアジア通貨危機が、1998年8月のロシア財政危機へと広がりを見せ、店頭デリバティブ取引の脆弱性が露呈すると、同市場監督の主管であるCFTCにおいて、これまでの市場委任型による対応を見直す動きも見られた。特に、1994年に設立されたプライベート・ファンドであるLTCMの経営破綻を受けてのCFTCの対応である[9]。

　LTCMの巨額損失が正式に発覚する直前である1998年5月7日に、CFTCが公表したコンセプト・リリースを見てみよう。このコンセプト・リリースは、近年の店頭デリバティブ市場の変化を受けて、①セーフガードを追加する必要性、②自主規制機能の活用、③新たな規制的制約の検討、などの規制アプローチの見直しを目的として、意見徴収を行っている。当該リリースの時点では、店頭デリバティブ市場の成長や世界的な金融市場における米国企業の競争力維持が前提となっており、これら競争力維持を損なわない範囲での規制アプローチの見直しの表明にすぎなかった。

　しかしながら、LTCMの巨額損失を受けて、同年10月に当時のCFTC委員長であるブルックスリー・ボーン（Brooksley Born）が行った議会証言を見ると、LTCM問題を受けて、CFTCが検討する規制スタンスは、明確に規制強化へと動いていたことがわかる[10]。この議会証言においてボーン委員長は、店頭デリバティブ市場の不透明性を挙げるとともに、連邦議会に対して、連邦監督機関に同市場を規制する権限の付与を求めている[11]。

　このような当時のCFTC委員長が表明した店頭デリバティブ市場規制に対

図表7-3　店頭デリバティブに関するPWG報告書のリコメンド

1．洗練されたカウンターパーティ間の店頭デリバティブ取引をCEAから除外
2．デリバティブの電子取引システムをCEAから除外
　（参加が洗練されたカウンターパーティに限定されているシステム）
3．店頭デリバティブの決済に関して障害となっている現行法を見直し、店頭デリバティブの決済システムをCFTC等の規制とする
4．Treasury Amendmentの明確化と該当商品をCEAの対象外とする
　（取引所で取引される商品を除く）
5．ハイブリッド手法に対してより大きな法的予測可能性を付与するためにCEAの排他的管轄権条項を修正する
6．証券に関連するハイブリッド手法に対して、シャッド・ジョンソン合意（Shad-Johnson Accord）の不適用を法的に明確とする

注）Treasury Amendmentとは、CEAのSec.2に含まれた米財務省の提案による修正条項である。

する要求は、他の連邦監督機関や連邦議会には受け入れられなかった[12]。例えば、同時期のSECスタッフが行った議会証言を見ると[13]、SECは店頭デリバティブ取引を行う金融機関の監視と内部統制の整備の必要性を訴える一方で、店頭デリバティブ市場の自立回復力を評価し、市場に対する新たな規制の導入を明確に否定している。当時のデリバティブに関連する連邦機関の方針は、次のPWG［1999b］で体現された。

　両院の農業委員会の依頼により、PWGは店頭デリバティブ市場およびCEAに関する報告書を1999年11月に取りまとめた[14]。当該報告書PWG［1999b］のスタンスは、米国の店頭デリバティブ市場の発展にあり、店頭デリバティブに対する法的安定性とともに、市場の透明性や流動性の改善を目指している。この考えは、連邦議会とも共有されていた。

　PWG［1999b］は図表7-3でまとめた6つのリコメンドを提案し、店頭デリバティブの清算に関してCFTCによる監視強化を行いながら、基本的には適格スワップ参加者（Eligible Swap Participants）が取引する限りにおいて、ほとんどの金融デリバティブをCEAの対象から除外すべきであるとの提言を行っている。

　PWG［1999b］の提言を受けて、第106回連邦議会でCEAを修正する商品先物現代化法（CFMA）が2000年12月に成立した。CFMAは新たに適格契約参加者（Eligible Contract Participants）（図表7-4）の定義を導入し、適格契約参

図表7-4　CFMAにより導入された適格契約参加者の基本定義

1．規制対象の金融機関
2．規制対象の保険会社
3．規制対象の投資会社
4．総資産がUS＄5 millionを超える規制されたコモディティ・プール
5．A）総資産がUS＄10 millionを超える、B）取引が他の適格契約参加者によって保証されている、C）US＄1 millionを超える純資産を保有し、業務に関連する取引に従事する、のいずれかに該当する法人、組合、信託等
6．総資産がUS＄5 millionを超え、かつ、投資判断が独立したアドバイザーによって行われている従業員給付制度（Employee Benefit Plans）
7．A）他の適格契約参加者と取引を行う、B）一任ベースで＄25 millionを超える投資を行っている、C）コモディティ取引を定期的に行っている、のいずれかに該当する政府機関
8．規制されたブローカー・ディーラー
　　規制された先物取次業者
9．総資産がUS＄10 millionを超える個人
10．その他、CFTCが認めた者等

加者が行う取引に関しては、スワップやモーゲージ関連など、ほとんどの金融デリバティブをCEAの適用対象から除外した（詐欺行為や市場操作等を除く）（CEA Sec. 2 (d)(e)(f)(g)）。つまりは、規制された取引所等を経ない店頭デリバティブ取引が正式に認められたことになり、これらはCFTCおよびSECの監督権限外とされたのである。またCFMAの定めにより、投機的な金融デリバティブに対しても法的安定性が与えられた（CEA Sec. 2 (h)）。これはPWG [1999b]の提言にあったように、金融デリバティブに法的安定性を与えることで、システミック・リスクが低減するとの考えが背後にある[15]。CFMAによって、米国のデリバティブ取引の中心は、金利スワップを中心として店頭市場へと移行した[16]。

2008年の大手投資銀行ベア・スターンズや大手保険グループのAIGが経営破綻した際に、特に問題視されたのはCDSの取扱いであった。CDSの取引自体はCFMA後の2005年より増加したため、連邦監督機関はその取引実態の把握が困難であったことがより混乱を招いたと言われている。Stout [2011]を代表例として挙げるが、2008年より深刻化した金融危機は、市場におけるイノベーションや、規制の体制がイノベーションの後追いになったことよりも、2000年のCFMAを主因とする識者も多い。連邦監督機関からも、例えば2009

年9月に当時のSEC委員長であったメアリー・シャピロ（Mary Schapiro）が議会証言で述べたように、店頭デリバティブ市場が規制対象であったならば、CDSに関する混乱への対処はより容易であったとの反省もある[17]。

3．エンロン・ループホールへの対応と米財務省ブループリント

CFMAの定めにより、CEAはSec. 2においてデリバティブ取引の多くを対象から除外した。このCEAの条文は、エンロン・ループホール（Enron Loophole）とも呼ばれている。この語源は、エネルギー関連のデリバティブを大量に扱いながら、不正会計の発覚によって2001年12月に経営破綻したエンロンに他ならない。2004年から続いた原油価格に代表されるエネルギー価格の高騰を背景に、第110回連邦議会（2007年1月から2009年1月）で、エンロン・ループホールの存在が問題視された[18]。

連邦議会での検討は、エンロン・ループホールの存在によりエネルギー取引に関連するデリバティブが規制対象外となっているため、①CFTCが価格高騰に関する情報を十分に得られない、②CFTCに市場の監視権限がないため、エネルギー取引で価格操作が行われている可能性がある、などの問題が主であった[19]。

エネルギー関連の取引におけるエンロン・ループホールに対する法規制的処置は、2007年10月に提出されたCFTCの報告書（CFTC [2007]）が基礎となっている。このCFTC [2007] では、①大規模なトレーダーのポジション報告、②ポジション制限および説明責任水準、③自主規制による監視、④緊急時の権限設定、などが議会に対してリコメンドされている。CFTC [2007] を受け、第110回連邦議会は2008年5月にFood, Conservation, and Energy Act（2008年5月）を可決し[20]、当該法によってCEAのSec. 2(h)を修正し、電子取引ファシリティ（Electronic Trading Facility）をCFTCの規制対象下におくとともに、大規模なトレーダーに対してCFTCへのポジション報告義務を課した。しかしながらCFTCのリコメンドの多くが受け入れられているとはいえ、同連邦議会へ提出されていた他の類似の法案と比較すると、店頭デリバティブ取引への直接的な規制は行われず、その制約は緩やかなものに留まっている[21]。

一方で2007年の秋口から、いわゆるサブプライム層向けの住宅ローン債権の

信用失墜を主な原因とする金融市場の不安定化が問題視されたことを受けて、米国の金融規制体系を見直す動きも見られた。PWG［2008］は、金融市場の脆弱性を分析し、望まれる政策提言をとりまとめている。しかしながら店頭デリバティブ市場に関しては、急成長した同市場のインフラ整備が取り上げられたにすぎない。PWG［2008］はリコメンドの中で、業界に対して①正確かつ適時の取引データの提出の基準作成、②標準となるCDSドキュメンテーションの見直し、③店頭デリバティブを支援する統合された運用基盤に関する長期プラン、の3つの要請を挙げているが、これらはあくまでも自主規制レベルでの見直しである。

　米国金融規制の包括的な改革の指針として、米財務省はブループリント（第1章および第2章を参照）を2008年3月に公表したが、この中でも、規制の効率化をもたらす中期的な課題として先物規制と連邦証券規制の統合（CFTCとSECの合併）などが挙げられているに過ぎない。第1章で指摘しているが、この時点まで、米国で要求されていた金融規制改革の背景には、国際的な金融競争力の強化・維持の考えがあったからに他ならない。

　このように、1993年のCFTCによるスワップ取引などの規制適用除外を契機として、米国の店頭デリバティブ市場は拡大を続けた。この時代の米国の店頭デリバティブ規制は、同市場の育成を主たる目的としながら、市場委任のアプローチを取っていたと言えよう。その集大成が2000年のCFMAであったと言える。しかしながら、2008年5月のベア・スターンズの経営破綻を経て、同年9月のリーマン・ブラザーズおよびAIGの経営破綻に至り、米国を中心とした金融市場がパニック的な様相を見せたことによって、これまでの店頭デリバティブに対する規制アプローチは大きく変化した。

Ⅲ．金融危機の発生と規制アプローチの転換

1．危機における店頭デリバティブの分析

　金融危機の発生を受け、米国内では複数の機関によって危機の要因分析が行われ、米国の金融規制に関する提言が行われている。図表7-5で、店頭デリ

図表7-5　米国内の公的機関から公表された主な報告書

報告書タイトル	作成機関	公表時期
1. Modernizing the American Financial Regulatory System	議会監視パネル	2009年2月
2. Financial Regulatory Reform a New Foundation: Rebuilding Financial Supervision and Regulation	米財務省	2009年6月
3. A Joint Report of the SEC and the CFTC on Harmonization of Regulation	SEC & CFTC	2009年10月
4. Policy Perspectives on OTC Derivatives Market Infrastructure	ニューヨーク連邦準備銀行 Staff Reports No.424	2010年1月（3月に改訂）
5. The Financial Crisis Inquiry Report	金融危機調査委員会（FCIC）	2011年1月
6. Wall Street and the Financial Crisis: Anatomy of a Financial Collapse	上院常設調査小委員会	2011年4月

バティブの分析を含んだ公的機関による報告書を挙げた。

　金融危機との関連性については相違があるものの、連邦監督機関が十分に監督権限を与えられなかった対象である影の銀行制度（Shadow Banking System）の1つとして、透明性の向上と連邦監督機関による監督権限の必要性や、リスク管理の重要性を指摘している点はこれら報告書の共通認識となっている。以下で、代表的な報告書の内容を述べる。

　米国金融市場が極度に緊張する中で成立した緊急経済安定化法（Emergency Economic Stabilization Act, 2008年10月）は、金融機関からの不良債権の買取りを行うTARPを可能とするなど、危機対応の鍵とも呼べる連邦法である[22]。同法の求めに従い、エリザベス・ウォーレン（Elizabeth Warren）を議長とする議会監視パネル（Congressional Oversight Panel）は、米国の金融規制体系の見直しに関する報告書を2009年2月に提出している[23]。当該報告書「Modernizing the American Financial Regulatory System」は、店頭デリバティブを含めた「影の金融システム（Shadow Financial System, 影の銀行制度と同意）」を危機の要因に挙げ、店頭デリバティブに関しては、①清算機関への規制、②店頭デリバティブの標準化および規制された市場での取引、③店頭デリバティブ取引に関する公的な報告、を求めている。これらは、店頭デリバティブ市場の

透明性を法規制によって向上させる意図である。

　また、連邦議会が設置した調査機関であるFCIC（第2章参照）も[24]、米国金融規制に関する総合的な調査報告書（FCIC［2011］）を作成している。このFCIC［2011］は、クレジットの膨張やサブプライム・ローン問題など一連の事象分析の他、影の銀行システムや金融会社の大きすぎて潰せない（Too Big To Fail）問題、証券化商品や店頭デリバティブの問題まで、米国の金融システム全体を調査対象としている。しかしながら第2章でも述べているように、最終報告書であるFCIC［2011］（前掲図表2-3）は、民主党系の委員6人が署名した報告書の他に、共和党系の4人の委員（別途2つの反論書）が併記される形式となり、統一した分析が行われているわけではない[25]。店頭デリバティブに関しても、民主党系委員の結論は、2000年のCFMAは金融危機に向けての契機となっており、CDSを代表例として危機の拡散に寄与するなど、金融危機を引き起こした重要な要因として捉えられた。しかしながら、他の2つの共和党系の報告書は、CDSの問題点は認めるものの、店頭デリバティブと金融危機の関係には否定的である。

　連邦監督機関の報告書としてニューヨーク連銀のスタッフレポート（New York Fed［2010］）を見ると、店頭デリバティブは危機の中心的な要因ではなく、その有用性も認めながら、過度のリスク・テイクを引き起こした市場の不透明性を問題視し、連邦監督機関の監督権限および市場のインフラ整備の必要性を訴えている。具体的にNew York Fed［2010］は、デリバティブ取引は取引所取引と中央清算機関（CCP）での清算を基本とし、店頭取引である場合には、①追加の資本要求、②担保管理の厳格化、③価格の透明性向上、などを求めている。また、前CFTC委員長でありFCIC委員でもあったブルックスリー・ボーン（Brooksley Born）の議会証言を見ると、New York Fed［2010］と同様に、デリバティブ契約の標準化と取引所取引や店頭市場に対する監督権限などを支持しながら、店頭デリバティブ・ディーラーに対して、①監督機関への登録、②取引記録の保持、③取引内容の報告、④ビジネス・コンダクトの遵守、が必要であると訴えている[26]。

2．米財務省ホワイト・ペーパー

2009年1月に発足したバラク・オバマ政権は、金融危機の沈静化をはかるとともに、包括的な金融規制改革法の検討を連邦議会に依頼した[27]。第2章の繰り返しになるが、オバマ政権による新たな改革指針として、2009年6月に米財務省からホワイト・ペーパーが公表されている（図表7-6）。

このホワイト・ペーパーは5つの柱から構成されており、第2の柱である金融市場の包括的な規制において、CDSを含むすべての店頭デリバティブに包括的な規制の導入が盛り込まれている。ホワイト・ペーパーは、CDSを代表とする店頭デリバティブ市場でのリスクの積み上げが金融危機を伝播させたと指摘し、図表7-7の内容を新たな規制改革として挙げた。特にCCPを通じた清算は、New York Fed［2010］やFrench et al.［2010］も求める施策でもある。CCPを利用することで、店頭デリバティブ市場の透明性の向上を通じたシステミック・リスクの軽減のみならず、Acharya & Richardson［2009］が述べる

図表7-6　米財務省ホワイト・ペーパーの概要

1．金融会社（Financial Firm）の監督と規制 　①金融サービス監視評議会（Financial Services Oversight Council）の創設 　②新たな規制カテゴリーの創設 　③全ての銀行および銀行持株会社の資本・プルーデンシャル基準の強化 　④ヘッジファンド等へのアドバイザーをSECに登録 　⑤米財務省内に国法銀行と保険業の監督部門を新設、等
2．金融市場の包括的な規制 　①証券化市場の監督および規制の強化 　②<u>CDSを含む全ての店頭デリバティブに対する包括的な規制の導入</u> 　③先物規制と証券規制の調和 　　・CFTCとSECによる調和の推進 　④支払い・精算・決済
3．金融アビュースからの消費者や投資家の保護 　①消費者金融保護庁（Consumer Financial Protection Agency）の創設 　②投資家保護の強化
4．金融危機への対処に必要なツールを政府に供与 　①破綻処理制度の整備
5．国際的な規制水準の引き上げと国際的協調の改善

注）ホワイト・ペーパーの詳細な内容は、第1章および図表1-7を参照。

図表7-7　ホワイト・ペーパーが提示する店頭デリバティブ規制改革案

1. デリバティブ・ディーラーに対するプルーデンス規制
    - 取引記録の保持
    - 報告の要求
    - ビジネス・コンダクトの遵守
    - 担保管理の厳格化
2. 店頭デリバティブ取引を行う銀行や銀行持株会社に追加資本を要求
3. デリバティブ契約の標準化
    - 規制された取引所での取引
4. 規制された CCP での決済
    - CCP によるマージンの要求
    - CCP への報告要求
5. 先物規制（CFTC）と証券規制（SEC）の調和
6. FRB の権限強化

ように、市場参加者の適切な担保設定をもたらすメリットも期待される[28]。米財務省は、このホワイト・ペーパーを下敷きとして、店頭デリバティブ市場の包括的な規制の見直しに関する法案の草稿を2009年8月11日に連邦下院へ提出している[29]。

2000年のCFMAの基礎となったPWG［1999b］から10年を経て、米国の店頭デリバティブ規制へのアプローチは大きな転換を迎えた。CFMAの考えは、自由な競争による市場自治の達成であり、そのため、店頭デリバティブ市場の発展が最も重視されていた。米財務省のホワイト・ペーパーが示す内容は、市場への明らかな管理の導入であり、規制された取引所取引との競争でもある。また、PWG［2008］において要請されていた業界の自主的な規制は、連邦法や連邦監督機関の規則へと格上げされている。

Ⅳ．ドッド・フランク法と新たな規則

1. DF 法が導入する新たな規制

2010年7月21日の大統領署名で成立したDF法は、そのTitle Ⅶ（Wall Street Transparency and Accountability Act）において、店頭デリバティブ規制の包括的な見直しを行っている[30]。Title Ⅶの要点を図表7-8でまとめた。

図表7-8　DF法 Title Ⅶ：Wall Street Transparency and Accountability Act の主な記述

	Subtitle A	Subtitle B
1. 定義（CEA および34年証券取引所法へ規定を追加） ・スワップディーラー、主要なスワップ参加者 ・証券ベーススワップ・ディーラー、主要な証券ベーススワップ参加者 ※ CFTC は、スワップ、スワップディーラー、主要なスワップ参加者、適格契約参加者等を規則によって定めなければならない ※ SEC は、証券ベーススワップ参加者、適格契約参加者等を規則によって定めなければならない	Sec.721(a) Sec.721(c)	Sec.761(a) Sec.761(a)
2. スワップおよび証券ベーススワップの清算 ※ Derivative Clearing Organization(DCO) を通じた清算を要求 ※ Clearing Agency を通じた清算を要求 ※清算義務が適用除外となる取引 ※公開会社がカウンターパーティとなる場合の清算義務適用除外規定	Sec.723(a) Sec723(a) Sec.723(b)	 Sec.763(a) Sec.763(a)
3. デリバティブの清算機関の規制 ※スワップを対象とする DCO の CFTC への登録 ※ DCO に対する規制（リスクマネジメント、報告義務、記録の保持等） ※証券ベーススワップを対象とする Clearing Agency の SEC への登録	Sec.725(a) Sec.725(c)	 Sec.763(b)
4. 取引所以外での取引の制限 （店頭デリバティブ取引は適格契約参加者のみが可能に）	Sec.723(a)	Sec.763(e)
5. スワップ取引情報の報告要求	Sec.727	
6. スワップデータ蓄積機関（Swap Data Repository）と登録	Sec.728	Sec.723(i)
7. 清算を要求されないスワップに対する報告と記録保持の要求	Sec.729	Sec.766(a)
8. 大規模スワップ取引者に対する報告要求 （全ての取引に関する記録およびポジション）	Sec.730	Sec.763(i)
9. スワップ・ディーラーと大規模スワップ参加者に対する規制 （Subtitle B では証券ベーススワップディーラおよび参加者） （登録、所定の内容の報告、最小資本およびマージンの要求、取引内容の記録と補完、ビジネスコンダクトの保持等）	Sec.731	Sec.764
10. スワップ執行ファシリティ（Swap Execution Facility） （Subtitle B では証券ベーススワップ執行ファシリティ） （登録、取引の監視体制の整備、記録の保持と保管等の要求）	Sec.733	Sec.763(c) Sec.763(e)
11. 不公正取引 ※インサイダー規制の導入 ※その他	Sec.746 Sec.747 Sec.753	Sec.763(g)

第7章　店頭デリバティブ規制の変遷　183

　Title Ⅶでは、CFTC が管轄するスワップと SEC が管轄する証券ベーススワップに関して、ほぼ同様の内容を規定している。スワップ（証券ベーススワップ）ディーラーや CCP、データ蓄積機関などは CFTC ないし SEC への登録が求められ、CEA や証券取引所法の下で、これら連邦監督機関の規制対象として、取引内容等に関する報告や記録およびその保管、最小資本やマージンの要求等が行われる。Title Ⅶが定める除外規定に該当しないスワップ（証券ベーススワップ）取引は、別途定める清算機関を通じた清算と、DCM（Designated Contract Market）での取引が義務化された。また、店頭デリバティブ取引は、定義が修正された適格契約参加者に限定されている[31]。

　上記のホワイト・ペーパーが掲げた改革は Title Ⅶで具現化された。連邦監督機関の法的権限の明確化と、CCP やデータ蓄積機関などの市場インフラの整備により、店頭デリバティブ市場の透明性向上や、取引の健全性確保が期待される。一見すると DF 法の成立によって、CFMA に代表される市場委任的な規制アプローチから大きく転換し、デリバティブ市場全般へ厳格な規制が導入されたように見える。しかしながら、スワップ（証券ベーススワップ）、スワップ（証券ベーススワップ）ディーラー、主要なスワップ（主要な証券ベーススワップ）参加者、適格契約参加者等（CEA を修正）の詳細な解釈は Title Ⅶにおいて示されていない。これらは、CFTC と SEC が協調の上で改めて規則で定める対象とされた[32]。また、例えば Sec.723(a)や Sec.763(a)のように、清算が要求されない取引など、Title Ⅶには複数の除外規定も設けられている[33]。これらは、デリバティブ取引への参加者に対する Title Ⅶの実効性が、CFTC や SEC の規則に大きく依存することを意味する。つまりは、デリバティブ市場の安定性のみならず、その成長性や革新性の相当程度が連邦監督機関の管理能力に左右されると言えよう。

　Title Ⅶには、ホワイト・ペーパーが想定した新たな規制の他、金融機関のビジネス行為を直接的に制約する Sec.716 も含まれた。Sec.716 は、当時の上院の農業委員会（Committee on Agriculture, Nutrition, and Forestry）委員長であったブランシュ・リンカーン（Blanche Lincoln）議員（民主党）によって上院案に導入された修正条項をベースとしているため、通称「リンカーン修正条項」と呼ばれている[34]。

リンカーン修正条項は、スワップ・エンティティ（Swap Entity）に対する連邦政府の財政支援（Bailout）を禁止しており、この連邦政府の財政支援には、FRBのディスカウント・ウインドウや信用供与（Credit Facility）の他、FDICの提供する預金保険の利用が含まれている[35]。

当初のリンカーン修正条項には以下のような除外規定が含まれておらず、単純に商業銀行などの金融機関がデリバティブ取引を行うことを実質的に禁止する条項であった。このようなビジネス行為を制約する規定は、エキゾチック・スワップなどの高リスクのデリバティブは、預金を受け入れる金融機関の業務の中核であってはならないとの考えを反映しており[36]、DF法のSec.619（いわゆるボルカー・ルール、第5章を参照）と合わせて、大手金融機関の業務を制限する法文として捉えられる。しかしながら上院と下院の各法案の一本化を検討した両院協議会において、Sec.716(c)の除外規定が加えられた結果、預金保険対象機関は自身が主要なスワップ（証券ベーススワップ）参加者であることは可能になり、また、スワップ・エンティティを子会社化する場合に上記の禁止事項は適用されないこととなった[37]。更に、預金保険対象機関本体においても、リスク・ヘッジやリスク軽減などの目的で行うデリバティブ取引が認められ、CDSに関しても清算機関で清算を行えば取引が可能とされた（Sec.716(d)）。結果として、リンカーン修正条項は非常に複雑な内容となっている。

DF法のTitle Ⅶによって、米国の店頭デリバティブへの規制アプローチは、これまでの競争を基礎とした市場規律型から、連邦監督機関による直接的な監視型へと変化したと言えよう。この新たな規制アプローチが有効であるためには、連邦監督機関による十分な管理能力が不可欠である。例えば、Acharya et al. [2010]が指摘するように、リスクが集中するCCPは、新たなToo Big To Failな機関として、十分な監視が必要であろう。しかしながら、リンカーン修正条項に代表されるように、Title Ⅶの複雑さは実際の市場管理において多くの抜け穴を生み、連邦監督機関の現実的な対応を困難にさせかねない。

2．CFTCとSECが新たに導入した主な規則

Title Ⅶの求めに応じて、CFTCならびにSECはデリバティブに関連する規則の作成を行っている。本章執筆時点でCFTCが成立させた主なファイナ

ル・ルールを図表7-9にまとめた。同時点でSECも、CFTCと共同で発行したスワップ（証券ベーススワップ）等やスワップ（証券ベーススワップ）ディーラー等の定義に関する規則の他、証券ベーススワップの清算に関する規則（S7-44-10、施行日2012年8月13日）などの新規則を定めている[38]。これら新規則の中でも、TitleⅦのSec.712(d)がCFTCとSECに命じたスワップやスワップディーラー等の定義は、TitleⅦが導入した様々な規制の適用範囲を決定し、規制の実効性を左右する重要な項目である。

先に2012年5月23日の連邦官報（Federal Register Vo.77, No.100）で、CFTCとSECの連名でスワップディーラー等、主要なスワップ参加者等、適格契約参加者の定義に関する新規則および解釈ガイダンス（Interpretive Guidance）が公表された。TitleⅦのSec.721(c)やSec.761(a)が明記したスワップディーラー等の定義は、CEAのSec.1a(49)(A)および証券取引所法のRule 3a71-1として新たに加えられた。CFTCとSECはFRBやデリバティブ市場参加者との協議を経て、このファイナル・ルールでは、これらの定義の詳細な解釈を与えている[39]。

TitleⅦのSec.721(a)では、いわゆるオプションやこれまで慣例的にデリバティブと呼ばれている取引等を含め、広い概念のスワップ（証券ベーススワップ）を定義し、金利スワップを初めとする22のカテゴリーと、スワップから除外される10のカテゴリーを挙げている[40]。2012年8月13日の連邦官報（Vo.77, No.156）においてCFTCとSECの連名で公表されたファイナル・ルールにより、Sec.721(a)の内容はCEAのSec.1a(47)(A)とされた。天然ガスなどの先渡取引契約やカーボン・オフセット（Carbon Offset）などの環境コモディティ（Environmental Commodity）などの一部の取引を除いて、ほとんどのデリバティブ取引がスワップ（証券ベーススワップ）として定められた。スワップ等の定義が確定したことによって、CFTCならびにSECは全般的なデリバティブ取引に監督を行うことが可能となった。しかしながら、7月19日の連邦官報で公表された清算を除外されるエンド・ユーザーに関するファイナル・ルールと合わせて、一部のエネルギー企業のデリバティブ取引にはCFTCの監督権限が及ばず、2004年の第108回連邦議会で問題視されたエンロン・ループホールは、依然として手当されていない。

図表 7-9　CFTC が定めた主なデリバティブ関係のファイナル・ルール

ファイナル・ルールのタイトル	施行日	Title Ⅶの関連セクション	
1. Agricultural Commodity Definition	2011年9月12日	Sec.721(a)	
2. Process for Review of Swaps for Mandatory Clearing	9月26日	Sec.723(a)	Sec.745(b)
3. Provisions Common to Registered Entities	9月26日	Sec.745	
4. Swap Data Repositories: Registration Standards, Duties and Core Principles	10月31日	Sec.727	Sec.728
5. Derivatives Clearing Organization General Provisions and Core Principles	2012年1月9日	Sec.725(c)	
6. Position Limits for Futures and Swaps	1月17日	Sec.737	
7. Swap Data Recordkeeping and Reporting Requirements	3月13日	Sec.727	Sec.728
8. Registration of Swap Dealers and Major Swap Participants	3月19日	Sec.721(a)	Sec.712(d)
9. Swap Dealer and Major Swap Participant Recordkeeping, Reporting, and Duties Rules; etc.	6月4日	Sec.731	Sec.732
10. Further Definition of Swap Dealer, Security-Based Swap Dealer, Major Swap Participant, Major Security-Based Swap Participant and Eligible Contract Participant（SEC との共同規則）	7月23日	Sec.721(c) Sec.761(a)	Sec.712(d)
11. Swap Data Recordkeeping and Reporting Requirements: Pre-Enactment and Transition Swaps	8月13日	Sec.727	Sec.728
12. End-User Exception to the Clearing Requirement for Swaps	9月17日	Sec.737	Sec.723(a)
13. Further Definition of Swap, Security-Based Swap, and Security-Based Swap Agreement; Mixed Swaps; Security-Based Swap Agreement Recordkeeping（SEC との共同規則）	10月12日	Sec.712(a) Sec.761(a)	Sec.712(d)
14. Confirmation, Portfolio Reconciliation, Portfolio Compression, and Swap Trading Relationship Documentation Requirements for Swap Dealers and Major Swap Participants	11月13日	Sec.731	
15. Clearing Exemption for Swaps Between Certain Affiliated Entities	2013年6月10日	Sec.723(a)	
16. Enhanced Risk Management Standards for Systemically Important Derivatives Clearing Organizations	10月15日	Sec.725(c)	
17. Derivatives Clearing Organizations and International Standards	12月31日	Sec.725(c)	

V. 第7章のまとめ

本章では、米国の店頭デリバティブに対する規制アプローチの変遷を概観した。

主に農産物を対象として発生したデリバティブ取引は、当初は基本的に取引所取引に限定されており、連邦レベルで店頭デリバティブを規制する必要性は低かった。その後、1990年代初めの規制緩和によって、店頭デリバティブ市場は大きく拡大する。この背景には、デリバティブ取引の多様化へのニーズと米国市場の国際的な競争力強化の考えがある。CFMAを代表例に、この時期の規制は市場競争と市場規律を重んじるアプローチであったと言える。市場の拡大にともない、90年代にデリバティブ取引による巨額損失を出す機関が出現したことによって、規制の見直しを余儀なくされたが、あくまでも市場参加者によるリスク管理の改善や自主規制の強化に留まり、店頭デリバティブ取引への直接的な規制の強化とはならなかった。米国の店頭デリバティブ市場と法規制のギャップの存在は、この時期から明確になったと言えよう。

DF法のTitle Ⅶによって、デリバティブ市場全般が規制の対象とされ、CFTCやSEC等の連邦監督機関に連邦法による監督権限が与えられた。また、CCPなどの市場インフラが整備された。DF法によって、米国の規制アプローチは市場の直接的な監視型へと変化したことに間違いはない。DF法がもたらした新たな規制アプローチにとって、CFTCやSECなどの連邦監督機関の十分な管理能力は必要条件になる。しかしながら、Title ⅦおよびCFTCやSECの新規則には多くの除外規定が設けられるなど、その構造は複雑である。これは、取引業務への現実的な対応や、デリバティブ市場の成長の阻害防止が目的と思われるが、実際の法規制の運用にとっては足枷となる。市場の変化への対応や除外規定の想定外の活用に対して、連邦監督機関の管理能力が不十分であった場合、DF法の実効性は大きく損なわれることになろう。

注
1) 2010年7月1日に開催された下記FCICの公聴会におけるCFTCのゲイリー・ゲンスラー（Gary Gensler）委員長（当時）の証言では、同時点での米国における店頭デリバティブ取引はネットで約US$300 trillionであり、米国実体経済の約20倍におよんでいた。
2) 1921年にFuture Trading Actが成立しているが、翌年5月の連邦最高裁判所で憲法違反の判決が出ている。また、1864年のAnti-Gold Futures Actも僅か2週間の短命であった。またCBOTおよびCMEは、現在ではCMEグループの傘下にある。
3) 例えば、1929年のウォール街の株価暴落の原因究明においても、デリバティブ取引は問題視されなかった。
4) 1974年のCEA改正によりCEAの管轄が規制取引所で取引されるすべての先物やオプション取引（ただし玉葱などの例外を設定）にまで拡大された。ただし、後述するように、スワップを初めとするデリバティブに対する法的安定性（Legal Certainty）は、2000年のCEA改正まで与えられてはいない。また、連邦議会はCEAを改正するとともに、1974年にCommodity Futures Trading Commission Actを成立させ、翌1975年に規制と取引所の監督などを担当する連邦機関としてCFTCを創設した。CFTCの組織や権限等に関しては岡田［2010］が詳しい。
5) Stout［2011］によれば、米コモン・ロー上は、店頭デリバティブ取引はギャンブル行為に該当し、例えば州法のAnti-Bucketshop Lawなどの対象となる。そのため、CEAによって規制された取引所での取引の条件が付与されることで、先物取引などの適法性が確保された。
6) Policy Statement Concerning Swap Transactions, 54 Fed. Reg. 30, 694. 1989年7月21日。
7) 1998年5月のCFTCのコンセプト・リリースを読むと明らかなように、この除外に関して、デリバティブ市場は機関投資家のみの市場であり、また、店頭デリバティブ市場はカスタマイズされ、専門化された市場との判断があった。ただし、店頭デリバティブが証券（Security）や先物契約である場合は、連邦証券諸法やCME等の詐欺防止条項に従わねばならず、また、その販売はSECやCFTCの監督の対象となる。しかしながら、Paul Volcker元FRB議長が率いるG30は1993年7月に公開した「Derivatives: Practices and Principles」の中で、デリバティブ取引に関する20のリコメンドを提示し、特に市場のリスク把握の必要性を訴えていたことに注目すべきである。
8) 6つの大手証券業者は、CSファースト・ボストン、ゴールドマン・サックス、リーマン・ブラザーズ、メリル・リンチ、モルガン・スタンレーおよびソロモン・ブラザーズ。
9) LTCM破綻までの経緯はLowenstein［2000］が詳しい。後述するCFTCの当時の委員長であったブルックスリー・ボーンの議会証言によれば、米財務省よりCFTCに対してLTCMの経営危機が正式に伝えられたのは1998年9月23日である。
10) 1998年10月1日に開催された、米下院議会銀行および金融サービス委員会におけるブ

第7章　店頭デリバティブ規制の変遷　189

ルックスリー・ボーン（当時の CFTC 委員長）の議会証言。
11) 同時にブルックスリー・ボーン委員長（当時）は、当時の第105回連邦議会の下院農業委員会（House Committee on Agriculture）において検討されていた、1999年3月30日まで CFTC が店頭デリバティブ取引に対して如何なる規制の付与も禁止する Financial Markets Reassurance Act of 1998（後に廃案）を批判している。
12) 1998年5月7日の CFTC のコンセプト・リリース（本文参照）に対して、同日付で財務長官、FRB 議長、SEC 委員長の連名で、異例とも言えるジョイント・ステートメントが発表されている。この声明では、CFTC のコンセプト・リリースの内容は店頭デリバティブ市場の法定不安定さを助長するものであると非難し、連邦議会を含めた連邦機関全体で対処すべき問題であるとしている。
13) リチャード・リンゼイ（Richard Lindsey, 当時の SEC ディレクター、現アラバマ州下院議員）が1998年12月16日に上院の農業委員会で行った議会証言。
14) PWG については第1章等を参照、CFTC は PWG の構成メンバーである。ブルックスリー・ボーンは1998年6月に CFTC 委員長を辞任しており、同年11月の報告書に署名した CFTC 委員長はウイリアム・ライナー（William Rainer）であった。他の署名者は、財務長官がローレンス・サマーズ、FRB 議長がアラン・グリーンスパン、SEC 委員長がアーサー・レビット（Arthur Levitt）である。
15) しかしながら Stout [2011] が指摘するように、CFMA が成立した時点で、このような考えを支持するなんらの実証的な証拠も示されてはいなかった。
16) CFMA は、1982年のいわゆるシャド・ジョンソン合意（Shad-Johnson Accord）の下で禁止されていた個別株オプションの解禁も行っている。Skeel [2011] によれば、米国の大手金融機関にとって、標準化されていない店頭デリバティブ商品は、顧客と契約ベースでのネゴシエーションが行われないため、主要な収益源となった。
17) 2009年9月22日、上院農業委員会での議会証言。
18) エンロンの経営破綻に関しては、McLean and Elkind [2003] が詳しい。エンロンの不正会計問題を受け、2002年に通称 SOX 法が成立している。
19) 連邦議会で議論されていた問題点は、議会提出の報告書である Jickling [2008] で整理されている。
20) 連邦議会両院の審議段階では Close the Enron Loophole Act の名称であった。連邦議会で成立した法は、当時のジョージ・W・ブッシュ大統領によって拒否権（Veto）が発動されたものの、両院3分の2以上の賛成で再可決（Override、上書き）されたことにより成立している。
21) 第110回連邦議会に提出された店頭デリバティブ取引を規制する法案は、上院では S.577、S.3131、S.3134、S.3202など、下院では H.R3009、H.R.6264、H.R.6330、H.R.6341、H.R.6372など多数あった。これら法案に関しては、Jickling & Cunningham [2008] が詳しい。
22) 緊急経済安定化法は、当初審議された法案が9月29日の下院採決で否決（賛成205、反対228）された後、H.R.1424を元に修正されて両院で可決した（上院は10月1日に可

決、下院は10月 3 日に可決)。TARP と合わせて、当時の金融危機への対応は、米財務省が中心であった。
23) 議会監視パネルは、両院によって指名された識者によって構成され、その主な目的はTARP の運用を監視することである。2009年末に解散している。議長のエリザベス・ウォーレン(当時はハーバード・ロースクール教授で破産法が専門、現マサチューセッツ州選出上院議員)は、DF 法によって設立された CFPB の特別顧問に2010年 9 月に就任している。
24) FCIC は2009年の Fraud Enforcement and Recovery Act により連邦議会内に設置された機関であり、10名の民間有識者(うち 6 名が民主党系、4 名が共和党系)で構成されている。FCIC の他、上院の常設調査機関である United States Senate Permanent Subcommittee on Investigations も、金融危機の発生原因に関して調査を行っている。常設委員会は上院の国土安全保障・政府問題委員会の小委員会であり、11名の上院議員から構成される。その調査対象は、主に政府機関の運営に関する効率性や経済性などの問題であり、2008年の金融危機に関して調査した結果を「Wall Street and the Financial Crisis: Anatomy of a Financial Collapse」にまとめている。
25) 4 人の共和党系委員からは、ピーター・ワリスン委員が単独で提出した反論書と、他の 3 人が署名した反論書の他に、これら 4 人全員が署名した「Financial Crisis Primer Questions and Answers on the Causes of the Financial Crisis」も公開されている。また、FCIC の最終報告書(FCIC [2011])が提出されたのは2011年 1 月であり、DF 法(2010年 7 月に成立)の審議過程にどれほどの影響を与えたのかは不明である。全般的な金融規制改革の内容に関して、民主党系と共和党系の間には相当な意見の相違が見られ、DF 法に基づき各規制・監督機関が行う新たな規則制定において、混乱を招く原因ともなっている。この両党間の意見の溝は、現在でも埋まっていない。
26) 2009年12月 2 日の連議会共同経済委員会(Joint Economic Committee of Congress)での議会証言。
27) 米財務省は連邦議会に対して、店頭デリバティブ規制改革に関するバラク・オバマ政権の骨子を2009年 5 月13日に提出している(http://www.treasury.gov/press-center/press-releases/Pages/tg129.aspx)。
28) Acharya & Richardson [2009] によれば、店頭取引では取引相手の保有ポジションや他の市場との連関性が不透明であるため最適な担保の設定が困難であるが、CCP 等の利用により市場参加者は最適な担保設定が可能となる。
29) 米財務省が下院に提出した草稿は、下院サービス委員会のバーニー・フランク委員長(当時)がスポンサーとなり、10月13日に Over-the-Counter Derivatives markets Act として法案化された(廃案)。当該法案に関しては関 [2009a] が詳しい。
30) Title Ⅶは、店頭スワップ市場の規制(主に CFTC)に関する Subtitle A (Sec.711〜Sec.754) と、証券ベースのスワップ市場の規制(主に SEC)に関する Subtitle B (Sec.761〜Sec.774) から構成される。また Subtitle A は、Part Ⅰ (規制権限) と Part Ⅱ (スワップ市場の規制) から成り立つ。

31) DF法以前より、適格契約参加者はCEAのSec. 1 a ⑫で定義されており、①金融機関、②州政府や外国政府によって規制される保険会社、③1940年の投資会社法の規制に従う投資会社、④コモディティ・プール（商品ファンド）（総資産がUS$ 5 million超等）、⑤会社やパートナーシップ、信託等（総資産 US$10 million 超等）、⑥ERISA法に従う従業員退職給付プラン（総資産がUS$ 5 million 超等）などが該当する。

32) スワップ（証券ベーススワップ）のおおまかな定義はSec.721（a）で与えられており、また、同条項において10の契約等がスワップの定義から除外されている。定義から除外された契約等には1974年のCEA改正で規制対象外とされた先渡取引も含まれている。これら定義に関する議会での議論は、両院協議会の記録（Congressional Record of House, H5233-H5261、2010年 6 月30日）を参照されたい。

33) Sec.723(a)の除外規定の対象は、取引の一方が①Financial Entityではない、②ヘッジやリスク軽減が目的である、③CFTCが認める場合、となっている。Financial Entityには、①スワップ（証券ベーススワップ）ディーラー、②主要なスワップ（証券ベーススワップ）参加者、③コモディティ・プール、④1940年の投資顧問法のSec.202(a)が定める私募ファンド、⑤ERISAが定める従業員退職給付プラン、⑥BHC Actが定める銀行業等の従事者等が該当する。

34) 2010年 4 月に上院へ提出され、5 月20日に上院を通過した。Swap Pushout Ruleとも呼ばれている。米財務省の草稿がベースとなる下院案との摺り合わせを行った両院協議会では、当該修正条項に対するFDICのシーラ・ベアー議長やFRBのベン・バーナンキ議長の反対もあり、DF法の一本化にとって大きな障害となった。

35) スワップ・エンティティとは、CEAもしくは証券取引所法に登録されるスワップ（証券ベーススワップ）・ディーラー、主要なスワップ（証券ベーススワップ）参加者が該当する（Sec.716(b)）。

36) Congressional Record of Senate, S3121-S3144、2010年 5 月 5 日を参照。

37) また、スワップ・エンティティには、連邦預金保険法（Federal Deposit Insurance Act）が規定する預金保険対象機関や、DF法のTitle Ⅱが規定するFDICによるCovered Financial Company（Conservatorship, Receivership, Bridge Bank）も含まれない（Sec.716(g)）。

38) 主にCFTCが担当した店頭デリバティブに関する規則の策定はDF法が定める期限を超え、大幅に遅れている。この理由には、2011年10月に経営破綻したMGグローバルが顧客資産の分別管理を徹底せず、約US$1.6 billionもの顧客資産が失われていた問題が露呈したことや、現実のデリバティブ市場における内外の利害関係の調整が困難であることなどがある。詳しくは磯部［2011］を参照されたい。

39) このファイナル・ルールで注目されたのは定義からの最小除外条件（De Minimis Exception）の要件である。Title Ⅶでは、最小除外条件の項目のみが与えられていた。2010年12月に提示された規則案では、12ヶ月間での名目デリバティブ契約が$100 millionを要件としていたが、ファイナル・ルールではUS$ 8 billionまで引き上げられ、定義からの除外条件が緩和されている。しかしながら、5 年後にこの要件はUS$ 3

billion まで引き下げられ、規定では US$100 million まで引き下げることが可能である。
40) Sec.761(a)によって、証券取引所法の Sec. 3 (a)に証券ベーススワップ等の用語が加えられている。

第8章

政府支援企業（GSEs）を通じて考える規制の問題点

I．はじめに

　2010年に成立したドッド・フランク法（DF法）の序文は、同法の目的として米国の金融安定の促進などを記している[1]。また第3章で論じたように、DF法を構成する16のTitleは、市場が抱える個別の問題への対処となっている。つまるところ同法は、2010年時点で米国金融・資本市場が抱えていた諸問題に対しての総合的な処方箋であると言える。
　しかしながらDF法の契機となった金融危機を考えると、その震源地となった米国住宅金融市場の主要プレイヤーであるファニーメイ（Federal National Mortgage Association）およびフレディーマック（Federal Home Loan Mortgage Corporation）に関して、後述のように同法が積極的な改革を提示していないことに疑問が生じる。これら2社が政府管理下（Conservatorship）に置かれた時点で発行債務は約US\$5.4 trillionに上り、その内約US\$1.7 trillionが各国の中央銀行によって保有されていた[2]。
　この巨額な債務だけを見ても両社は「大きすぎて潰せない存在（Too Big To Fail, TBTF）」であり、前述したDF法の序文からみても、同法が対処すべき対象であろう。DF法がTitle IX（Subtitle D）で証券化に関する新たな規制を導入し、Title XIV（Mortgage Reform and Anti-Predatory Lending Act）ではモーゲージ市場の改革を提示していることを合わせて考えれば、尚更である。DF法がこれら2社の政府支援企業（GSEs）改革に直接的に言及しなかった理由を考えることは、同法の成立過程分析および同法を基準として整備される規制構造の体系的な分析にとっても有益であると考える。
　本章では、ファニーメイとフレディーマックの2社をGSEsと呼称し、①GSEsの組織的特質および②金融危機以前の改革議論を踏まえて、米金融規

制におけるGSEsの特徴を検討する。さらに、③第113回連邦議会（2013年1月から2015年1月）で提示された主要なGSEs改革法案を鑑みることで、DF法を基盤とする規制が抱える問題点を合わせて考えたい。

最初に、本章が扱うGSEsの問題には、住宅金融市場から証券化市場までを一連の対象としながら、民間企業としての機能および公的機関としての機能の両面に関する考察が必要となることを指摘しておく。

Ⅱ．GSEsの構造

1．GSEsとは

現時点でファニーメイとフレディーマックを含めた7社がGSEsに該当する。このうち住宅金融に関連するHousing GSEsは4社あり、1932年設立のFederal Home Loan Banks（12行から構成）と1987年設立のFinancial Corporationが含まれる[3]。

1990年の総括的予算削減法（Omnibus Budget Reconciliation Act）が定めたGSEsの定義を図表8-1であげた。同法によれば、GSEsとは①連邦法（the

図表8-1　1990年の総括的予算削減法におけるGSEsの定義

合衆国の法によって設立された企業体（Corporate Entiry）であり、
　(A)(i)法が認めた連邦の設立チャーター（Federal Charter）を持つ。
　　(ii)株式資本が民間団体や個人より所有されている、民間企業である（Privately Owned）。
　　(iii)民間所有者が過半数を選任した取締役会の管理下にある。
　　(iv)金融機関であり、
　　　(Ⅰ)特定の借り手や部門に対するクレジットの供与など、目的が限定されたローンやローン保証を行うことができる。
　　　(Ⅱ)（連邦政府の十分な信用等を伴わずに）借入により資金を調達することができる、ないしは、金額の制約を受けずに他者の負債を保証することができる。
　(B)(i)ソブリン（Sovereign）としての政府に限られている権限を行使しない。
　　　（課税や州際通商を規制する権限など）。
　　(ii)政府の財政にコミットする権限を持たない。
　　　（ただし、政府が行ったローン保証コミットメントの受領者になることは可能）。
　　(iii)従業員は、その給与および経費が当該企業によって支払われ、title 5.2に従う連邦職員ではない。

Charter, 設立チャーター）によって設立され、②民間が株式を保有し、③特定のセクターへの融資・保証等を行う金融機関であり、④負債に連邦政府の保証はつかない、等の要件が与えられている[4]。

CRS［2007］によれば、GSEs は連邦議会が設立し、議会によって予算上の取扱いの観点から定義された準政府機関（Quasi-Government Organization）と位置づけられる。従って民間企業ではあるものの、その組織や基本的な活動は以下の設立チャーターが定めており、公的な使命を負いつつ営利を求めるという2面性が GSEs の特徴となる。つまりは、GSEs の組織改編や第4節で扱うような GSEs の廃止には、連邦議会による設立チャーター（連邦法）の修正が不可欠となる。GSEs 問題を考えるにあたり、これらの特徴を踏まえる必要があろう。

それぞれの設立チャーターは、ファニーメイが Federal National Mortgage Association Charter Act, フレディーマックが Federal Home Loan Mortgage Corporation Act であるが、その内容は類似しており、①モーゲージ市場の流動性と安定性の促進および低中所得層の住宅保有への貢献と、②住宅ローン提供機関への（モーゲージの購入による）資金供給およびモーゲージ関連証券の発行、同証券への信用供与を業務として規定している。これは GSEs の行動目的でもあり、両 GSEs がウェッブ等で掲げる組織の使命も、この内容に沿ったものとなっている[5]。

ファニーメイの設立チャーターを例にすれば、①連邦住宅金融庁（FHFA、下記2008年法以前は OFHEO）が購入・証券化の対象となるローンの基準を設定し[6]、②財務長官が債務（Debt Obligation）および証券化証券の発行を承認するなど、業務上の公的な制約が規定されている。その一方で、③発行する証券は証券規制を担当する SEC の登録から除外され[7]、④地方（States, Counties, Municipalities）税（Local Taxing Authority）が免除となり、⑤財務長官の判断において米財務省はファニーメイの債務（Obligation）の一定額（2015年4月時点で US\$2.25 billion）までを購入可能であることも明記されている。これらは、他の民間業者と比較して優位性をもたらす。この他、⑥住宅ローンの直接的な貸付の禁止なども含まれている。

このように GSEs は、設立チャーターにより主たる業務に対して監督機関に

図表 8-2　モーゲージ関連証券の発行額

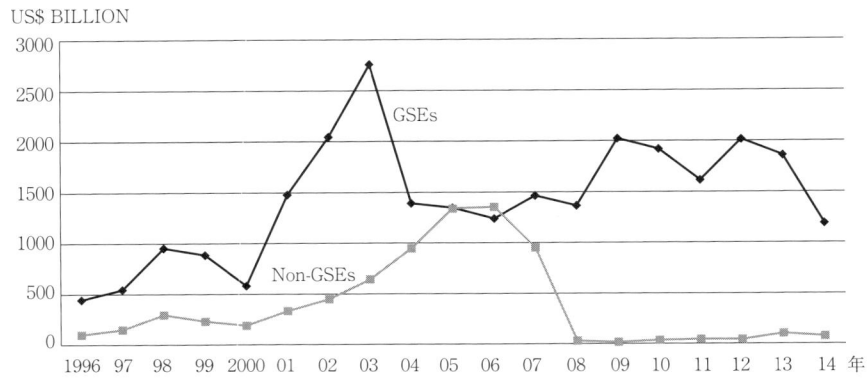

US$ BILLION

注）GSEs には、ジニーメイを含む。GSEs 発行の証券は MBS および CMO。Non-GSEs 発行の証券は CMBS，RMBS，Home Equity および Manufactured Housing。
出所）SIFMA。

よる一定の制約を課される一方で、発行する証券や税制面では同種の業務を行う民間業者とは異なる扱いを受けていた。このような政府関与は GSEs に求められる公的な役割を考えると必要であるとはいえ、市場における公平性を考えると、いわゆる「暗黙の政府保証（Implicit Government Guarantees）」の問題をもたらす。その恩恵を Acharya et al. [2011] はハロー効果（Halo Effect）と指摘しているが、他の民間金融機関と比較して明らかな経済的利得を GSEs に与えていた。

さらに、前述の GSEs 定義では負債への政府保証が認められていないものの、GSEs が発行する証券は政府機関債として扱われ、流動性や安全性の点で財務省証券と同格とみなされていた。この暗黙の政府保証は、連邦議会に提出された議会予算局（CBO）の分析によると、1995年時点で資金調達コストを年利0.7％引き下げ、MBS の発行コストを0.4％引き下げていたと推計されている（CBO [1996]）。また CBO [2001] では、この経済的利得は1995年で US$6.9 billion であったが、2000年では US$13.6 billion へ拡大したことを報告している。その他複数の先行研究においても GSEs の企業信用における優位性は確認されている[8]。

図表 8-2 は、ジニーメイ（Government National Mortgage Association）を含

むGSEsとその他民間金融機関（Non-GSEs）のモーゲージ関連証券の発行額の推移を比較しているが、2003年までは同発行市場におけるGSEsの存在は圧倒的であった。つまりは、米国のモーゲージ市場およびそのセカンダリー市場においてGSEsは深く市場の発展と安定性維持にかかわっていたのである。これは政治的な意味を含めて、GSEs改革の複雑性を生じさせると言えよう。しかしながら2004年よりGSEsのシェアは急落した一方、金融危機以降は市場での同証券の発行はほぼGSEsに限られていることもわかる。

2．GSEsの変遷

図表8-3で2008年に政府管理下となるまでのGSEsの履歴を簡単にまとめた。

GSEsのうちファニーメイは、1938年にNational Mortgage Association of Washingtonとして設立されたが、当時はまさしく政府機関である。その行動目的は、モーゲージに関するセカンダリー市場の創設と政府債（Government Bond）の発行により調達した資金を用いて、政府機関の保証がついたモーゲージを民間金融機関から購入することであった。

1968年にファニーメイが民営化されると同時に、民間金融機関からのモーゲージを購入する業務はジニーメイへと移管されている（1970年に基準を満たしたモーゲージを直接購入することが可能に）。このジニーメイは現在でも政府機関であるが、1968年の改革によりそれまでのファニーメイの機能は政府機関（ジニーメイ）と民間機関（新ファニーメイ）とに分割されている。McDonald [2012]によれば、この改革は連邦政府の負債削減が主な目的であり、民営化されたファニーメイが調達した資金を、ジニーメイを経由してモーゲージ市場へ供給する構図となっている。2008年にGSEsは政府管理下とされたが、その巨額な負債発行額と昨今の連邦政府が抱える債務問題を考えると、GSEsが担う機能を直接的に政府機関が代替することは困難であろう[9]。

1970年にファニーメイの競合会社としてフレディーマックが設立された後、80年代以降はGSEsの業務多様化や市場の自由化が推進されている。例えば、1984年のSecondary Mortgage Market Enhancement Actは、同法の成立によって州の詐欺防止（Antifraud）法を回避し、民間金融機関等によるプライ

図表8-3　GSEsに関連する履歴

1938年	ニューディール政策の一環でNational Mortgage Association of Washington（現ファニーメイ）設立（National Housing Act of 1934）。
1944年	購入の対象をVeteran's Administration債（VA-guaranteed）にまで拡大
1950年	Housing and Home Finance Agency（現在の住宅都市開発省、HUD）の傘下に
1968年	Federal National Mortgage Association Charter Act（National Housing Act of 1954のTitle Ⅲ）により、再組織化・民営化され現在のファニーメイに
1968年	Housing and Urban Development Actによりジニーメイが設立され、ファニーメイの一部機能を移管
1970年	FHA-insured、VA-guaranteed、FmHA（Farmers Home Administration）発行以外のMBSを購入可能に
1970年	フレディーマック設立 ファニーメイがConventional Mortgage（引受け基準を満たしたモーゲージ）を購入可能に（Emergency Home Finance Act）
1981年	ファニーメイがMBS（パス・スルー型）を発行
1983年	フレディーマックがCMO（Collateralized Mortgage Obligation）を発行
1984年	州の詐欺防止法を回避し、プライベート・レイブルの発行・流通が容易に（Secondary Mortgage Market Enhancement Act）
1986年	Real Estate Mortgage Investment Conduitが可能に（Tax Reform Act of 1986）
1992年	GSEsの監督機関として、HUD内にOffice of Federal Housing Enterprise Oversight（OFHEO）を設立 （Federal Housing Enterprises Financial Safety and Soundness Act［HCD ActのTitle 13］） （Housing and Community Development Act） 同法はファニーメイ＆フレディーマックに低所得層向けモーゲージの買取りを要求。 （HUDが定め議会が承認した住宅政策の目標の遵守）
1994年	Riegle Neal Insurance Banking and Branching Efficiency Act （Community Reinvestment Actの修正）
1997年	FRB等の銀行監督当局のファイナル・ルール（2002年1月より適用） AAA-、AA-格のプライベート・レイベルMBSのリスクウェイトをGSE債と同じ20%に
1999年	ファニーメイ、サブプライムローンに進出。（NY Times報道）
2008年	Housing and Economic Recovery Actにより政府管理下となる 同法により、OFHEOはFederal Housing Finance Boardと統合され、連邦住宅金融庁（FHFA）へ組織変更

ベート・レイブル（Private Label）の発行や流通を容易としたが、投資信託などを対象とする1996年の国内証券市場改善法（National Securities Market Improvement Act）やオプション等に対する州法のギャンブル規定を回避した2000年の商品先物現代化法（CFMA）と比較しても、モーゲージ関連の市場への自由化の対応は早期であったと言える[10]。

この自由化の推進は、GSEsを軸とした市場の発展をもたらした。しかしな

図表 8-4　政府管理下以降の政府支援一覧

2008年7月30日	Housing and Economic Recovery Act of 2008
9月6日	FHFA の公的管理下に
	米財務省による資本注入（上限 US$100 billion）
9月19日	FRB が GSEs が発行した短期債券の買取を開始
2009年1月27日	FRB の債券買取が US$25 billion を超える
	総額 US$100 billion を予定
2009年2月18日	資本注入の上限を US$200 billion に
	GSE s の住宅ローン資産保有限度額を引上げ
	（US$850 billion → US$900 billion）
2月26日	ファニーメイ支援に US$15.2 billion の追加を
	FHFA が米財務省に要請
3月11日	フレディーマック支援に US$30.8 billion の追加を
	FHFA が米財務省に要請
3月18日	FOMC が債券買取予定額を US$750 billion 追加
12月24日	米財務省が GSEs への信用供与枠を
	それぞれ US$200 billion まで拡大
	2012年末までの損失の全額カバーを発表
	GSEs の債券買取を終了

がら、McDonald［2012］などが指摘するように、課された公的使命を基盤とするものの、営利企業として利益を追求する姿勢が強まっていたのも事実であろう。

　次節でも検討するが、GSEs の問題を分析する先行研究には、例えば Wallison［2001］など、1992年の連邦法である Federal Housing Enterprises Financial Safety and Soundness Act（FHEFSS Act, 第3節参照）が GSEs の公的な活動に与えた影響を重視するものも多い。FHEFSS Act の全体像は McDonald［2012］が詳しいが、当該法は GSEs の新たな監督機関として住宅都市開発省（HUD）の中に Office of Federal Housing Enterprises Oversight（OFHEO, 現 FHFA）を設置するとともに、GSEs に対して HUD が別途定める住宅政策の目標（Affordable Housing Goal）の遵守を求めている[11]。また FHEFSS Act は、GSEs の資本基準（Capital Standard）を明記するとともに、OFHEO に対してストレス・テストを行う権限も与えた。FHEFSS Act により、GSEs の業務および財務は連邦機関による監督が強められ、その主たる業務および財務面で公的な制約が課せられたと言えよう[12]。

　その後、2007年からの金融的混乱が深刻化し、Housing and Economic

Recovery Act (HER Act, 2008年7月成立) が適用され、2008年9月に GSEs は政府管理下に置かれている。政府管理下に置かれて以降の政府支援については図表8-4を参照願いたい。この HER Act および政府管理の内容については、Reiss [2014] が詳しい。また Badawi and Casey [2014] は、2008年から2012年までの米財務省による GSEs 管理について分析している。

Ⅲ．ドッド・フランク法と GSEs 分析

1．DF 法における扱い

図表8-5では、2008年に米国資本市場でおきた混乱をまとめている。特に9月は GSEs に対する政府支援を皮切りに、15日のリーマン・ブラザーズの破綻、翌16日の AIG の実質国有化などが続き、11月にかけて米国資本市場が極度の混乱状態に陥っていたことが良くわかる。当時の財務長官であったヘン

図表8-5　米国資本市場の混乱

2008年3月14日	FRB がベア・スターンズに緊急融資[注]
3月16日	JP モルガン・チェースがベア・スターンズを救済買収
9月7日	ファニーメイとフレディーマックが政府管理下に
9月15日	リーマン・ブラザーズが連邦破産法の適用を申請
	バンク・オブ・アメリカがメリルリンチを買収
9月16日	FRB が AIG に緊急融資、政府管理下に[注]
9月21日	FRB がゴールドマン・サックスとモルガン・スタンレーの銀行持株会社への業態転換を承認
9月25日	JP モルガン・チェースがワシントン・ミューチュアルを救済買収
9月29日	米緊急経済安定化法が下院で否決
	ダウ平均株価が過去最大の777ドル下落
10月3日	米緊急経済安定化法が成立
10月7日	FRB が CP 買取制度の導入を発表
10月12日	ウェルズ・ファーゴがワコビアを救済買収
11月14・15日	G20ワシントン緊急金融サミット開催
11月23日	米政府がシティ・グループに対する支援策を発表
11月25日	FRB が最大 US$800 billion の市場対策を発表

注) 連邦準備法 (Federal Reserve Act) の Sec.13(3)の定めにより、FRB は NY 連銀に対して有限責任会社 (Limited Liability Company) を設立し、資金供給を行うことを認可した。

リー・ポールソンの回顧録（Paulson［2010］）は，GSEs の破綻懸念が経済的・政治的に如何に大きな問題であったかを記している。

政府管理となってから投入された公的資金は，2 社合わせて約 US$187.4 billion（2012年 5 月末時点）にのぼる[13]。その後の米住宅市場の改善にともない，すでに GSEs は投入された公的資金を上回る金額を優先株への配当などで米財務省に支払っているが，2008年 9 月の時点で GSEs が TBTF な存在であったことは明らかであり，また納税者負担の大きさと合わせて見れば，本来であれば DF 法が改革を企画する中核的な対象に該当しよう。

図表 8-6 は，DF 法が GSEs に言及している箇所の一覧である。このうち Sec.1074は財務長官に対して調査等を要求し，Sec.1491では「議会の意図表明（Sense of Congress）」が記されている[14]。先に Sec.1074の内容を読むと，財務長官が主導する調査に対して① GSEs の段階的な縮小・解体，②民営化，③他の政府機関への機能移転，④分割して小規模会社化などを考慮すべきオプションとして挙げていることは興味深い。これらのオプションは連邦議会が抱く GSEs 改革の方向性であると言えよう。

下記で紹介するように，Sec.1074が要求する調査等の結果は2011年 2 月に米財務省と HUD が共同報告書としてまとめ，連邦議会へ提出されている。また，Sec.1491の「議会の意図表明」とは，いわば議会の多数意見（Majority Opinion）の表記であり，格付会社に対する SEC の規制策定権限の行使に言及した

図表 8-6　ドッド・フランク法における GSEs 関連箇所

Sec.1074　ファニーメイおよびフレディーマックの政府支援の終了および住宅金融制度の改革に関する米財務省調査
(a)要求される調査
(b)報告および推奨
Sec.1304　2008年住宅・経済回復法の修正
(a)米財務省によるファニーメイの債務および証券の売却
(b)米財務省によるフレディーマックの債務および証券の売却
(c)および(d)は省略
Sec.1491　住宅抵当信用条項の保護・制限・規制を促進するための GSEs 改革の重要性に関する議会の意図表明
(a)議会の所見
(b)議会の意図表明

Sec.939H でも用いられている。Sec.1491では「議会の発見」として1990年代からの GSEs に関する問題を列挙し、GSEs 改革の重要性を記している。

このように DF 法は、Sec.1074および Sec.1491において金融危機で露呈した GSEs の問題と改革の重要性を認識し、一応の改革の方向性を示している。しかしながら、DF 法を扱った Acharya et al. [2011] や Skeel [2011] も述べているが、その法文は選択肢を提示するに留まり、GSEs の具体的な改革の明記を避けている。この理由を公的な資料を用いて明確にするのは困難であるが、Wilson [2011] が指摘するように、これまでの GSEs に関連する政策の失敗を連邦政府や連邦議会が無視した結果であるとすれば問題である

例えば、Sec.619のボルカー・ルール（第5章参照）や、Sec.716のリンカーン修正条項（通称 Swap Push-Out Rule, 第3章参照）のように、後に議論の対象となる大胆な改革が明記された箇所があることも考えれば、DF 法における GSEs 改革の扱いは特異であると言わざるを得ない。以下で金融危機の調査・分析を引用し、第4節では過去および現在の改革論議を参照しながら、この理由について考察したい。

2．金融危機調査委員会（FCIC）の分析

当該委員会による調査結果の公表は DF 法が成立した半年後（2011年1月）ではあるが、金融危機の原因を公的に調査した FCIC の報告書を引用して GSEs 問題の複雑さを考えてみたい。詳しくは第2章を参照願いたいが、FCIC とは2009年の連邦法である Fraud Enforcement and Recovery Act によって連邦議会内に設置された機関であり、同法の定めに従って10名の民間有識者（6名が民主党系、4名が共和党系）から構成される。

FCIC の活動では、いわゆるサブプライム・ローン問題および証券化技法を通じた危機の伝播に関する調査が主要な目的の1つとされ、特に GSEs については、①伝統的なモーゲージ・ローンの証券化と② MBS 等への自己資金を用いた投資の2つの機能を中心に関係者へのヒアリングが実施された。

結論から先に述べると、同委員会は民主党系の委員と共和党系の委員の間で意見対立を解消することができず、最終報告書である FCIC [2011] では、異なった2つの報告書が併記されて終結している。さらに、共和党系委員である

図表 8-7　FCIC 調査に関する 3 つの報告書

民主党系報告書	共和党系報告書	P.ワリスン報告書
①GSEs は危機に貢献したが主要な要因ではなかった。 ②GSEs が発行した MBS は危機の間でも価値を維持していた。 ③GSEs の問題 ・ビジネス・モデルの欠陥 ・過剰なロビイング活動 ・過大なポートフォリオの保有 ・ガバナンスやリスク管理の失敗	①GSEs は様々な点で危機の要因である。 ②最も Too Big To Fail な存在である。 ③納税者の負担が最も重い。	①政府の住宅政策の問題。 ②不適切な引受け基準の緩和。 ・サブプライム・ローン等の拡大の要因に。 ③質の悪いローンが証券化されたことが最大の問題。 ・証券化自体は問題ではない。

ピーター・ワリスンは共和党系報告書とは別に、民主党系の報告書に対する反論書として Wallison [2011] を独自に公表している。図表 8-7 で、GSEs 問題に関するこれら 3 つの報告書の要点を比較した。

これらの報告書は、モーゲージ市場やその証券化市場に問題が生じていたことを共通して認識しているものの、民主党系の報告書が GSEs の組織構造（暗黙の政府保証、ガバナンス、リスク管理、情報開示等）の欠陥を指摘するに留まるのに対して、特に Wallison [2011] では、ビル・クリントン政権以降の歴代政権で進められてきた政府の中低所得層向け住宅政策の失敗を重視し、GSEs を経由して政策の失敗が拡散したことを論じている。これは GSEs の公的な部分に関する問題であると言えよう。また Wallison [2011] は、民主党系委員による分析には、①過去の規制緩和（規制の欠如）が問題である、②ウォール街の金融機関は強欲である、などが先入観として持込まれていたことも指摘している。つまりは、連邦議会が設置した委員会からは、同じ問題に対して①GSEs の組織改革と②政策的失敗の反省という次元の異なる 2 つの処方箋が提示されるに留まった。

第 4 節で述べるように、第113回連邦議会に提出された複数の GSEs 改革関連法案は、モーゲージ市場および関連する証券化市場への政府関与に関して異なった対応となっている。これは、FCIC の結論と類似しているが、90年代以降に進められてきた米住宅政策の分析と評価をともなって解釈されるべきであ

ろう。

3．GSEs を対象とする分析

FCIC の調査は、GSEs 問題に対して主に関係者へのヒアリングを用いて行われた。ここでは学術的な先行研究を中心に、GSEs 問題を整理してみたい。

金融危機と GSEs との関連を扱った学術的研究は多く、例えば CEO の高額報酬問題など、その分析対象も多彩である。このうち金融危機を包括的に扱った Acharya & Richardson［2009］は、GSEs 自体が危機の中核ではないことを指摘しながら、①信用度の低いモーゲージ（サブプライムおよび Alt-A）への投資と、②自己勘定による流動性の低い投資ポートフォリオ保有の増大などが、金融システムに悪影響を与えたと分析している。同様に Acharya et al.［2011］や Jaffee［2010］でも、GSEs が過大な投資ポートフォリオを保有していたことを問題視している。また Jaffee［2010］は2009年9月末時点での GSEs による信用度の低いモーゲージへの保証額をまとめており（Jaffe［2010］Table 1 を参照）、Acharya et al.［2011］では Jaffee［2010］を引用しながら、GSEs のリスク総量に対する自己資本の過小さも問題であるとしている。これらは代表例であるが、GSEs の失敗を分析した先行研究を大きく整理すれば、その要因を① GSEs の保有ポートフォリオの問題と② GSEs に対する規制監督の問題、に分けることができる。

第1に GSEs の保有ポートフォリオの問題については、FRB 議長であったアラン・グリーンスパン（1987年8月から2006年1月まで）の議会証言が象徴的であるが、2000年代に入ってからも政策担当者や、特に共和党系議員を中心として連邦議会でも指摘されてきた[15]。その背景には、1990年代半ばより拡大が続いた GSEs のバランスシートが、米国市場にとってシステミック・リスクの要因となるとの危惧であった。GSEs のシステミック・リスクに関する分析は、Atlanta Fed［2006］を合わせて参照願いたい。

次節で金融危機以前に連邦議会へ提示された GSEs 改革法案を紹介するが、特に共和党議員から提出された改革法案の背景は、GSEs の肥大化（市場独占）への対応と連邦機関による監督機能の強化である。

第2の GSEs の規制・監督の問題は、①暗黙の政府保証がもたらす弊害と

②前節で述べた FHEFSS Act を代表とする住宅政策の目標（Affordable Housing Goal）による GSEs の業務拡大（引受け基準の緩和等）や過小な自己資本比率等に分けることができる。GSEs の規制・監督問題のうち暗黙の政府保証に関する先行研究は第2節も参照願いたいが、暗黙の政府保証は GSEs 債の発行コスト（資金調達）を引き下げる効果があったことが確認されており、自己勘定による投資事業の拡大の要因にも繋がる。

興味深いのは1992年の FHEFSS Act に関連する研究である。Acharya et al. [2011] は、FHEFSS Act が低中所得層の住宅取得促進のミッションを設定した結果、GSEs は90年代半ばから2003年までリスクの高いモーゲージを資産に積み増したと指摘している。このミッションとは、①低所得層の住宅取得促進、②行政サービスが十分ではない地域の住宅取得促進、③ Special Affordable Housing Goal（世帯所得が地域平均の60％以下、もしくは、地域平均の80％以下であり Specified Low-Income Area にある）の設定から構成される。Pinto [2011] にあるように90年代半ばまで GSEs が扱ったのは優良なモーゲージのみであったことから、FHEFSS Act の成立が GSEs の業務に少なからず影響を与えたのは事実であろう。

また Pinto [2011] が問題視するのは、1995年7月から2006年5月までの住宅価格の上昇（この間ケース・シラー・インデックスは196％上昇）を背景に連邦議会がモーゲージに関連するクレジット・リスクへの意識を低めていたことである。これは Spahr and Sunderman [2014] でも同様な指摘が見られる。この時期は、第42代合衆国大統領であるビル・クリントンによる住宅所有推進の国家戦略である National Homeownership Strategy が実施されており[16]、連邦政府および連邦議会による住宅政策と GSEs 業務の変化との関連性は無視できないであろう。GSEs によるサブプライム・ローン関連商品の取扱いは、1995年に HUD による許可が出てからであり、報道によるとファニーメイが実際に取扱いを始めたのは1999年である[17]。FICO660以下のモーゲージを含むいわゆるサブプライム・ローンを含んだプライベート・レイブル MBS は、1997年の時点で約 US$200 billion から2000年時点では約 US$300 billion へと増加している。

このように見ると、GSEs の保有ポートフォリオの問題は、特にポートフォリオの質の点で、米国の住宅金融政策と密接な関係があるように思われる。こ

れらはつまるところ、GSEs が取扱うモーゲージの基準が緩和され、市場から買入れる比較的信頼度の低い MBS などの増加が結果としてプライベート・レイブルの成長に貢献したとの指摘である。これが真であるならば、GSEs の市場と他の民間業者の市場には高い連関性があり、GSEs の改革は単にその組織面に対してのみでは不十分となり、住宅政策の波及効果および証券化市場の規制と合わせて、一連の活動として捉えられなければならない。FCIC［2011］で民主党系委員が指摘する GSEs の組織的問題には、GSEs が担っていた公的な性格を加味して論じるべきであり、Wallison［2011］の主張の妥当性が支持される。

　しかしながら、米国住宅金融に関連する連邦法を整理した Levitin and Ratcliffe［2013］によれば、2004年から2006年の過剰な住宅ローン貸付の原資となったプライベート・レイブルの証券化は、FHEFSS Act が GSEs に課した住宅政策の目標（Affordable Housing Goal）に従うものではない。2000年から2007年までの間にカリフォルニア州で組成（Originate）された住宅ローンを調査した San Francisco Fed［2011］によれば、プライベート・レイブルの証券化商品は GSEs よりも引受け基準が低い。これは Demyanyk and Hemert［2011］でも確認されている。またサブプライム・ローンを含んだ MBS に関して、Levitin et al.［2012］では、90年代半ばより実質的な規制対象外にあったプライベート・コンデュイット（Private Conduit）を経由したプライベート・レイブル MBS の増加が主であり、1984年の SMME Act と1986年の税制改革法（Tax Reform Act）により、民間金融機関等によるプライベート・レイブル MBS 業務を活性化させた結果であると指摘している。

　図表8-2でモーゲージ関連証券の発行額を見たが、プライベート・レイブルは2000年以降に増加傾向となり、2005年と2006年では GSEs による発行額を逆転するまでに拡大している。FCIC［2011］から引用した図表8-8をみれば、この時期はサブプライム・ローンの実行およびその証券化が多い。金融危機の期間においてプライベート・レイブルよりも GSEs 発行証券の価値が安定していたのは事実であるが、これは GSEs が扱うモーゲージの質が比較的高いためであり、この意味で危機の発生前の市場は高品質の市場（GSEs）と低品質の市場（Private Label）とに分断化していたのであろうか。このような市場の分

図表8-8 証券化されたサブプライム・ローンの推移（FCIC報告書より抜粋）

(US$ Billion)

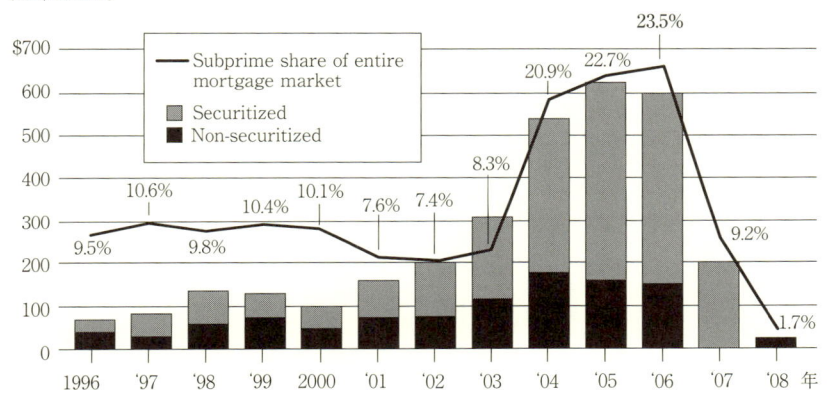

[グラフ: 1996年から2008年までのサブプライム・ローンの証券化金額と非証券化金額の棒グラフ、およびモーゲージ市場全体に占めるサブプライム・ローンの比率の折れ線グラフ。比率は1996年9.5%、1997年10.6%、1998年9.8%、1999年10.4%、2000年10.1%、2001年7.6%、2002年7.4%、2003年8.3%、2004年20.9%、2005年22.7%、2006年23.5%、2007年9.2%、2008年1.7%。]

SOURCE: Inside Mortgage Finance.
注）折れ線グラフはモーゲージ市場全体に占めるサブプライム・ローンの比率。
　　棒グラフはサブプライム・ローンの内、証券化された金額（上部）。
出所）FCIC [2011].

断化が真であり、互いの市場が独立的であったのであれば、GSEsによる自己資金を用いたMBS等への投資の失敗が改革の誘因となり、FCIC [2011] の民主党系報告書が妥当となろう。

　これらを再度整理してGSEs改革を論じるのであれば、第1に過去の政策や規制・監督の再評価を行う必要があり、第2にGSEsの業務（信用保証業務および投資事業）が他の民間業者の行動に及ぼした影響の検証が不可欠であることがわかる。DF法にGSEs改革が明記できない理由として、同法の成立過程において、これらが欠けていたことを指摘する。

Ⅳ. GSEs改革の現状

　最後に、金融危機の前後でわけて、近年のGSEs改革に関する法案を整理する。金融危機以前に主に共和党系議員から提出された法案は、80年代以降の自由化によって膨張した営利企業としての側面と、本来の公的な機能とのリバランスをはかったものであり、GSEs機能の縮小（規制・監督の強化と民間資本へ

の代替)が主たる目的とされた。前節で幾つかのGSEs分析に触れたが、当時の連邦政府や連邦議会では、上記のグリーンスパンの指摘を例として、GSEsの自己勘定による資本市場業務の拡大(保有投資ポートフォリオの増大)がシステミック・リスク要因となる可能性が強く意識されていたように見える。

対して金融危機後の法案は、GSEsの縮小と廃止を前提として、GSEs後のモーゲージおよびその証券化に関連する市場の再構築へと論点が移っている。

1. 金融危機以前のGSEs改革法案

図表8-9で、金融危機以前に連邦議会に提出された主なGSEs改革法案をまとめた。先に結論から述べると、これら6本のGSEs改革法案はすべて廃案となっている。

2000年および2003年の連邦議会に提出された3本の法案は、共通してFHEFSS Actを修正してGSEsに対する監督の強化を主な目的としていた。下院共和党の重鎮であるリチャード・ベイカー(Richard Baker)がスポンサーとなった最初の法案では、新たな規制機関によるGSEs規制の強化やエンフォースメント権限の明記の他、GSEsの設立チャーターに含まれている米財務省のクレジットライン(第2節を参照)を破棄することなどが含まれていた。

図表8-9 金融危機以前に連邦議会に提出された主なGSEs改革法案

法案名	法案番号	スポンサー
1. 2000年(第106回連邦議会) ① Housing Finance Regulatory Improvement Act	H.R.3703	リチャード・ベイカー(共和党)
2. 2003年(第108回連邦議会) ② Secondary Mortgage Market Enterprises Regulatory Improvement Act	H.R.2575	リチャード・ベイカー(共和党)
③ Federal Enterprise Regulatory Reform Act (第109回連邦議会で再提出されている。)	S.1656	チャールズ・ヘーゲル(共和党)
3. 2005年(第109回連邦議会) ④ Federal Housing Enterprise Regulatory Reform Act	S.190	チャールズ・ヘーゲル(共和党)
⑤ Federal Housing Finance Reform Act	H.R.1461	リチャード・ベイカー(共和党)
4. 2007年(第110回連邦議会) ⑥ Federal Housing Finance Reform Act	H.R.1427	バーニー・フランク(民主党)

同じくベイカーによる2本目の法案や上院共和党のチャールズ・ヘーゲル（Charles Hagel）の法案でも、GSEs の最小自己資本要求やリスクベースの資本テストなどを基本とした規制・監督権限の強化が中心となっている。これらの法案の背景には、①市場の自由化の推進の下で、GSEs

図表8-10　2005年に提示された2つの法案概要

Federal Housing Enterprise Regulatory Reform Act
◎独立した監督機関の設置
◎新たな監督機関の権限
・GSEs の閉鎖および、管財人となる権限
・GSEs の資本基準を強化する権限
・低所得者向けプログラムに対する年次監査

Federal Housing Finance Reform Act
◎独立した監督機関の設置
◎新たな監督機関の権限
・GSEs の最低資本等について調整する権限
・GSEs の新たなプリグラムに対する承認
◎GSEs の住宅ローン買取りに上限を設ける

の優位性に足枷をはめ民間業者の競争力を強化することで、新たな金融サービスを促進する目的と、②FRB 議長であったアラン・グリーンスパンが連邦議会に提言していた GSEs の保有投資ポートフォリオの抑制があった。この当時は、米財務省や FRB などによって AAA 格や AA 格のプライベート・レイベル証券（Private Label Securities）が推進されていた（図表8-2参照）[18]。

2005年に連邦議会に提出された2本の法案は、フレディーマック（2003年）およびファニーメイ（2004年）に発覚した不正会計問題を受けての改革案である。当該問題の内容は OFHEO の報告書などを参照願いたい[19]。図表8-10でこれら2本の法案の要点をまとめたが、その内容は上記の3本の法案との共通点も多い。2007年に下院民主党のバーニー・フランクが提出した US$ 3 billion の Affordable Housing Fund の創設を含む法案を含めて、金融危機の発生以前に連邦議会へ提出された主要6本の GSEs 改革法案はすべて廃案となっている。

この理由は複数考えられるが、第1に GSEs の抵抗が挙げられる。McDonald [2012] によれば、不正会計問題を受けた2005年の議会では、GSEs のロビイングが活発となっている[20]。ただし GSEs の政治的な活動は、2008年の Housing and Economic Recovery Act によって現在は禁止されている。

第2に、国民の住宅取得コストの増加に対する政治的な懸念が挙げられる。当時の新聞報道等をみると、特に2005年の Federal Housing Enterprise Regulatory Reform Act に対しては、同理由を掲げた民主党議員の強硬な反対があったようである。これらは共に GSEs 改革には政治的な困難さが伴っていたことを示しているが、前節で指摘した点と合わせて、DF 法に GSEs 改革が明記されなかった理由の1つであろう。

2．バラク・オバマ政権のアプローチ

　すでに述べたように、GSEs に関して DF 法が要求した調査等は、2011年2月に報告書「米国住宅金融市場の改善（Reforming America's Housing Finance Market）」としてまとめられ、連邦議会へ提出された。米財務省と HUD の連名で公開された報告書では、GSEs 問題の主要な要因として、その組織構造の欠陥とマネジメントの失敗を挙げるに留まっている。

　また当該報告書では、消費者保護体制の不備や時代遅れの規制体系などが、米国の住宅金融市場の根源的な問題であると述べている。その上で①GSEs を監督責任が伴った予定（Responsible Timeline）により段階的に縮小し、②住宅金融における役割を民間資本に代替させる考えが示された。当該報告書の結論は DF 法の Sec.1074に従うとはいえ、報告書内では（本来要求されているはずの）調査や分析が十分に提示されているとは言えず、その内容は単にオバマ政権の構想を並べたに過ぎない。

　このような政権の構想は、GSEs の廃止を明言している点では注目される。その意味で、金融危機以前に連邦議会で議論された6本の GSEs 改革法案よりは大胆な提言とも言える。しかしながら、GSEs の成立過程（第2節）から、直接その機能を政府機関が担うことには財政上の問題があり、また、政府や連邦議会による住宅政策との親和性（第3節）を考慮する必要がある。さらには、金融危機以前の改革議論をみると、同分野には政治的な困難さも伴う（第4節）。2008年9月に政府管理下となって以降、GSEs は米住宅市場の回復のための政策ツールとして活用されてきたことも、GSEs 改革にとっては問題であろう。これは、当該報告書が2011年2月に連邦議会へ提出された後も、議会での本格的な審議が2014年まで行われなかったことの理由ともなろう[21]。

3．第113回連邦議会の改革法案

　最後に、第113回連邦議会で提出されたGSEs改革を含むモーゲージ関連市場改革の法案を検討してみよう。本章で紹介する法案はすべて、上記のオバマ政権の構想に沿って、設立チャーターを修正しGSEsの段階的な縮小や廃止を明記している。また、住宅政策の目標（Affordable Housing Goal）を規定するFHEFSS ActのSec.1331からSec.1336までを削除している点も共通である。その一方で、GSEs廃止後のモーゲージ市場やMBSなどの証券化市場のインフラに関する構想は異なっている[22]。ただし、これらの法案は第113回連邦議会では成立していない。

（1）上院提出法案

　2013年6月に共和党議員のボブ・コーカー（Bob Corker）がスポンサーとなり上院委員会に提出されたHousing Finance Reform and Taxpayer Protection Act（S.1217）は、民主党議員のマーク・ワーナー（Mark Warner）等を共同スポンサー（Cosponsor）とする超党派によって提案されたGSEs改革を含むモーゲージ関連市場改革法案である。2014年3月には、このコーカー・ワーナー法案をベースに若干の修正を加え、共和党議員のティム・ジョンソン（Tim Johnson）と民主党議員のマイク・クラポ（Mike Crapo）等により同名称（同じビル・ナンバー）の改革法案が提出されている。

　このジョンソン・クラポ法案は、5年以内にGSEsを廃止するとともに、連邦政府からは独立した公的会社（Independent Agency of the Federal Government）としてFederal Mortgage Insurance Corporation（FMIC）を新設することを提案している。このFMICはFDICをモデルとしており、FHFAの規制・監督機能が移管される他、連邦預金保険と似た仕組みとしてMortgage Insurance Fund（MIF）を内部に創設する。

　FMICはこのような規制・監督機能とならんで、GSEsの信用保証業務と同様にFMICが承認した業者が発行したプライベート・レイブルMBSに対する信用保証業務を担当する他[23]、共通の証券化プラットフォーム（非営利）を提供する。当該プラットフォームへ参加するオリジネーター（Originator）やア

グリゲーター（Aggregator）、ギャランター（Guarantor）等は、FMICによる承認が求められ、これら承認を受けた市場参加者はFMICの監督対象となる。また、当該プラットフォームを通じて、証券化に関する契約等の標準化も推進される。さらに、FMICは別途FMIC Mutual Securitization Companyを設立し、この相互会社はGSEsと同様に、小規模の民間業者からモーゲージの買取り業務を行う。

このように、第113回連邦議会へ提出されたジョンソン・クラポ法案（コーカー・ワーナー法案）は、新設する独立した公的会社によって、モーゲージおよびその証券化に関する市場の規制・監督を行うと同時に、市場シェア等で制約を設けるものの、廃止するGSEsの機能を公的に代替させることを提案している。同法案の利点は、自己勘定による投資業務を除いたGSEsの機能を、連邦政府の債務から切り離した形で公的機関が担う点である。GSEsに指摘されていた暗黙の政府保証に関する問題や、GSEsの過大な投資ポートフォリオがシステミック・リスクの要因となる懸念は解消され、さらに住宅政策の執行や市場の安定性確保の点でも利点があろう。しかしながら信用保証業務やモーゲージの証券化に関して、例えば監督コストが加味されるなど、GSEs機能と比較して住宅取得コストが増加する可能性がある。この点は、過去の改革法案の推移を見ると問題であろう。またWallison［2011］などの主張が正しいのであれば、政府の失敗が直接的に市場の失敗へと通じる懸念はより強まる。

（2）下院提出法案

第113回連邦議会では、下院でも住宅金融市場の改革法案が複数提案された。Protecting American Taxpayers and Homeowners Act（H.R.2767）は、共和党議員であるスコット・ギャレット（Scott Garrett, スポンサー）やジェブ・ヘンサーリング（Jeb Hensarling）（共同スポンサー）が中心となり2013年7月に下院委員会へ提出された[24]。

GSEsの段階的縮小・廃止については上院案と同様であるが、ジョンソン・クラポ法案が連邦政府からは独立しているものの、公的にFHFAの規制監督機能とGSEs機能を代替するのに対して、ギャレット・ヘンサーリング法案ではFHFAはそのまま維持され、GSEs機能の代替として連邦政府が関与しな

い共通の証券化プラットフォームを新設し、モーゲージの証券化市場をほぼ民間資本で運営させる点が特徴となる。

当該プラットフォームは National Mortgage Market Utility (NMMU) と呼称され、非政府かつ非営利の組織として設立される[25]。GSEs と同様に FHFA の監督対象となるが、UMMU 自体はプライベート・レイブル MBS への信用保証等を行わず、GSEs から証券化プラットフォームのみが移管される。また UMMU を経由する証券化の契約等は標準化されたものとなる。ギャレット・ヘンサーリング法案の構想では、モーゲージの証券化への連邦政府の関与はなくなり、FHA などによる一部の信用保証業務を除いて、住宅ローンの貸付から証券化までが基本的には民間資本によって運営される。民間資本を重視するギャレット・ヘンサーリング法案は、本節でみたように、金融危機以前に共和党議員によって提出された GSEs 改革法案とも整合的である。

ギャレット・ヘンサーリング法案の最大の特徴は、いわば GSEs の公的な側面を排除する形で、モーゲージの証券化等の住宅金融市場への政府関与を減少させる点である。また NMMU の証券化機能は、ジョンソン・クラポ法案の FMIC と比べて証券化にかかるコストが低くなることが予想される。その一方で、NMMU に移管されない GSEs 機能が、十分に民間によって代替できるのかには疑問が生じる[26]。Levitin et al. [2012] は、金融危機後のモーゲージの90％以上は GSEs やフレディーマックなどの公的性格をもった機関の保証がついており、Federal Intervention の状態であることを指摘している。図表8-2でみたように、金融危機後に Non-GSEs によって発行されたモーゲージ関連証券の額は極端に減少した。

(3) 上院・下院法案の批判的検討

第113回連邦議会で検討された法案は危機以前の法案とは異なり、その主たる目的が GSEs を除去して新たな市場インフラを構築することへと転じている。それぞれの法案の構想は、DF 法の Sec.1074が提示する4つのオプション（第3節）にも含まれており、また、オバマ政権の要請にも沿った内容となっている（オバマ政権はジョンソン・クラポ法案の支持を表明している）。

しかしながら、各法案が共通して前提する GSEs の廃止をベストな選択であ

ると考える理論的な根拠は提供されていない。前掲の米財務省と HUD の報告書においても、DF 法の要求を十分に満たしているとは言えない。第3節の GSEs に関する諸分析からも、GSEs 問題の根源を GSEs の組織のみに求めることはできない。さらに、例えば小林［2013b］など、GSEs の経営破綻の主たる要因を公的な任務でもあった信用保証業務（Single-Family Business）の失敗（住宅ローンの焦げ付き）に求め、保有する投資ポートフォリオのリスク管理の失敗を重視しない指摘もある。これは、金融危機以前の改革法案の問題意識を再考させるばかりでなく、これら第113回連邦議会で提案された法案を再検討する根拠ともなろう。

現在の政府管理下での運営は市場機能を歪める危険性もある。GSEs を含めた市場改革は喫緊に取組むべき課題ではあるが、Ellen et al. ［2010］や New York Fed ［2010］が提言するように、GSEs を活用しながら市場を改革する選択肢も検討されるべきであろう。

やや極端な条件設定を用いた検証ではあるが、2014年4月に FHFA が公表したストレス・テストの結果では、現状の GSEs が将来的に再び巨額の損失を生む可能性も指摘されている。このストレス・テストを受けて、OIG と連名で FHFA が公開した FHFA ［2015］では、GSEs を巡る不確実性を引き起こしている要因の1つとして連邦議会の決議を挙げている。

結局のところ、第113回連邦議会で提案された法案はすべて成立しなかった。また2015年8月時点（第114回連邦議会）でも、GSEs の改革に関連する法案は成立していない。第7章で扱った店頭デリバティブ規制も同様であるが、米国の金融規制は政治面からの強い影響を受けている。本章で論じた GSEs および住宅政策を巡る問題は、米国の金融規制において政治が及ぼす影響を表す代表的な事例であろう。

V．第8章のまとめ

DF 法が GSEs 改革を明記できなかった理由を改めてまとめると、①住宅政策のツールとして極めて政治色が強い組織であり、その対処に政治的な整合性を求めることが容易ではなかったこと、②分析の不足により、GSEs に関連す

る問題の適切な処方箋が描けなかったこと、③金融危機後には、住宅市場を下支えする政策ツールとしての機能が増していたこと、などが挙げられる。さらに付け加えるならば、④政権および連邦議会が、モーゲージに関連する市場に対する理想的な将来像を持っていないことも理由であろう。これらは、DF法の幾つかのパートに対しても指摘できる。DF法に含まれなかったGSEs改革についての考察は、むしろ同法の問題点を検討する材料を与えてくれた。

第2章や第3章でも指摘しているが、DF法は包括的な金融規制の見直しを行っているものの、金融危機時に露呈した（それまで指摘されてきた）問題への対処に過ぎない。その対処についても、例えばLevitin et al.［2012］など、見直しを必要とする分析も多い。証券化市場を対象としたLevitin et al.［2012］は、証券化の過程における投資者と業者との間のエージェンシー問題を本質として挙げ、DF法のTitle IX（証券化規制、第3章参照）が導入したリスク・リテンション・ルールは単に信用度の低いモーゲージの組成コストを引上げるだけであると指摘している。DF法の成立過程を含めた同法の分析を基準とする、米国金融・資本市場の規制構造の体系的な再検討を進める必要があろう。

注
1) DF法の序文では、①金融システムの説明責任と透明性を改善することにより米国の金融安定を促進する、② Too Big To Failの終焉、③ Bailout（公的資金を用いた救済）を終了することにより米国の納税者を保護する、④不公正な金融サービスの慣行から消費者を保護する、などを目的として挙げている。
2) 2009年1月まで財務長官であったヘンリー・ポールソンへのインタビューより。CNN Money「Hank Paulson: Why Fannie and Freddie Remain a Big Threat」（2013年8月28日配信）。
3) Housing GSEs以外は、退役軍人に関する1社および農業関係の2社である。GSEsの定義に関しては、小林・大類［2009］を参照。また、ファニーメイおよびフレディーマックの財務分析は住宅金融支援機構から複数のレポートが開示されている。
4) Congressional Report Service（CRS［2007］）参照。
5) 例えばファニーメイの年次報告書にはその使命として、①モーゲージ関連のセカンダリー市場に流動性と安定性を供給すること、② Affordable Housing（住宅費が所得の30％以下で入手できる価格の住宅）の供給を増加させることが挙げられている。ジニーメイ（Government National Mortgage Association）の事業がMBS等の元利保証のみであるのに対して、これらGSEsは公的な使命を負いながら、①民間金融機関から購入

した住宅ローン債券を裏付けとして MBS 等を発行し、その信用保証を行う（証券化・信用保証業務）、②購入した住宅ローンや市場から購入した MBS をポートフォリオとして保有する（ポートフォリオ投資業務）、を営利事業の柱とする。

6）　この基準には、① Principal Balance Limitation（1件当たりの上限額）、② Quality Standards（A-Paper としての条件）、③ Loan to Value（物件の評価額に対するローンの比率）などが含まれる。

7）　ファニーメイとフレディーマックは2010年7月までニューヨーク証券取引所に株式を上場していた。当該株式も SEC への登録除外対象であったが、GSEs は2002年7月にボランタリーで SEC に登録している。このため、2008年に政府管理下となった時点で、GSEs に対する監督や規制を行う政府機関は HUD、OFHEO（現 FHFA）、米財務省および SEC であった。

8）　例えば Lucas and McDonald［2006］など。また Acharya et al.［2011］によれば、CBO と同様な手法で25年先までの将来予測を行った結果、暗黙の政府保証によって GSEs が受ける利得は US$119 billion から US$164 billion にのぼり、このうち株主の受け取りは US$50 billion から US$97 billion と推計されている。

9）　Reiss［2011］は、複数の報告書等から連邦議会が GSEs を設立した理由を挙げている。この理由は、GSEs の形態が恒常的かつすべての地域に対して適切な資金供給を可能とすることの他に、連邦負債からの切り離しが容易であったことも挙げられている。

10）　同市場の自由化は、80年代は第40代合衆国大統領であるロナルド・レーガン（1981年1月から1989年1月）により、90年代は第42代合衆国大統領であるビル・クリントン（1993年1月から2001年1月）によって推進された。

11）　住宅政策の目標（Affordable Housing Goal）は、HUD が定めて議会が承認する。GSEs は年次報告書等で当該目標の達成具合を公表している。FHEFSS Act によって、GSEs の監督に関連する連邦機関は HUD、OFHEO、米財務省、SEC となった。

12）　ただし、Wallison［2001］の7章や GAO［1997a］のように FHEFSS Act が法的に導入した監督権限に対して疑問を示す先行研究がある一方、ファニーメイの経営陣による Howard［2014］のように、実務上には相当の制約があったとの指摘もある。

13）　米財務省からの公的資金の注入は2011年まで。ただし政府管理下となってから、住宅金融市場を下支えする政策目的で GSEs を通じた住宅ローンの買い取りと証券化が実行されており、公的資金のすべてが GSEs の救済に使われたわけではない。

14）　Sec.1304は、Federal Home Loan Banks を含めた GSEs の証券等を米財務省が売却した場合の資金の扱いに関する規定。

15）　アラン・グリーンスパンの上院の銀行・住宅・都市問題委員会における2度の議会証言（2004年2月24日および2005年4月6日）を参照されたい。

16）　1995年の住宅政策で、1991年に64.1％であった持ち家率を2000年までに67.5％まで引上げる目標を掲げている。

17）　ニューヨーク・タイムズ紙の記事「Fannie Mae Eases Credit to Aid Mortgage Lending」1999年9月30日。

18) 当時は、ローレンス・サマーズ（1999年7月から2001年1月）やポール・オニール（Paul O'Neill, 2001年1月から2002年12月）の下で、米財務省主導の市場自由化が行われていた。
19) OFHEO（当時）は2004年9月に中間報告書を、2006年5月に最終報告書である Report of the Special Examination of Fannie Mae を公表している。この不正会計問題は、2002年の金利低下時に発生したデリバティブ取引の累損損失処理に対する米財務会計基準（FAS）133（2001年導入）の適用に関するものである。Howard [2014] によれば、この適用に対する解釈は当局とGSEsとの間で裁判となっており、その判決を見ると必ずしもGSEsの不正会計とは言えないようである。
20) McDonald [2012] によれば、2003年までのファニーメイのロビイングには年間で約 US$6 million が報告されていたが、不正会計が指摘された後は一時的に増加し、2004年から2006年までの活動費は各年で約 US$10 million であったと報告されている。
21) オバマ大統領は2014年1月28日の一般教書演説でGSEsを段階的に廃止することを明言している。また、米財務長官ジャック・ルーは、下院の金融サービス委員会における議会証言（2014年6月24日）で、Common Securitization Platform および住宅金融における民間資本の活用と納税者リスクの低減を議会に要請している。小林 [2013a] を合わせて参照願いたい。
22) 第112回連邦議会では、住宅金融市場の改革を目的とした Secondary Market Facility for Residential Mortgage Act of 2011（H.R.2413）や Residential Mortgage Market Privatization and Standardization Act of 2011（S.1834）などが提出されている。後者の法案はボブ・コーカーがスポンサーとなり、GSEs機能の段階的縮小や適格住宅ローン（Qualified Residential Mortgage）の引受け基準の標準化、モーゲージ市場に関する統一メカニズムの導入などを含んでおり、これらの概念は第113回連邦議会に提出されたS.1217へと引き継がれている。
23) FMICが承認する発行業者はFMICの監督対象となる。FMIC保証の対象となるローンには上限が設けられ、その引受け基準が設定される。さらに、FMICが保証するMBSに生じた最初の10%分の損失は保証の対象外である。この他、モーゲージの証券化に関するデータベースの構築と管理も担う。
24) この他、共和党議員のマキシン・ウォーター（Maxine Water）は Housing Opportunities Move the Economy Forward Act の構想を表明している。その内容には、新たな規制当局として National Mortgage Finance Administration を設立する他、Mortgage Insurance Fund による保証（最初の5%の損失は保証の対象外）の提供や Mortgage Securities Cooperative による MBS の発行が含まれている。
25) NMMUはGSEsと同様に設立チャーターを持つ。またGSEsと同様の免税措置などの優遇を受ける。
26) 金融危機後のGSEsの役割の増大については、2012年1月4日にFRBが公開した「The U.S. Housing Market: Current Conditions and Policy Considerations」を参照願いたい。

第9章

メイドフ事件とSECの改革

I. はじめに

　これまでの章では、ドッド・フランク法（DF法）を中心に、特に証券分野の規制に焦点をあてて米国の新たな規制体系を論じてきた。本章では、米国の証券規制を担う連邦監督機関であるSECの改革について論じる。

　DF法のTitle IX（Investor Protection and Securities Reform Act）は、信用格付会社の監督強化（Subtitle B, 第3章参照）や証券化プロセスの改善（Subtitle D, 第3章参照）とならんで、SECの改革や投資者保護機能の強化について記述している。しかしながらこのようなSECの改革は、他の主要な法文が金融危機の再発防止を意図しているのとは異なる。

　上院および下院の委員会が2009年に公開した金融規制改革に関するディスカッション・ドラフトなどを見ても、SECに改革が求められた背景には、Bernard L. Madoff Investment Securities LLC（BLMIS、後述）やスタンフォード・フィナンシャルグループ（2009年2月）などが引き起こした巨額投資詐欺事件へのSECの対応の拙さが挙げられている。特に、元NASDAQ会長の経歴を持つバーナード・メイドフ（Bernard Lawrence "Bernie" Madoff）による巨額のポンジー・スキーム（Ponzi Scheme）の発覚は[1]、単にSECの信頼を失墜させたばかりでなく、SECの監督（Supervise）や法令の執行（Enforcement）などの基本的能力や組織体制に著しい問題があったことを露呈させた[2]。第1章でも述べたように、DF法が導入した新たな規制体系は連邦政府機関の権限強化を基本としており、政府機能への過度な依存をもたらす危険性を内在する。これら規制当局の能力は、新たな規制体系の正否を左右すると言えるだろう。

　本章ではメイドフ事件の顛末とともに、SECに配置された監査総監室

(OIG) が2009年 8 月に公開した監査レポートである「Investigation of Failure of the SEC to Uncover Bernard Madoff's Ponzi Scheme: Public Version」、ならびに、その調書である536組の Exhibit（同年11月公開）を参照しながら、当時の SEC に内在していた問題点について触れ、同時期の連邦議会における審議および DF 法が記述する SEC 改革についてまとめる。

Ⅱ．メイドフ事件における SEC の対応：OIG による調査報告

2008年12月11日に SEC は、バーナード・メイドフおよびメイドフが運営していた BLMIS をニューヨーク連邦地裁に投資詐欺（ポンジー・スキーム）で告発した。同日、バーナード・メイドフはマンハッタン東64ストリートにある自宅ペントハウスにおいて、FBI のセオドア・カチョッピ捜査官により逮捕されている（同氏および同社の資産凍結は翌12日に実行）。2009年 6 月29日に、ニューヨーク連邦地裁は証券詐欺から始まる11件の罪状すべてを認め、バーナード・メイドフに150年の禁固刑と約 US$170 billion の財産などの没収（Forfeiture）を言い渡した[3]。ニューヨーク連邦地裁から BLMIS の管財人に指名されたアービング・ピカード氏によれば、BLMIS の顧客からの訴えは1,676件（管財人が認可した件数、訴え自体は総計で 1 万1,614件）、被害の総額は約 US$4.8 billion にのぼる（同じく、管財人が認可した被害額）。このうち、米証券投資者保護公社（SIPC）が補償を表明したのは約 US$570 million に過ぎず、約 US$4.2 billion の顧客資産が失われた（図表 9 - 1 ）。

BLMIS は1960年にウォール・ストリートで創業され、マーケット・メイク業務やアセット・マネジメント業務などを手がけていた（インベストメント・ビジネスでの SEC への登録は2006年 8 月まで行われなかった）。ニューヨーク連邦地裁の公判において、メイドフ自身は90年代初めよりポンジー・スキームを始めたと述べており、少なくとも同手法による投資詐欺を20年近く行っていたことになる。事実1992年から SEC に対して、BLMIS のファンドや運用手法等に関する訴えや告発が多数寄せられており、中にはポンジー・スキームの証明として考慮すべき訴えが 6 つ含まれていた。SEC はこれらの訴えに対応して、2 度の調査（Investigation）と 3 度の検査（Examination）を行ったにもかかわ

らず、結果としてメイドフおよび関係者の摘発は2008年12月まで行われなかった。

このメイドフ事件へのSECの対応に対して、当初はSEC組織内部での不正も疑われるなどSECの信頼失墜に繋がったことから、OIGによる内部調査が実施された。OIG調査の結果は、「Investigation of Failure of the SEC to Uncover Bernard Madoff's Ponzi Scheme: Public Version」、ならびに証拠書類（Exhibit）として公開されている。

OIG調査は結論として、SEC内部の不正行為を否定しているものの少な

図表9-1　主な被害一覧

（単位：US$）

Fairfield Greenwich Group	7.5 billion
Kingate Management	3.5 billion
Bank Medici	3.2 billion
Banco Santander	3.1 billion
Tremont Group Holdings	3.1 billion
Harel International	2.8 billion
Jacob Ezra Merkin's (GMAC LLC Chairman)	1.8 billion
Ascot Prtners LLC etc	1.5 billion
Access Int'l Advisors	1.4 billion
Fortis Bank Netherlands	1.4 billion
Union Bancaire Privee	1.1 billion
HSBC Holdings	1.0 billion
野村ホールディングス	302 million
あおぞら銀行	137 million

注）報道された金額であり、管財人が認可した金額とは異なる。
出所）Bloomberg.com 2009年1月14日など。

くとも6つの訴えは明白なポンジー・スキームの証拠となり得たと指摘し、SECのエンフォースメントの失敗を認めている。OIG調査は、SECが失敗した原因として、①SECの検査スタッフの知識および経験の不足（"…weren't familiar with securities laws."）、②スタッフの教育が不十分（"There was no training…"）、③SECセクター間の協力体制の欠如、等を挙げており、これは、SECが組織的に深刻な問題を抱えていることを意味する。

紙幅の都合があるため、OIG報告書がSECの失敗として認めている代表的なケースとして、ボストンのRampart Investment Managementでマネー・マネージャを務めていたハリー・マーコポロス（Harry Markopolos）が行った告発に対するSECボストン・オフィス（Boston District Office）等の対応を以下で紹介しよう。この告発内容の詳細は、Markopolos [2010] を参照願いたい。

2000年5月にマーコポロスは、メイドフのファンドに関して、①事後的に検証した結果、当該ファンドが公表した利回りが達成困難であったこと、②外部からの監査が欠如していること、などを記した8ページから構成される告発文をSECボストン・オフィスに提出した。SECボストン・オフィスはこの告発

文に対応して、マーコポロスからヒアリングを行ったものの、同氏が示した情報や分析を当時の担当官が理解できず、その結果、問題として取り扱わなかった。

2001年3月に、マーコポロスがより詳細なデータを用いて2度目の告発を行っているが、この際にはSECボストン・オフィスがポンジー・スキームの可能性があることを認め、問題として取り上げるも、ニューヨークの北東地域オフィス（Northeast Regional Office）は、メイドフがSECにアドバイザー登録をしていないことを理由に検査をしなかった（SECはポンジー・スキーム等の不正行為に関して、SECへの登録の有無に関係なく摘発する権限および義務がある）[4]。その他、検査を行った際に検査対象であるメイドフ自身から提出されたデータをそのまま信用し、そのデータの信頼性に関する最低限の事実確認も行わなかったなど、基本事項での信じがたい不手際が複数見つかっている。

メイドフに関する告発は、マーコポロス以外からも複数寄せられていた。さらなる詳細はOIG報告書を参照いただきたいが、メイドフ事件に関するSECの対応を調査したOIG報告書は、SECの基本能力や組織体制に関して疑問を呈している。少なくとも近年の市場の拡大や金融商品・サービスの多様化・複雑化に対して、SECの対応は明らかに後手に回っていたと言えよう。本章ではメイドフ事件のように限定的な例を挙げたが、スタンフォード・フィナンシャルグループのケースでもSECの調査に問題があったことが指摘されている。これはSECスタッフの質的問題とも言えるが、SECの人材養成については回転ドア（Revolving-Door）問題などもかねてから指摘されてきた[5]。SECの組織かつ人事管理の問題はSECの財政上の制約が原因の1つであったことは否めないものの、米国資本市場の健全性と公正性の見地から強く問題視された[6]。

Ⅲ．SECに求められた改革

1．メアリー・シャピロ体制下での組織改革

2009年1月27日にSECの委員長に就任したメアリー・シャピロは、メイド

フ事件によって失墜したSECの信用を回復すべく、就任当初からSECの改革に取組んでいた[7]。シャピロ新委員長の下でSECが2009年9月に公表したポスト・メイドフ・リフォーム（Post-Madoff Reform）は、その名が示す通りメイドフ事件を教訓としてSEC自らが提案した改革案である（図表9-2）。

　この内容は、新たな規制案やSEC内部組織の改革や人材育成の見直しなどから構成されているが、なかでも、メイドフ事件の再発防止策として導入されたのは「投資者資産に対するセーフ・ガードの促進」部分であろう。SECは新たな規制案として、カストディおよびレコード・キーピングに関して、1940年投資顧問法のRule206(4)-2を修正するファイナル・ルールを2009年12月に採択している（Release No.IA-2968、2010年3月12日より施行）。その修正内容には、顧客資産の管理を兼任している登録投資アドバイザーに対して、①これまでは、独立公認会計士による事前通告なしの年次監査（Annual Surprise Examination）を受けていることを条件に、自らが顧客に対して口座ステートメントを送付可能であったが、規則修正後は、顧客への口座ステートメントは適格カストディアンから直接送付が要求される、②独立公認会計士から、顧客資産管理に関する内部コントロール報告書を取得する必要がある、などが含まれている。この規則修正によって、メイドフ事件の露呈を妨げた投資アドバイザーが顧客

図表9-2　SECのポスト・メイドフ・リフォーム（2009年9月3日公表）

1. エンフォース・ディビジョンの活性
2. 訴えや内報の取扱いに関する改革
3. 内部通報者（Insider）への協力強化
4. 投資家資産に対するセーフガードの促進
5. リスク・アセスメント能力の改善
6. 金融会社に対するリスク・ベースでの検査
7. 検査官による詐欺（fraud）発見手法の改善
8. 専門知識を有したスタッフの獲得
9. 訓練の対象拡大と目的の明確化
10. 内部統制の改善
11. 内部通報者（Whistleblower）プログラムの支援
12. さらなる財源の獲得
13. ブローカー・ディーラーと投資アドバイザーに対する検査の統合
14. バックオフィス人員に対するライセンシング、教育、監督体制の強化

出所）SEC（http://www.sec.gov/spotlight/secpostmadoffreforms.htm）。

資産を直接管理する形式から、顧客資産の管理を独立したカストディアンが行う形式への移行促進が意図されている。これは、メイドフ事件の再発防止策であるとも言える。

また、アドバイザーに対するSECの体制に関して、ポスト・メイドフ・リフォームには、ブローカー・ディーラーと投資アドバイザーに対する検査プログラムを個人顧客への投資アドバイス提供の観点から統一する考えも明記された。メイドフ事件では、ブローカー・ディーラー担当と投資マネジメント担当の2つのチームが同時に検査を実施していたが、それぞれの検査で得た情報の交換を行っていなかった事実がOIG報告書で問題視されていた。ポスト・メイドフ・リフォームに先んじて、ニューヨーク・オフィス（New York Regional Office）の検査チームは統合されている。また、ヘッジファンド等のアドバイザーに関しては、欧米で共通して法制度による新たな規制の必要性も提案された。

第6章で論じたように、DF法の施行によってヘッジファンド等のアドバイザーの登録制度が導入されている。この第6章の内容とともに、SECの体制整備と合わせて、アドバイザーに関する規制の変更に関しては今後も注視する必要があろう。この他、ポスト・メイドフ・リポートで示された組織変更、検査プログラムの強化、内部トレーニングの増加などは、SECの「戦略プラン2010～15年（Strategic Plan 2010-15）」（2009年10月8日公開）にも含まれた。

SECの人材育成に関しては、内部教育プログラムの見直しに留まらず、商品先物取引委員会（CFTC）との共通教育プログラムの作成や、CFTCと人材交流を行うなどのプランが検討されている。詳しくは、SECとCFTCが規制の協調に関して共同でまとめた「A Joint Report of the SEC and the CFTC on Harmonization of Regulation」（2009年10月16日）を参照願いたい。

2．連邦法によるフォローアップ

DF法の審議過程を見ると、このようなSEC自身によるポスト・メイドフ・リフォームを受けて、1934年証券取引所法などを修正する条項が加えられた。ただし2009年の下院法案とは異なり、DF法にはメイドフ事件に言及する法文は見られない。しかしながら後述するように、DF法が求めるSEC改革

にも、メイドフ事件は強く影響している。むしろ DF 法は、連邦議会による SEC の監視メカニズムを明確に導入したことで、SEC の自主的な改革を重んじた下院法案よりも議会主導型の改革になっていると言えよう。

(1) 2009年の下院法案

先のポスト・メイドフ・リフォームは、連邦議会の立法による対応に先駆けて、SEC が自ら進めた改革であった。メイドフ事件の発覚は金融危機が深刻化した時期と重なっていたこともあり、2009年12月に連邦議会下院を通過した Wall Street Reform and Consumer Protection Act の Title V の Subtitle C にも SEC に関する改革が含まれている（図表9－3）[8]。この下院法案の全体像については第1章を参照願いたい。同時期の上院における審議は、銀行・住宅・都市問題委員会が金融規制改革に関連する法案のディスカッション・ドラフトと同時に公開した「Summary: Restoring American Financial Stability-Committee Print」に留まるが、当該ドラフトでもメイドフ事件に関する SEC の失敗を指摘し、SEC に対する GAO 等による評価の徹底を初めとして6つのポイントから成る SEC 改革と投資者保護強化の必要性を提示している。

ここでは、先に下院で成立した法案の内容を見るが、Subtitle C を構成する Investor Protection Act の記載内容から、特にメイドフ事件と関連があると

図表9－3　2009年下院法案の章タイトル

Title Ⅰ：Financial Stability Improvement Act
Title Ⅱ：Corporate and Financial Institution Compensation Fairness Act
Title Ⅲ：Over-the-counter Derivatives Markets Act
Title Ⅳ：Consumer Financial Protection Agency Act
Title Ⅴ：Capital Markets
　Subtitle C：Investor Protection Act
　　Part1：Disclosure
　　Part2：Enforcement and Remedies
　　Part3：Commission Funding and Organization
　　Part4：Additional Commission Reform
　　Part5：Securities Investor Protection Act Amendments
　　Part6：Sarbanes-Oxley Act Amendments
　　Part7：Senior Investment Protection
　　Part8：Registration of Municipal Financial Advisors
Title Ⅵ：Federal Insurance Office

図表 9-4　下院法案の Title V, Subtitle C が定める主な SEC 改革

1. 新たな会議体の設置
Sec.7101. Investor Advisory Committee Established.
Sec.7305. Capital Markets Safety Board.
Sec.7307. Joint Advisory Committee.
2. 調査・研究報告
Sec.7107. Study on Enhancing Investment Advisor Examinations.
Sec.7304. Commission Organization Study and Reform.
Sec.7306. Report on Implementation of "Post-Madoff Reforms".
Sec.7414. Study on SEC Revolving Door.
3. ブローカー・ディーラーや投資アドバイザーに対する監督
Sec.7103. Establishment of a Fiduciary Duty for Brokers, Dealers, and Investment Advisers, and Harmonization of Regulation.
4. 情報収集権限および予算
Sec.7218. Enhanced SEC Authority to Conduct Surveillance and Risk Assessment.
Sec.7301. Authorization of Appropriations.

注）Subtitle C を構成する Investor Protection Act は Sec.7001から Sec.7803まで、合計89のセクションで成り立っている。

思われる改革を図表9-4で複数取り上げてみた。これらの中から下記で、新たな組織と受託者責任の共通化を紹介する。

(i) 3つの新たな組織創設を提案

下院法案ではSECに対して、新たに3つの会議体の創設を提案している。

第1が、Sec.7101が規定する外部の有識者によって構成されるInvestor Advisory Committeeである。この委員会はSECに対して、新たな商品・サービスや効果的な情報開示等に関する規制上の問題などや、投資者利益に関する事項を助言・協議することを目的とする（少なくとも年に2回以上の開催が求められる）。すでに2009年6月3日のリリースで、SECが当該委員会の設置とメンバーを公表している。

第2が、Sec.7305が規定するCapital Markets Safety Boardである。このボードは、SEC内部に設置され、SECが実行した調査結果を精査し、必要であれば独自の調査を行う権限を有する。このアイデアはMITスローン校教授のアンドリュー・ロー（Andrew Lo）が提唱者と言われているが、ローによれ

ば、航空機事故の原因調査を行う National Transportation Safety Board をモデルとしている[9]。このボードに類する組織の創設は、DF 法には含まれなかった。

第3が、Sec.7307が求める Joint Advisory Committee である。この委員会は SEC と CFTC によって構成され、SEC が管轄する規制と、CFTC による商品先物規制との調和をはかることが目的とされた。より詳しくは、前掲の「A Joint Report of the SEC and the CFTC on Harmonization of Regulation」を参照されたい。

上記3つの組織は、外部からの情報収集や共有、規制の調和など、OIG 調査で指摘されていた SEC の問題点を補う効果を期待されていた。しかしながら、下記で述べるように DF 法が認めているのは Investor Advisory Committee のみである。第3の組織の名称と似た Joint CFTC-SEC Advisory Committee は、2010年5月6日のいわゆるフラッシュ・クラッシュを共同で調査すべく[10]、同年5月11日に SEC と CFTC によって設立された委員会であり、メイドフ事件とは関係がない。

(ⅱ) 受託者責任の共通化

ポスト・メイドフ・リフォームの部分で既述したが、SEC は個人顧客に対する投資アドバイス提供の観点から、ブローカー・ディーラーと投資アドバイザーとで分かれていた行為基準やエンフォースメント体制を統一する必要性を認識していた。これは、個人顧客にとって、自らが金融サービス業者から受け取る投資アドバイスは、ブローカー・ディーラーや投資アドバイザーといった業態の違いに左右されてはいないとの判断による[11]。

下院法案の Sec.7103は、証券取引所法および投資顧問法を修正し、受託者責任（Fiduciary Duty）を共通化させることを SEC に求めている。またブローカー・ディーラーや投資アドバイザーに関して、重大な利益相反と思われるような情報の顧客への開示を促し、公共の利益や投資者保護に反すると思われる商行為や利益相反、報酬スキームなどを禁止・抑制する規則の策定が含まれている。

この受託者についての基準の共通化は DF 法の Sec.913にも含まれている。

しかしながらDF法後に、米労働省（Department of Labor）が年金に関連する投資アドバイスについて金融サービス業者に課される受託者責任の法的適用の拡大を提案したこともあり、受託者責任のエンフォースメントが複数の連邦監督機関によって執行される可能性がある。

(ⅲ) SECのマネジメント
　2009年12月に連邦議会下院を通過した法案には、上記のSECの組織改革を含めて証券規制に関する多くの項目が含まれていた。SECの内部統制の調査および改善に関しても、下院法案のSec.7304は組織改革などを専門とする独立したコンサルタントの雇用を求めている。またSec.7306はポスト・メイドフ・リフォームの実行に関して、コンサルタントの報告書を含めて、上院および下院の委員会への報告書の提出を義務づけていた。ただし、これらのSECのマネジメントに関連する箇所について、次のDF法はSECの内部統制を細分化して調査および報告等を求めているものの、法文においてメイドフ事件には言及してはいない。

(2) DF法が記す主なSEC改革
　最後に、DF法に含まれた主なSEC改革をまとめる。DF法ではTitle Ⅸ（Investor Protection and Securities Reform Act）が、投資者保護の強化とSEC改革を扱っている。
　このTitle Ⅸは上記の下院法案と共通する規定も多く、SEC自身およびSECが担う証券規制の見直しを幅広く行っている。これらの中から、SECの組織やマネジメントに関する箇所をまとめる。

(ⅰ) ２つの新たな組織
　DF法は、２つの新たな組織の創設を含んでいる。
　第１にSec.911が規定する投資者諮問委員会（Investor Advisory Committee）は下院法案と同じであり、証券取引所法のSec.39に当該委員会の規定を追加することで、すでに2009年６月にSECが設置していた委員会を連邦法によって承認した形になっている。その活動内容はSECのウェッブを参照願いたいが、

第9章　メイドフ事件とSECの改革　229

DF法によって①SECへのアドバイスおよび相談（Consult）を行う、②法律の制定を含んで、委員会が適切と断ずる答申（Findings）および推奨（Recommendations）をSECに提示する、が委員会の目的として定められている。特にアドバイスおよび相談の対象として、SECの規制上の優先事項の他に、証券商品（Securities Products）やトレーディング戦略・手数料構造などに関する問題が含められている。ただし、当該委員会はFederal Advisory Committee Actの適用対象ではなく、またSECは当該委員会の答申や推奨をレビューすることのみが求められているに過ぎない。そのため、その実効性やSECに及ぼす影響は不明である。

　第2にSec.915はSECの新たな部局として投資者擁護局（Office of Investor Advocate）を設立した（証券取引所法にSec.4を追加）。DF法は当該部局の機能として、①個人投資家（Retail Investor）がSECや自主規制機関（SRO）との間で抱える問題の解決支援（オンブズマンの任命を含む）、②金融サービスの提供者や投資商品に関して投資者が抱える問題を明らかにする、③SECやSROによって提案された規制や規則が投資者に与える影響の分析、④SECに対して規制や訓令（Order）の変更の提案や、連邦議会に対して適切な立法等の提案、などを挙げている。ただしInvestor Advisory Committeeと同様に、SECにはこれらの提案に同意ないしは提案を実施する義務はない。

(ⅱ) SECのマネジメント

　Title ⅨのSubtitle F（Sec.961～Sec.968）はSECのマネジメントの改善を意図しており、その条項は下院法案よりも細分化された[12]。下院法案と比較して特に注目されるのは、SECの内部統制に関して連邦議会による監視メカニズムを導入している点であろう。

　その第1は、Sec.961がSECに求めている報告である。Sec.961によって、SECは登録する業者の検査やエンフォースメント等に関する報告書を両連邦議会の委員会に毎期提出しなければならない[13]。この報告書には①SECの内部監督の体制（Internal Supervisory Control）および検査を実行したスタッフに適用される手続きの有効性の評価（Assessment）や、②エンフォースメント部門等のディレクターによる署名をともなったその証明などが含められる。また

Sec.961は会計検査院長官（Comptroller General）に対しても、SECの内部監督の体制および手続きの有効性のレビューを含めた報告書を少なくとも3年毎に両連邦議会の委員会に提出することを命じている。
　第2にSec.963ではSECの財務報告において、適切な内部統制体制（Internal Control Structure）および手続きの確立と維持について、SECのマネジメントの責任を説明するとともに、これらの有効性を含んだ年次の報告書（SEC委員長等による承認）の提出を求めている[14]。
　上述した上院のディスカッション・ドラフトと同様に、2010年の上院における法案審議（第2章を参照）を見ても、連邦議会がメイドフ事件に関するSECの行為を強く問題視していたことがわかる[15]。DF法は、SECの組織や内部統制の評価を含んだ定期報告を求めている。下院法案がSEC主導型での改革を主としていたのに対して、DF法では連邦議会による直接的な監視メカニズムを導入しており、むしろ議会主導型のSEC改革となったと言えよう。

(ⅲ) SEC の人事管理

　上記のSECのマネジメントと同様に人事管理についても、DF法のSec.962は連邦議会による監視メカニズムを導入した。
　Sec.962は会計検査院長官に対して、SECの人事管理を評価した報告書を3年毎に両連邦議会の委員会に提出することを求めている。またSec.962は、当該報告書で評価すべき10の項目として、①管理者（Supervisor）がSECの従業の能力等を有効に活用しているか、②専門職スタッフの能力、③部門間のコミュニケーションの効率性、④離職の状況や従業員の解雇、などを指定している。
　このようにDF法によって、SECは従来の予算承認手続きに関連した連邦議会による監視に加えて、SECおよび会計検査院長官やOIGによる定期的な報告書を通じて、組織・内部統制や人事管理についても連邦議会が監視するメカニズムが導入された[16]。このような連邦議会による新たな監視がもたらすベネフィットは、連邦議会の能力や方針に依存するとともに、SECの機能が連邦議会の影響を受けやすくなる可能性も指摘しておきたい。

IV. 第9章のまとめ

　本章で扱ったメイドフ事件はSECの根本的な能力に疑問を投げかけたが、若園［2008］や第1章で述べるように、米国投資銀行（現在は業態としての大手投資銀行は消滅）の過剰なレバレッジの引き金になったと指摘される2004年のCSEプログラムの導入と管理など、これまでの策に関しても多くの問題があったことが確認されている。

　SECに関する学術的な分析を引用するまでもなく、近年の金融工学の発達や、ビジネス・モデルの発展、金融サービス業者の多様化やクロス・ボーダーでの活動などに対して、米国資本市場の番人であるSECの能力が追いつけなくなっていることは明らかであろう。本章で見たような改革内容は、このような根本的な問題の解決策と成りえるのだろうか。

　思考を米国の金融規制改革全般まで広げてみると、SECは深刻な教訓を示しているように思える。これまでの章の繰り返しになるが、DF法は政府や連邦監督機関の法的な権限の強化が基本となっている。つまりは、従来は市場規律や市場参加者の自主的な規制での対処を期待されていた相当の部分を、政府機関が賄うことに他ならない。これは、民間から政府へのリスク管理の委譲現象であると言い換えることもできる。そのため、米国で検討されている新たな規制体制が機能する為には、規制当局の能力が少なくとも市場参加者と同等以上であることが求められよう。SECの能力向上を考えると、DF法のTitle IXが定めたSECに関する諸改革は、本質的な問題の解決策とは言えない。

注
1) ポンジー・スキームについては、第3章の注15を参照。
2) メイドフ事件を受けて、米国内では学術的な見地からも、SECに対する批判的な検証やSECからエンフォースメント部門を切り離す提言なども行われている。
3) あくまでも罪状として金額であり、メイドフの弁護士も公判で述べているように、メイドフ自身がこのような高額の財産を保有しているわけではない。メイドフ事件については、Arvedlund［2009］やOppenheimer［2009］も詳しい。
4) 米国におけるファンド・マネージャーのSEC登録に関しては、第6章を参照。

5) 回転ドア問題とは、SEC スタッフの一般的な経歴はロー・スクールを経て SEC に入り、数年の経験を経てロー・ファームへ高給で転職する、または、上位役職者のほとんどはウォール・ストリートへ転職することから、SEC での在籍はキャリア・アップの一手段に過ぎないという指摘である。
6) SEC の予算面での制約については、上院歳出委員会（U.S. Senate Committee on Appropriations）の金融サービスおよびゼネラル・ガバメント小委員会（Subcommittee on Financial Services and General Government）におけるメアリー・シャピロ委員長（当時）の議会証言を参照されたい（http://www.sec.gov/news/testimony/2009/ts060209mls.htm）（2009年6月2日）。
7) SEC のエンフォースメント部門ディレクターであったリンダ・トムゼン（Linda Thomsen）が同年2月9日に辞任しているが、メイドフ事件の責任を追求されての更迭であったとも言われている。
8) この Investor Protection Act は、2009年の第111回連邦議会で下院が Wall Street Reform and Consumer Protection Act（H.R.4173）として一本化する以前は、The Investor Protection Act of 2009（H.R.3817）として審議されていた。詳しくは若園［2009b］を参照されたい。
9) Lo［2009］が詳しい。
10) フラッシュ・クラッシュとは、2010年5月6日の午後2時40分ごろからニューヨーク証券取引所のダウ平均株価が先物主導で数分の間に約 US$1,000（9％）下落した現象である。その後の調査で、アルゴリズムを利用した高速高頻度取引（HFT）が下落幅を大きくした可能性が指摘されている。
11) 詳しくは SEC の依頼によって RAND Institute for Civil Justice が調査した「Investor and Industry Perspectives on Investment Advisers and Broker-Dealers」（2008年1月）を参照願いたい。
12) 予算に関連して、Subtitle J に属する Sec.991でも SEC のマッチ・ファンディングについて規定している。
13) 報告書の提出先は、上院の銀行・住宅・都市問題委員会および下院の金融サービス委員会。
14) さらに Sec.963は、会計検査院長官（Comptroller General）に対して、最初の財務年度終了の6ヶ月以内に SEC の内部統制体制および手続きの有効性に関する報告書の提出を求めている。この他 Sec.965は、SEC の取引・市場部（Division of Trading and Markets）等に、新たにコンプライアンス検査官（Compliance Examiners）を置くことを命じており、また、Sec.966は SEC スタッフからの業務の有効性や効率性等に関する改善を受け付けるホットラインの設立と維持を SEC の OIG に命じている。
15) 例えば上院の委員会審議の議事録である S.Rep.No.111-176など。
16) ただし SEC 委員長を含む委員の登用には、大統領の指名および連邦議会上院の助言と承認をともなう。

参考文献

磯部昌吾［2011］「適用期限が延期された米国のOTCデリバティブ規制」『資本市場クォータリー』夏号、1～9頁。

岡田悟［2010］「米国商品先物取引委員会（CFTC）——組織、権限、証券規制との関係」『レファレンス』No.719、国立国会図書館、77～98頁。

小立敬［2008］「サブプライム問題と米国の金融規制構造改革の行方」『証券アナリストジャーナル』第46巻、日本証券アナリスト協会、第11・12号、15～25頁。

小立敬［2009］「オバマ政権が提示した米国の金融制度改革案」『資本市場クォータリー』夏号、野村資本市場研究所、1～14頁。

小林襄治［2013］「英国の新金融監督体制とマクロプルーデンス政策手段」『証券経済研究』第82号、日本証券経済研究所、6月、21～39頁。

小林襄治［2014］「投資銀行とトレーディング業務」『証券経済研究』第85号、日本証券経済研究所、3月、109～132頁。

小林正宏・大類雄司［2009］「GSE危機とそのインプリケーション——ガバナンスの観点を踏まえて」『フィナンシャル・レビュー』第95号、財務省財務総合政策研究所、7月、64～92頁。

小林正宏［2013a］「オバマ大統領の米住宅金融市場改革案と上下院法案の行方」『海外レポート』住宅金融支援機構、9月25日。

小林正宏［2013b］「ファニーメイとフレディーマックの2013年第3四半期決算と公的資金の現況」『海外レポート』住宅金融支援機構、11月15日。

斉藤美彦・須藤時仁［2009］『国債累積時代の金融政策』日本経済評論社。

関雄太［2009a］「CDSとOTCデリバティブを巡る米国の規制改革・市場改革の進展」『資本市場クォータリー』野村資本市場研究所、秋号、65～75頁。

関雄太［2009b］「消費者金融保護庁（CFPA）構想を巡る米国連邦議会公聴会の議論」『資本市場クォータリー（ウェブサイト版）』野村資本市場研究所、秋号（http://www.nicmr.com/nicmr/report/backno/2009aut.html）。

関雄太［2009c］「凍結状態続く米国・証券化商品市場再生へカギ握る規制強化策の全容」『金融ビジネス』東洋経済新報社、Autumn、68～71頁。

日本銀行［2000］「米国における金融制度改革法の概要」日銀調査月報、1月号、73～88頁。

淵田康之［2009］「グローバル金融新秩序：G20時代のルールを読み解く」日本経済新聞社。

松尾直彦［2010］『アメリカ金融改革法』金融財政事情研究会。

若園智明［2008］「証券規制について考える——SECの空売り規制と正味自己資本規制が示唆するもの」『証券レビュー』第48巻、日本証券経済研究所、第11号、93～109頁。

若園智明［2009a］「欧米における金融規制改革の動向と限界」『証券レビュー』第49巻、日本証券経済研究所、第10号、40〜97頁。

若園智明［2009b］「米国における金融規制改革の方向性と問題点」『証券経済研究』第68号、日本証券経済研究所、12月、19〜39頁。

若園智明［2010a］「バーナード・メイドフ事件と SEC 改革」『証券レビュー』第50巻、日本証券経済研究所、第 2 号、92〜107頁。

若園智明［2010b］「米国におけるヘッジファンド関連規制の変遷」『証券レビュー』第50巻、日本証券経済研究所、第10号、89〜107頁。

若園智明［2011］「米国におけるヘッジ・ファンド関連規制：ドッド・フランク法がもたらす変化」『証券経済研究』第74号、日本証券経済研究所、 6 月、23〜44頁。

若園智明［2012］「米国における店頭デリバティブ規制アプローチの変遷」『証券経済研究』第79号、日本証券経済研究所、 9 月、17〜35頁。

若園智明［2013a］「米国におけるマクロ・プルーデンス体制の構築」『証券経済研究』第83号、日本証券経済研究所、 9 月、19〜36頁。

若園智明［2013b］「米国における規制改革議論と包括的金融改革法の成立」『証券経済研究』第84号、日本証券経済研究所、12月、 1 〜18頁。

若園智明［2013c］「米国における包括的金融規制改革法の全体像」『証券経済研究』第84号、日本証券経済研究所、12月、19〜41頁。

若園智明［2014］「GSEs を通じて考える米国金融規制の問題点」『証券経済研究』第87号、日本証券経済研究所、 9 月、 1 〜21頁。

Acharya, Viral and Matthew Richardson [2009] *Restoring Financial Stability: How to Repair a Failed System*, John Wiley & Sons, Inc.

Acharya, Viral et al. [2010] *Regulating Wall Street: the Dodd-Frank Act and the New Architecture of Global Finance*, John Wiley & Sons, Inc.

Acharya, Viral et al. [2011] *Guaranteed to Fail: Fannie Mae, Freddie Mac, and the Debacle of Mortgage Finance*, Princeton University Press.

Arvedlund, Erin [2009] *Too Good to Be True: The Rise and Fall of Bernie Madoff*, Portfolio.

Atlanta Fed [2006] "An Analysis of the Systemic Risks Posed by Fannie Mae and Freddie Mac and an Evaluation of the Policy Options for Reducing Those Risks," *Working Paper*, 2006-2, April.

Axilrod, Stephen [2013] *The Federal Reserve*, Oxford University Press.

Badawi, Adam and Anthony Casey [2014] "The Fannie and Freddie Bailouts through the Corporate Lens," *University of Chicago Coase-Sandor Institute for Law & Economics Research Paper*, No.684.

Banque de France [2007] "Special Issue Hedge Funds," *Financial Stability Review*, April.
Barth, J.R., and D. McCarthy [2012] *Trading Losses: A Little Perspective on a Large Problem*, Milken Institute, October.
Barth, J.R., and D. McCarthy [2013] "What is the Likely Impact of the Volcker Rule on Markets, Businesses, Investors, and Job Creation?," *the Journal of Private Enterprise*, Vol.28, No.2, pp.63-74.
Barwell, Richard [2013] *Macro Prudential Policy*, Palgrave Macmillan.
Berson, Susan and Dave Berson [2012] *The Dodd-Frank Wall Street Reform and Consumer Protection Act*, American Bar Association.
BIS [2014] "Market-making and proprietary trading: industry trends, drivers and policy implications," *CGFS Papers*, No.52, November.
Bisias, Dimitrios. et al. [2012] "A Survey of Systemic Risk Analytics," *Office of Financial Research Working Paper*, January.
Borio, Claudio [2003] "Towards a Macroprudential Framework for Financial Supervision and Regulation?," *BIS Working Paper*, No.128, February.
Brown et al. [2009] "Hedge Funds in the Aftermath of the Financial Crisis," *Restoring Financial Stability*, Chapter 6, pp.157-177, John Wiley & Sons, Inc.
CBO [1996] *Assessing the Public Costs and Benefits of Fannie Mae and Freddie Mac*, a CBO Study, May.
CBO [2001] *Federal Subsidies and the Housing GSEs*, May.
CFTC [2007] *Report on the Oversight of Trading on Regulated Futures Exchanges and Exempt Commercial Markets*, October.
Chatterjee, R. Rex [2011] "Dictionaries Fail: the Volcker Rule's Reliance on Definitions Renders it Ineffective and a New Solution is Needed to Adequately Regulate Proprietary Trading," *BYU International Law and Management Review*, Vol.8, Issue1, pp.33-62.
Chow, Julian and Jay Surti [2011] "Making Banks Safer: Can Volcker and Vickers Do It?," *IMF Working Paper*, October.
Clement, Piet [2010] "The Term 'Macroprudential': Origins and Evolution," *BIS Quarterly Review*, March, pp.59-67.
Coffee, John and Hilary Sale [2008] "Redesigning the SEC: Does the Treasury Have a Better Idea?," *The Columbia Law and Economics Working Paper*, No.342.
Corder, Kevin [2012] *The Fed and the Credit Crisis*, Lynne Rienner Publishers.
CRS [2007] *Government-Sponsored Enterprises (GSEs): An Institutional Overview*, Order Code RS21663.
CRS [2010] *The "Volcker Rule": Proposals to Limit "Speculative" Proprietary Trading by*

Banks, June 22.
CRS [2014] *The Volcker Rule: A Legal Analysis*, March 27.
Davis, Richard [2011] *Managing to the New Regulatory Reality*, John Wiley & Sons, Inc.
Demyanyk, Yuliya and Otto Hemert [2011] "Understanding the Subprime Mortgage Crisis," *Review of Financial Studies*, 24 (6), pp.1848-1880.
Department of the Treasury [2008] *Blueprint for a Modernized Financial Regulatory Structure*, Department of the Treasury.
Department of the Treasury [2009] *Financial Regulatory Reform a New Foundation*, Department of the Treasury.
Duffie, Darrell [2012] "Market Making Under the Proposed Volcker Rule," Rock Center for Corporate Governance, *Stanford University Working Paper Series*, No.106.
ECB [2009] "Risk Spillover among Hedge Funds: The Role of Redemptions and Fund Failures," *Working Paper Series*, No.1112, November.
Ellen, Ingrid et al. [2010] *Improving U.S. Housing Finance through Reform of Fannie Mae and Freddie Mac: Assessing the Options*, NYU Furman Center for Real Estate and Urban Policy, May.
Elliott, Douglas. et al. [2013] "The History of Cyclical Macroprudential Policy in the United States," *Finance and Economics Discussion Series*, Federal Reserve Board, May.
FCIC [2011] *The Financial Crisis Inquiry Report*, Financial Crisis Inquiry Commission, Public Affairs New York.
Ferran, Ellis. et al. [2012] *The Regulatory Aftermath of the Global Financial Crisi*s, Cambridge University Press.
FHFA [2015] "The Continued Profitability of Fannie Mae and Freddie Mac Is Not Assured," *White Paper Report*, WPR-2015-01, March.
French, Kenneth. et al. [2010] *The Squam Lake Report*, Princeton University Press.
FSB [2014] *Transforming Shadow Banking into Resilient Market-based Financing*, November.
FSOC [2011] *Study & Recommendations on Prohibitions on Proprietary Trading & Certain Relationships with Hedge Funds & Private Equity Funds*, January.
Fuchita, Yasuyuki. et al. [2012] *Rocky Times*, Brookings Institution Press.
Gadanecz, Blaise. and Kaushik. Jayaram [2009] "Measures of Financial Stability-a Review," *IFC Bulletin*, No.31, July, pp.365-380.
Galati, Gabriele. and Richhild. Moessner [2011] "Macroprudential Policy-a Literature Review," *BIS Working Papers*, No.337, February.
GAO [1997a] *Federal Housing Enterprises: OFHEO Faces Challenges in Implementing a Comprehensive Oversight Program*, GGD-98-6.

GAO [1997b] *OTC Derivatives Additional Oversight Could Reduce Costly Sales Practice Disputes.*
GAO [1999] *Long-Term Capital Management: Regulations Need to Focus Greater Attention on Systemic Risk.*
GAO [2004] *Financial Regulation: Industry Changes Prompt Need to Reconsider U.S. Regulatory Structure.*
GAO [2007] *Financial Market Regulation: Agencies Engaged in Consolidated Supervision can Strengthen Performance Measurement and Collaboration.*
GAO [2008] *Hedge Funds: Regulators and Market Participants Are Taking Steps to Strengthen Market Discipline, but Continued Attention Is Needed.*
GAO [2009a] *Systemic Risk: Regulatory Oversight and Recent Initiatives to Address Risks Posed by Credit Default Swaps.*
GAO [2009b] *Review of Regulators' Oversight of Risk Management Systems at a Limited Number of Large, Complex Financial Institutions.*
GAO [2009c] *Hedge Funds: Overview of Regulatory Oversight, Counterparty Risks, and Investment Challenges.*
GAO [2011] *Proprietary Trading, Regulators Will Need More Comprehensive Information to Fully Monitor Compliance with New Restrictions When Implemented*, July.
GAO [2012] *Financial Stability: New Council and Research Office Should Strengthen the Accountability and Transparency of their Decisions.*
GAO [2013] *Financial Stability: Continued Actions Needed to Strengthen New Council and Research Office.*
Gerding, Erik [2012] "Credit Derivatives, Leverage, and Financial regulation's Missing Macroeconomic Dimension," *Berkeley Business Law Journal*, Vo.8, pp.101-145.
Group of Thirty [2009] *Financial Reform: A Framework for Financial Stability*, January 15.
Hanson, Samuel. et al. [2011] "A Macroprudential Approach to Financial Regulation," *Journal of Economic Perspective*, Winter, Vol.25, No.1, pp.3-28.
Hockett, Robert [2013] "The Macroprudential Turn: From Institutional "Safety and Soundness" to Systemic "Financial Stability" in Financial Supervision," *Cornell Law Faculty Working Papers*, Paper 108, March.
Hoenig, Thomas. [2004] "Exploring the Macro-Prudential Aspects of Financial Sector Supervision," *Meeting for Heads of Supervision Bank for International Settlements*, April 27.
Howard, Timothy [2014] *The Mortgage Wars*, McGraw Hill Education.
Hsu, Sara [2013] *Financial Crises, 1929 to the Present*, Edward Elgar.

IMF [1998] "Hedge Funds and Financial Market Dynamics," *Occasional Paper*, 166, May.
IMF [2009] "Deleveraging after Lehman-Evidence from Reduced Rehypohtecation," *IMF Working Paper*, WP/09/42.
IMF [2011] *Macroprudential Policy: An Organizing Framework*, March.
IOSCO [2009] *Hedge Funds Oversight Final Report*, Technical Committee, June.
Jaffee, Dwight [2010] *The Role of the GSEs and Housing Policy in the Financial Crisis*, Financial Crisis Inquiry Commission, Feb 27.
Jickling Mark [2008] "The Enron Loophole," C*RS Report for Congress*, Order Code RS22912, July 7.
Jickling Mark and Lynn Cunningham [2008] "Speculation and Energy Prices: Legislative Responses," *CRS Report for Congress*, Order Code RL34555, July 8.
Khandani, Amir and Andrew. Lo [2007] "What Happened to the Quants in August 2007 ?," *Journal of Investment Management*, Vol.5, No.4, pp.5-54.
Levitin, Adam, Andrey Pavlov and Susan Wachter [2012] "The Dodd-Frank Act and Housing Finance: Can It Restore Private Risk Capital to the Securitization Market?," *Yale Journal on Regulation*, Vol.29, pp.155-180.
Levitin, Adam and Janneke Ratcliffe [2013] "Rethinking Duties to Serve in Housing Finance," *Joint Center for Housing Studies*, HBTL-12, Harvard University
Lo, Andrew [2008] "Hedge Funds, Systemic Risk, and the Financial Crisis of 2007-2008," *the U.S. House of Representatives Committee on Oversight and Government Reform*, November 13.
Lo, Andrew [2009] "Regulatory Reform in the Wake of the Financial Crisis of 2007-2008", *Journal of Financial Economic Policy*, Vo.1, Issue1, pp.4-43.
Lowenstein, Roger [2000] *When Genius Failed*, Random House.
Lucas, Deborah and Robert McDonald [2006] "An Options-Based Approach to Evaluating the Risk of Fannie Mae and Freddie Mac" *Journal of Monetary Economics*, 53, pp.155-176.
Markopolos, Harry [2010] *No One Would Listen: A True Financial Thriller*, John Wiley & Sons, Inc.
McCarty, N. et al. [2013] *Political Bubbles: Financial Crises and the Failure of American Democracy*, Princeton University Press.
McDonald, Larry and Patrick Robinson [2009] *A Colossal Failure of Common Sense: The Inside Story of the Collapse of Lehman Brothers*, Ebury Press, 峯村利哉訳『金融大狂乱：リーマン・ブラザーズはなぜ暴走したのか』徳間書店。
McDonald, Oonagh [2012] *Fannie Mae & Freddie Mac: Turning the American Dream into a Nightmare*, Bloomsbury Academic.

McLean, Bethany and Peter Elkind [2003] *The Smartest Guys in the Room*, Portfolio.
Merkley, J. and Carl Levin [2011] "The Dodd-Frank Act Restrictions on Proprietary Trading and Conflicts of Interest: New Tools to Address Evolving Threats," *Harvard Journal of Legislation*, Vol.48, No.2, pp.515-553.
Nadauld, Taylor and Shane Sherlund [2009] "The Role of the Securitization Process in the Expansion of Subprime Credit," *Finance and Economics Discussion Series Divisions of Research & Statistics and Monetary Affairs*, Federal Reserve Board, Washington, D.C..
New York Fed [2010] "Policy Perspectives on OTC Derivatives Market Infrastructure," *Federal Reserve Bank of New York Staff Report*, No.424, January (Revised March).
New York Fed [2010] "A Private Lender Cooperative Model for Residential Mortgage Finance," *Federal Reserve Bank of New York Staff Report*, No.466, August.
Nier, Erlend [2010] "On the Governance of Macroprudential Policies," *Macroprudential Regulatory Policies: The New Road to Financial Stability?*, World Scientific, Chapter13, pp.183-206.
Oppenheimer, Jerry [2009] *Madoff with the Money*, John Wiley & Sons, Inc.
Paulson, Henry [2010] *On the Brink: Inside the Rave to Stop the Collapse of the Global Financial System*, Business Plus, 有賀裕子訳『ポールソン回顧録』日本経済新聞出版社。
Pinto, Edward [2011] "Three Studies of Subprime and Alt-A Loans in the U.S. Mortgage Market," *AEI Policy Studies*, Feb 05.
Pozen, Robert [2010] *Too Big to Save?*, John Wiley & Sons, Inc.
PWG [1999a] *Hedge Funds, Leverage, and the Lessons of Long-Term Capital Management*, April.
PWG [1999b] *Over-the-Counter Derivatives Markets and the Commodity Exchange Act*, November.
PWG [2008] *Policy Statement on Financial Market Developments*, March.
Reiss, David [2011] "Fannie Mae and Freddie Mac and the Future of Federal Housing Finance Policy: A Study of Regulatory Privilege," *Alabama Law Review*, Vol.61, No. 5, pp.907-955.
Reiss, David [2014] "An Overview if the Fannie and Freddie Conservatorship Litigation," *Brooklyn Law School Legal Studies*, Research Paper No.300.
Richardson, Matthew et al. [2010] *Regulating Wall Street: The Dodd-Frank Act and the New Architecture of Global Finance*, Acharya et al. edit, Chapter7, John Wiley & Sons, Inc.
Richardson, Matthew [2012] "Why the Volcker Rule is a Useful Tool for Managing Systemic Risk," *Comments on Proposed Rule: Prohibitions and Restrictions on Proprietary Trading and Certain Interests in, and Relationships With, Hedge Funds and Private*

Equity Funds, U.S. Securities and Exchange Commission, Feb 13 2012, www.sec.gov/comments/s7-41-11/s74111-316.pdf.

San Francisco Fed [2011] "Mortgage Loan Securitization and Relative Loan Performance," *Federal Reserve Bank of San Francisco Working Paper*, 2009-22, August.

Shadab, Houman [2009] "The Law and Economics of Hedge Funds: Financial Innovation and Investor Protection," *Berkeley Business Law Journal*, Vol. 6 , pp.240-297.

Shleifer, Andrei. and Robert. Vishny [2010] "Fire Sales in Finance and Macroeconomics," *NBER Working Paper*, 16642.

Skeel, David [2011] *The New Financial Deal*, John Wiley & Sons, Inc.

Spahr, Ronald and Mark Sunderman [2014] "The U.S. Housing Finance Debacle, Measures to Assure its Non-recurrence, and Reform of the Housing GSEs," *Journal of Real Estate Research*, Vol.36, No.1, pp.59-86.

Stout, A. Lynn [2011] "Derivatives and the legal origin of the 2008 credit crisis," *Harvard Business Law Review*, Vol.1, pp.1-38.

Thakor, Anjan [2012] *The Economic Consequences of the Volcker Rule*, Center for Capital Markets Competitiveness.

Wallison, Peter [2001] *Serving Two Masters*, the AEI Press.

Wallison, Peter [2011] *Dissent from the Majority Report of the Financial Crisis Inquiry Commission*, the AEI Press.

Whitehead, Charles [2011] "The Volcker Rule and Evolving Financial Markets," *Harvard Business Law Review*, Vol.1, Issue 1, pp.39-73.

Wilmarth, Arthur. Jr. [2009] "The Dark Side of Universal Banking: Financial Conglomerates and the Origins of the Subprime Financial Crisis," *Connecticut Law Review*, Vol.41, No.4, pp.963-1050.

Wilson, Gregory [2011] *Managing to the New Regulatory Reality Doing Business under the Dodd-Frank Act*, John Wiley & Sons, Inc.

Wolfson, Martin. et al. [2013] *The Handbook of the Political Economy of Financial Crises*, Oxford University Press.

あとがき

　本書は、2010年に成立したドッド・フランク法を中心に取り上げ、同法により変革が進む米国の金融規制とその体制を分析の対象とした。ドッド・フランク法の成立過程や全体像の他に、同法によって新たに規制の対象となった証券分野について検討を加えている。

　日本や欧州と比較した米国資本市場の多様性は、何をもって維持されているのか。本書は、2008年末から発表してきた学術論文や調査報告書等を加筆・修正してまとめたものであるが、その出発点にはこのような疑問があった。

　近代経済学において規制を対象とした分析は、例えばシカゴ学派であれば、ジョージ・スティグラー（1982年にアルフレッド・ノーベル記念経済学スウェーデン国立銀行賞を受賞）やリチャード・ポズナー（法と経済学）など、もはや古典の領域とも呼べる業績を基礎として蓄積が進められている。市場の効率性を基盤としながら、政治的コストを含む規制のコストを分析する手法は、米国資本市場の優位性の証明にとって有益な方法であった。では、金融危機を経て米国で成立した包括的な金融規制改革法がもたらす市場は、このような経済学的な観点から、どのように評価されるべきであろうか。そもそも、この新たな連邦法によって米国資本市場の何が変わり、その多様性や国際的な競争力にどのような影響を与えることが予想されるのであろうか。

　市場分析において、市場が被る制約（規制）は最初に考慮すべき条件である。その意味で本書が扱う新法および規制群の検討は、市場分析にとって不可欠かつ第一義的重要性を持っていると言えよう。

本書の上梓に際して

　筆者のような浅学非才の者がこのような単著を上梓することができたのは、多くの方々のご指導、ご援助の賜物である。この機会を借りて感謝の意を表したい。

　筆者はシンガポール開発銀行に勤務した後に、中央大学大学院において近代経済学の基礎を学んだ。大学院在学中にご指導をいただいた田村茂先生ならび

に首藤惠先生に心より深謝申し上げたい。筆者が曲がりなりにも研究職の末席にいられるのは、幸いにもお二人の先生に出会い、ご指導を仰ぐことができたからに他ならない。

　現在の職場である公益財団法人日本証券経済研究所に奉職して11年が過ぎた。同研究所は日本で他に類をみない、社会科学の分野で学術的な基礎研究に専念できる民間の研究所であり、その恵まれた環境がなければ筆者が単著を著すことなどとてもできなかったであろう。筆者に自由な研究を許していただいた歴代の理事長である、関要氏、髙橋厚男氏、東英治氏、森本学氏、ならびに現理事長である増井喜一郎氏に、心から感謝を申し上げる。また、歴代の常務理事ならびに、入所以来公私ともにご指導をいただいている小林和子名誉研究員や佐賀卓雄理事・主任研究員をはじめとする同研究所の研究員ならびに事務局スタッフの方々に心から感謝申し上げなければならない。現在は獨協大学に在職されている須藤時仁先生には、研究活動を含めて様々な相談事に応じていただいた、この場を借りて御礼申し上げたい。

　専門書の出版事情が極めて厳しい折りに、本書の出版を快くお引き受け下さった日本経済評論社の栗原哲也社長および編集の新井由紀子氏に心から御礼申し上げたい。本書は、公益財団法人日本証券経済研究所の学術図書出版助成金の交付を受けた刊行物である。また、本書のベースとなった研究は、公益財団法人石井記念証券研究振興財団からの研究助成金を活用して行っている。ここに記して、両財団に深謝申し上げる。

2015年9月
若園智明

【著者紹介】

若園智明（わかぞの　ちあき）

1965年愛知県生まれ
現在　公益財団法人日本証券経済研究所　主任研究員

略歴：1990年青山学院大学卒業
　　　2004年経済学博士（中央大学）
　　　1990年4月より96年3月までシンガポール開発銀行（The Development Bank of Singapore）勤務
　　　1999年4月より2001年3月まで名古屋市立大学経済学研究科準研究員
　　　2004年4月から2012年3月まで中央大学経済研究所客員研究員
　　　2004年4月より現職

所属学会：日本金融学会、証券経済学会

主要著書：『金融システム改革と証券業』（共著）日本証券経済研究所、2008年
　　　　　『金融サービスのイノベーションと倫理』（共著）早稲田大学大学院ファイナンス研究科編、中央経済社、2011年
　　　　　『金融規制の動向と証券業』（共著）日本証券経済研究所、2011年
　　　　　『証券市場と私たちの経済』（共著）放送大学教育振興会、2015年

米国の金融規制変革

2015年10月20日　第1刷発行　　　定価（本体4,800円＋税）

著　者　若　園　智　明
発行者　栗　原　哲　也
発行所　株式会社　日本経済評論社
〒101-0051　東京都千代田区神田神保町3-2
電話 03-3230-1661　FAX　03-3265-2993
URL:http://www.nikkeihyo.co.jp
印刷＊藤原印刷／製本＊高地製本所
装幀＊渡辺美知子

乱丁・落丁本はお取替えいたします。　　Printed in Japan
©WAKAZONO Chiaki, 2015　　ISBN978-4-8188-2401-0

・本書の複製権・翻訳権・上映権・譲渡権・公衆送信権（送信可能化権を含む）は、㈱日本経済評論社が保有します。
・JCOPY〈㈳出版者著作権管理機構　委託出版物〉
　本書の無断複写は著作権法上での例外を除き禁じられています。複写される場合は、そのつど事前に、㈳出版者著作権管理機構（電話03-3513-6969、FAX03-3513-6979、e-mail: info@jcopy.or.jp）の許諾を得てください。

アメリカの財政と福祉国家 1 アメリカの連邦財政	渋谷博史・ 渡瀬義男編	3,400 円
アメリカの財政と福祉国家 5 アメリカの財政再建と予算過程	河音琢郎	3,400 円
アメリカの財政と分権 8 アメリカの財政民主主義	渡瀬義男	3,600 円
アメリカの連邦預金保険制度	野村重明	5,200 円
現代国際通貨体制	奥田宏司	5,400 円
国際通貨体制と世界金融危機 ――地域アプローチによる検証	上川孝夫編	5,700 円
バブルと金融危機の論点	伊藤修・埼玉大学 金融研究室編	3,700 円
金融ビジネスモデルの変遷 ――明治から高度成長期まで	粕谷誠・ 伊藤正直・ 齋藤憲編	8,000 円
金融自由化と金融政策・銀行行動	斉藤美彦	3,200 円
金融危機と政府・中央銀行	植林茂	4,400 円
安定成長期の財政金融政策 ――オイル・ショックからバブルまで	財務省財務総合 政策研究所編	5,400 円
経済安全保障 ――経済は安全保障にどのように利用されているのか	長谷川将規	4,800 円
国債累積時代の金融政策	斉藤美彦・ 須藤時仁	3,800 円
日本証券史論（オンデマンド版） ――戦前期市場制度の形成と発展	小林和子	9,000 円

表示価格は本体価（税別）です。

日本経済評論社